제 2 판

K·MOOC와
함께하는

스포츠
마케팅

문개성

박영사

개정판에 들어가기에 앞서

지난 2021년 1월 14일 초판에 이어 2024년 봄에 'K-MOOC와 함께하는 스포츠 마케팅: 온라인 공개 무료강좌'란 제목으로 개정판을 발간하게 됐습니다. 본교에서 진행했던 'WK−MOOC'가 교육부 사업에 선정되고 스튜디오 영상강의를 촬영하면서 초판을 구상했습니다. 그 시기가 공교롭게 전 세계를 강타했던 코로나19 팬데믹이 한창일 때였습니다. 모든 일상이 비대면으로 진행될 때 적합한 강의 방식으로 받아들였고, 이후 인터넷 강의, 원격 강의 방식이 좀 더 활성화됐습니다. 대학생, 일반인 등 다양한 직종의 분들이 MOOC 강의를 듣고 스포츠 마케팅을 쉽게 이해하는 모습을 보면서 저자로서 뿌듯함을 느꼈습니다.

어언 몇 해가 흘러 내용을 보강한 개정판을 출간합니다. 시장(Market)의 변화는 세계적인 마케팅 학자 필립 코틀러 등에 의해 '5.0 시장'이 도래했음을 알렸습니다. 뜻하지 않았던 감염병 발발로 언젠가 우리가 경험할 시장의 변화가 좀 더 일찍 찾아온 것입니다. 영상 강의는 그 당시에 이슈화됐던 사안을 놓고 세련된 이미지로 다가갈 수 있지만, 책의 내용은 지속적으로 업데이트해야 합니다. 트렌드가 시시각각으로 변하고 예상치 못한 사안이 발생하기 때문입니다. 대표적으로 코로나19로 1년 미뤄진 도쿄 하계올림픽입니다. 또한 눈앞에 다가올 것만 같았던 평화 올림픽 즉, 2032년에 꿈꾸었던 서울·평양 하계공동 올림픽입니다.

전자는 무관중 스포츠로 근근이 이어온 스포츠 현장의 기대감으로 최고의 시청률을 기록했지만, 시대와는 한창 동떨어진 개·폐막식 퍼포먼스로 의아하게 만들었습니다. 후자는 급변하게 변해버린 정치 상황과 국제 정세 속에 한낱 꿈으로만 남게 되면서 그 기대감이 물거품이 되고 말았습니다. 이와 같이 개정판에는 여러 이슈를 좀 더 풍성하게 넣고 고민해봄직한 담론을 이어가고자 했습니다. 우려와 기대, 상실과 희망 등을 쏟아내는 스포츠 현장을 함께 하길 기대합니다.

이미지는 저작권에 저촉되지 않은 자료를 사용하고자 최대한 노력했습니다. 혹여 유사 이미지 등으로 인지되시더라도 교육적 목적의 동영상 강의와 병행하는 공익적 취지로 진행된다는 점을 감안하시어 넓은 양해를 해주시면 감사를 드리겠습니다. 새로운 출판으로 이어질 수 있게 물심양면으로 지원해주신 박영사의 안종만·안상준 대표님, 기획을 적극적으로 추진해주신 최동인 님, 편집·디자인을 세련되게 맡아주신 탁종민 님, 성은희 님께 고마움을 전합니다. 마지막으로 책에 담긴 생각과 태도에 온전히 영향을 주신 아버지, 어머니께 가슴 깊이 존경심을 담아 감사의 말씀을 올립니다.

2024년 따사한 봄, 지덕겸수(知德兼修)와 도의실천(道義實踐) 연구실에서

문개성

초판에 들어가기에 앞서

무크(MOOC, Massive Open Online Course)는 웹 서비스를 기반으로 이루어지는 온라인 공개수업을 뜻합니다. 이 방식은 원격수업에 뿌리를 두고 있습니다. 1922년에 뉴욕 대학교가 라디오 방송국을 최초로 운영하면서 전파한 교양과목 강좌를 기원으로 삼습니다. 2008년 OER(Open Educational Resources)이라 불린 교육 운동을 통해 온라인 공개 수업이란 화두가 본격화 됐습니다. 2011년 가을부터 스탠퍼드 대학교는 온라인으로 강좌를 개설하면서 폭발적인 관심을 불러일으켰습니다. 이후 유다시티(Udacity), 코세라(Coursera), 에덱스(edX), 퓨처런(FutureLearn)과 같은 MOOC 플랫폼이 생겼습니다. 2012년 뉴욕 타임즈는 '올해의 온라인 공개 수업'이라는 제목을 통해 교육계의 혁명적 사건으로 선정하게 됩니다. 우리나라는 교육부와 국가평생교육진흥원이 주관하여 2015년부터 국내 대학의 강좌를 제공하는 한국형 무크(K-MOOC, www.kmooc.kr)를 출범시켰습니다.

본 저서 '무크(MOOC)와 함께 하는 스포츠 마케팅'은 K-MOOC 강좌를 이해하는 데 도움이 되고자 강의형식으로 엮었습니다. 강좌에 모두 담지 못한 내용을 포함시켜 고민해봄직한 주제를 보다 심층적으로 다루었습니다. 대학 교양강좌를 듣거나 스포츠 마케팅을 전공하는 학생들을 비롯해 평소 스포츠에 관심이 있는 분들을 위해 유용한 도서가 되길 바랍니다. 본서와 온라인 강좌를 통해 여러분과 스포츠 공감(共感)을 할 수 있길 기대합니다. 본서를 설명할 몇 가지 부제는 아래와 같습니다.

1. 누구나, 어디서나 스포츠를 이해할 수 있는 온라인 무료 공개강좌 서비스
2. 한국형 무크(K-MOOC)와 함께하는 흥미진진한 스포츠 마케팅 이야기
3. 스토리텔링에서 스토리두잉을 넘어서는 각본 없는 드라마

각 부별 직접인용 자료는 스포츠 마케팅이란 총체적 주제로 결집시키고자 강의별 주제와 내용 흐름에 맞춰 저의 저서 등을 참고했습니다. 모든 참고문헌은 뒤쪽에 별도로 제시했습니다. 이미지는 저작권에 저촉되지 않은 자료를 사용했습니다. 이 외에도 직·간접적으로 정보와 영감을 얻게 한 수많은 자료를 생산하신 분들에게 이 자리를 빌어서 감사의 말씀을 드립니다.

인류 도시문명 역사를 놓고 살펴보더라도 지난 100여 년에 불과한 짧은 시간 동안에 많은 변화가 있었습니다. 우리의 생활양식과 사고자체를 뒤흔들었습니다. '스포츠'도 빼놓을 수 없습니다. 돈을 받고 운동하는 프로 선수들을 보면 너무 진지합니다. 올림픽 메달 색깔에 따라 표정의 변화도 심합니다. 사람들은 미디어를 통해 생생하게 그 진지함을 피부로 느낍니다. 그럼에도 각본 없는 드라마로 인해 대중은 울고 웃습니다. 비록 승자에 초점이 맞춰져 있지만 패자로부터 감동을 받기도 합니다. 또한 대중은 주최 측에서 성대하게 차려놓은 행사로부터 안녕을 기원받는 대신 스스로 스포츠에 참여하면서 건강을 챙깁니다. 현대인은 자발적인 재미를 느끼기 위해 부단히 몸과 정신을 작동시키고 있습니다. 앞으로도 스포츠 영역에서 몸과 정신은 쉬지 않고 움직일 것입니다. 본서를 통해 스포츠 마케팅에 대한 이해와 균형 잡힌 관점을 공유할 수 있길 바랍니다.

2021년 매서운 겨울, 지덕겸수(知德兼修)와 도의실천(道義實踐) 연구실에서
문개성

추천사

    저는 국가대표 선수와 코치를 거쳐 현재는 학생들을 가르치고 있습니다. 지난 40여 년 동안 스포츠 분야에서 다양한 활동을 하며 마케팅의 중요성을 알게 되었습니다. 돌이켜 보면 수많은 팬들의 함성 소리가 없는 대회 현장을 상상할 수 없습니다. 올림픽, 아시아 경기대회 등 세계적으로 유명한 선수들과 자웅을 겨룬다는 사실 자체가 경이로운 일이었습니다. 외길만 걸어오면서 얻었던 개인의 영광이 곧 많은 사람들의 행복으로 돌아간다는 소중한 가치도 깨달았습니다. 모든 시작과 과정, 그리고 결과는 많은 사람들의 노력에 의해 가능한 것입니다.

    지금 이 순간에도 보이지 않는 곳에서 스포츠 기술을 배우고 가르치는 사람들이 있습니다. 스포츠 경기를 보게 하기 위해 경기장 시설을 갖추고, 관심을 끌만한 프로모션을 고민하는 사람들이 있습니다. 협회 차원이든, 협찬 기업 차원이든 흥행을 위한 각고의 노력을 하는 사람들도 있습니다. 오늘날 많은 후배들이 체계적인 스포츠 매니지먼트를 통해 선수 권익을 보호받으며 진로를 고민할 정도로 발전했습니다. 척박한 스포츠 환경이 보다 세련된 환경으로 발전할 수 있었던 것도 끊임없이 스포츠 마케팅을 받아들이고 연구한 결과입니다. 현대 스포츠 세계에서는 마케팅 전략이 필수입니다. 문개성 교수의 'K - 무크와 함께하는 스포츠 마케팅'을 통해 마케팅의 기초적 이해뿐만 아니라, 무한한 상상력을 자극할 수 있는 자양분이 될 수 있기를 희망합니다.

원광대학교 스포츠과학부 김동문 교수

하계 올림픽 금메달(1996 애틀랜타, 2004 아테네)
아시아 경기대회 금메달(1998 방콕, 2002 부산)
세계 선수권 대회 금메달(1999 남자복식, 혼합복식, 2003 혼합복식, 단체전)

대한체육회 배드민턴 국가대표 코치
캐나다 배드민턴 국가대표 코치
대한민국 체육훈장 청룡상, 대한민국 체육대상
BWF 명예의 전당 헌액

우리나라 4대 프로 스포츠 리그(야구, 축구, 농구, 배구)의 한 해 누적입장객이 1,100만 명을 넘어섰습니다. 현대 사회에서 미디어 기술의 발달은 언제 어디서나 스포츠를 즐길 수 있게 했습니다. 스포츠 경기를 실시간으로 보거나 아무 때나 다시보기가 가능해졌습니다. 경기장을 찾거나 미디어를 통해 보는 방식으로 아마 거의 모든 사람들이 스포츠를 소비하고 있습니다. 사람들이 환호하고 열광하는 스포츠 비즈니스 이면에서는 치열한 법적 과정을 밟습니다. 한 치의 오차 없이 임무를 수행해야 하는 에이전트의 고뇌도 있고, 이벤트를 성공시켜야 할 막중한 책임을 지는 기획자와 수많은 관계자들이 있습니다.

지난 2007년, 당시 사이클 황제인 랜스 암스트롱(Lance Armstrong)을 초청해 흥행을 시키고자 노력했던 투르 드 코리아(Tour de Korea) 국제 스포츠 이벤트를 회상하며 두 가지를 떠올렸습니다. 첫째, 스포츠 스타에서 약물파동으로 하루아침에 세계 사이클계를 떠나야 했던 랜스 암스트롱입니다. 열광적 팬심과 최고의 성적을 유지하기 위해 그와 같이 일탈의 현장에 이르는 수많은 선수들이 있습니다. 스포츠 마케팅 시장에서는 항상 정화적 기능이 필요하다는 생각을 합니다. 둘째, 국제 대회를 함께 준비하면서 스포츠 마케팅 분야의 최고 전문가로 활동했던 문박사를 기억합니다. 실무와 이론이 체득된 이 저서를 통해 스포츠 마케팅을 재미있고 쉽게 이해를 하는 데 큰 도움이 될 것으로 확신합니다.

미국 워싱턴 D.C. 변호사 *안재한* 박사

스포츠·미디어·엔터테인먼트 전문 미국변호사
문화체육관광부 국민체육진흥공단 체육인재육성
   기획·운영(20년 재직)
F1 파워보트 그랑프리 아시아태평양 자문컨설턴트

Tour de Korea 국제 스포츠 이벤트 최초 기획
미국 뉴욕 TKC TV 방송국 제작팀장
하와이대학교 로스쿨 법학석사(LL.M.)
성균관대학교 스포츠커뮤니케이션 박사

목 차

3부

스포츠 중계권, 아무나 찍나?

4부

스포츠 스폰서십, 아무도 모르는 내막

5부

스포츠 프로모션, 상상을 뛰어넘는 커뮤니케이션

8부

스포츠 산업, 가장 큰 숲을 이해하자

9부

스포츠 서비스와 브랜드, 생산은 곧 소비

10부

전국체육대회, 100년 역사에 마케팅을 입히자

11부

가장 강력한 힘, 스포츠 가격이란?

12부

거래의 경제성, 스포츠 장소와 유통이란?

13부

스포츠 마케팅 5.0, 4차 산업혁명 미래비전

1부

가장 중요한 상품, 선수는 누구인가?

K-MOOC와 함께하는 스포츠 마케팅

| **스포츠 제품과 상품의 차이**

제품과 상품, 아무렇게나 쓰면 안 된다고?

마케팅을 전 세계에 보급시킨 장본인은 누구일까요? 앞서거니 뒤서거니 하겠지만 대표적 인물은 노스웨스턴 대학 켈로그 스쿨의 필립 코틀러(Philip Kotler)일 것입니다. 그가 1967년에 세상에 선보인 '마케팅 매니지먼트'는 오늘날까지 십수 차례 개정판이 간행되면서 많은 이들의 훌륭한 교재가 돼 왔습니다. 그의 업적을 한마디로 표현하면 '마케팅의 체계화'가 아닐까 싶습니다. 많은 이론가들에 의해 발표가 돼 여기 저기 분산돼 있던 마케팅 이론을 정교하고 이해하기 쉽게 잘 묶었다고 볼 수 있습니다.

대표적으로 전략적 마케팅 프로세스가 있습니다. 마케팅의 단계를 다섯 가지로 구분한 것이죠. ① 조사(Research), ② 세분화 · 표적화 · 위치화(STP: Segmentation, Targeting, Positioning), ③ 마케팅 믹스(MM: Marketing Mix), ④ 실행(Implementation), ⑤ 통제(Control)입니다. 줄여서 'R · STP · MM · I · C'라 부르며 바이블처럼 인식해 왔습니다. 본서 'K－MOOC와 함께 하는 스포츠 마케팅'에서 그가 제시한 이론이 여기 저기 나올 것입니다.

그가 제시한 이론 중 마케팅 수단을 조합한 4P가 유명합니다. 한 번쯤은 들어봄직한 내용일 수도 있습니다. 바로 제품(Product), 가격(Price), 유통(Place), 프로모션(Promotion)입니다. 이 기본적 테마를 바탕으로 스포츠 마케팅을 이해해도 무리가 없습니다. 자, 그럼 한 단계씩 들어가 보면서 이해해 보도록 하겠습니다.

제품(製品, Product)이란 원료를 써서 만들어 낸 물품을 뜻합니다. 이를 통해 도처에 제품이 널려있다는 사실을 알게 됩니다. 말 그대로 원료에 대해 예를 들자면 코카잎 추출물, 콜라나무 열매, 시럽과 같은 달콤한 원액을 떠올려봅시다. 이들을 합치면 달콤한 혼합물이 되지요. 물론 새로운 제품입니다. 단 한 번도 경험하지 못한 제품이 됩니다. 이런 예는 어떨까요? 누군가에게 좋은 아이디어가 떠올랐습니다. 이를 많은 사람들과 공유하고 싶어 합니다. 달콤한 원액과 같이 눈에 보이는 원료는 아니지만 사람들에게 매력적으로 다가갈 수 있는 것이겠죠.

많은 사람들에게 어필하고 싶다면 어떻게 해야 할까요? 시커먼 원액을 그릇에 담아 마셔보라고 한다면 선뜻 마음을 열 수 있을까요? 아무리 달콤해도 그리 쉽지 않을 겁니다. 미국 조지아주 애틀랜타시의 다운타운에 가면 코카콜라 본사가 있습니다. 1996년 애틀랜타 올림픽을 기념해 조성된 올림픽 공원으로 연결돼 많은 사람들이 찾는 관광명소 중 하나입니다. 유명한 케이블 방송사 시엔엔(CNN) 본사도 바로 옆에 자리하고 있죠. 거대한 수족관도 있어 이래저래 하루 나들이를 하기엔 꽤 매력적인 관광 목적지(Tourism Destination)입니다.

시커멓고 달콤한 원액에 그럴싸한 포장을 했습니다. 1915년에 처음 등장해 유명해진 '컨투어(Contour)'병을 기억할 겁니다. 손바닥에 잘 밀착될 수 있게 디자인된 것이죠. '윤곽'이란 의미의 컨투어병 모양은 아직도 소비자에게 각인돼 있습니다. 비로소 상품(商品, Goods)이 된 것입니다. 같은 물품임에도 거래를 위한 최종 상태의 물품이 된 것입니다. 즉, 상품은 사고파는 물품입니다. 그렇다면 최종 상태의 물품을 만들기 위해선 무엇이 추가된 것일까요? 바로 여러 가지 서비스(Services)입니다. 우선 코카콜라라고 하는 명칭에서 시작됩니다. 앞서 설명한 잡기 편한 병 모양을 포함해 병을 딸 때 톡 쏘는 느낌에 이르기까지 다양한 서비스가 가미된 것입니다. 칼로리를 낮춘 '코카콜라 라이트', 칼로리 제로에 가까운 '코카콜라 제로'는 새로운 서비스를 추가함으로써 목표 고객의 차별화를 시도한 것입니다.

누군가에 의해 창의적으로 그려진 아이디어만 보면 제품이라 할 수 있습니다. 종종 머릿속 제품만을 들고 찾아오는 경우가 있습니다. 어떤 서비스를 적용할 생각이냐고 물으면 말문을 막혀 합니다. 시장엔 아이디어가 이미 나와 있습니다. 그걸 잘 찾아내는 것이 우선이겠지만, 어떤 서비스를 통해 소비자에게 다가갈 수 있을지를 고민해야 비로소 상품이 될지 말지를 판단하는 기준이 됩니다. 여기에 소비자가 구매할 만한 매력적인 요소 즉, 서비스가 가미돼야 비로소 상품이 됩니다. 다시 말해 실제 내용물인 제품에 서비스가 추가돼 매매의 목적으로 거래돼야 상품이 됩니다.

사람들이 스포츠 경기를 보는 이유 중에 중요한 변인은 '선수'입니다. 특히 스포츠 스타에 대한 팬(fan) 심(心)은 대단합니다. 구단 입장에선 다른 구단에서 저렴하게 선수를 사고 몸값을 높여서 판다면 성공한 경영을 하는 셈입니다. 선수를 사고판다는 개념이 이상하게 들릴 수도 있지만, 선수는 스포츠 마케팅 세계에서 대표적인 상품이라 할 수 있습니다.

선수를 대상으로 놓고 제품과 상품의 개념을 살펴볼까요? 프로 구단 관계자들은 고등학교에서 좋은 선수를 데려오기 위해 물밑 작업을 합니다. 관계자들은 노련한 선수를 통해 팀 전력에 도움이 되길 바랍니다. 하지만 처음부터 산전수전을 겪을 수는 없습니다. 비록 잘 다듬어지진 않았지만 젊은 선수를 선호합니다. 시장

스포츠 선수

에서 매력을 뿜어대는 상품이 아닌데도 말입니다.

고등학교를 갓 졸업한 풋풋한 선수는 아직까지 구단 입장에선 '제품'정도의 가치를 지니고 있을 것입니다. 공을 잘 치는 타자, 공을 잘 던지는 투수, 공을 잘 잡는 수비수 등의 포지션에 따라 훈련된 제품인 것이죠. 스카우트가 되면 프로 구단의 로고가 새겨진 유니폼을 입게 됩니다. 이 순간 프로 스포츠 세계의 고객에게 하나의 '서비스'를 제공하는 셈입니다. 제품에서 탈피해 상품화가 되는 순간이라 할 수 있습니다. 선수들은 성공할 수도 있고 실패할 수도 있습니다. 높은 가격으로 책정된 '상품'이 되기도 하고, 저가로 평가받을 수도 있습니다. 즉, 제품과 서비스에 대한 조합이 상품입니다. 선수는 스포츠 마케팅이란 분야를 있게 하는 가장 중요한 스포츠 제품과 상품으로서 의미가 있습니다.

제품도 차원이 있다고?

제품에도 차원이 있습니다. 역시 코틀러와 그의 동료들이 줄기차게 주장했던

내용입니다. 여러분 앞에 농구화와 축구화가 놓여 있습니다. 눈에 보이는 제품입니다. 나이키와 아디다스 상표명이 있다면 상품으로서 소비자를 만난 것입니다.

제품의 다섯 가지 차원

신발은 발만 보호하면 될까요? 신발의 기능이 거기서 멈춘다면 반드시 신발이 아니어도 발을 보호할 수 있는 장치는 있을 것입니다. 마케팅에서는 발을 보호하는 것 이상의 가치가 있어야 합니다. 코틀러 등은 제품의 가치와 목적에 따라 다섯 가지 차원으로 분류했습니다. ① 핵심제품(Core Product), ② 실제제품(Generic Product), ③ 기대제품(Expected Product), ④ 확장제품(Augmented Product), ⑤ 잠재제품(Potential Product)입니다.

하나씩 살펴보겠습니다. 우선 핵심제품은 무엇일까요? 가장 근본적인 차원에서 논할 수 있습니다. 앞서 얘기한 '발의 보호'란 개념을 적용할 수 있습니다. 즉, 혜택 및 이점과 관련돼 있습니다. 이 핵심 이점(Core Benefit)이 바로 발을 보호하는 것이죠. 발을 보호하는 개념을 판매한 것이라 할 수 있습니다. 어떤 부위의 발을 어떻게 보호할 것을 기대하느냐의 관점은 곧 설명하게 될 기대제품이라 할 수 있습니다.

프로 스포츠 경기장을 방문한다고 가정합시다. 물론 표를 구매하고 입장해야 합니다. 프로 스포츠 경기를 보기 위해서 방문했을 때의 핵심 이점은 무엇이 될까요? 경기에 임하는 선수를 볼 수 있습니다. 이 외에도 경기를 수행하기 위해 마련된 경기장, 시설, 장비, 규칙, 기술과 같은 경기형태를 경험할 수 있습니다. 즉, 소비자는 이벤트 경험을 핵심 이점으로 느낄 수 있습니다.

두 번째 차원인 실제제품은 무엇일까요? 말 그대로 실제화된 제품 즉, 유형화된 제품(Tangible Product)입니다. 눈에 보이는 제품이란 뜻이죠. 이를 기본제품(Basic Product)이라고도 합니다. 농구화와 축구화는 운동종목의 신발이지만 모양이 각기 다릅니다. 그 종목에 맞게 설계됐기 때문이죠. 조깅화도 포함시켜 보면 어떨까요? 수행해야 할 종목에 따라 디자인과 기능이 다릅니다. 어쨌든 소비자는 실제 모양으로 재현된 실제제품을 구매한 것입니다. 프로 스포츠 경기는 어떨까요? 야구, 축구, 농구, 배구 종목은 서로 다른 형태의 경기입니다. 소비자는 티켓을 끊고 '경기 접근권'을 구매하게 됩니다.

세 번째 차원인 기대제품은 제품에 대한 기대심리와 관련돼 있습니다. 스포츠 신발을 사거나 경기를 보기 위해 티켓을 구매하는 순간 어떤 생각을 할까요? 조깅화를 사면서 천근만근 무거운 쇳덩이와 같을 거라고 생각하는 사람은 없을 것입니다. 농구화를 사면서 점프하고 착지할 때 발목을 반드시 삘 것으로 생각하는 사람도 없을 것입니다. 깃털처럼 가벼운 조깅화와 발목을 보호할 농구화를 기대하겠죠. 킥을 했을 때 견고한 축구화도 마찬가지입니다. 앞서 설명한 발의 보호란 차원의 핵심제품 개념에서 발전했다고 볼 수 있습니다.

프로 스포츠 경기를 보기 위해 지불한 입장권에 대해 종이 쪼가리 정도로 인식할까요? 재미있는 경기를 선사해 줄 것으로 기대합니다. 이렇듯 소비자는 실제제품을 구매하면서 부수적으로 기대감을 갖게 됩니다. 마케팅 관리자는 소비자가 기대할 수 있는 범주에서 일체의 속성과 조건을 준비해야 되겠죠.

어느덧 확장제품까지 왔습니다. 이 제품의 개념은 무엇을 의미할까요? 우리가 흔히 어떤 물건을 사게 되면 애프터서비스(A/S)를 당연하게 받아들입니다. 각종 서비스 센터가 존재하기 때문에 더욱 그러합니다. 이 외에도 할부판매와 품질보증과 같은 부가적인 서비스를 당연하게 생각합니다. 맞춤형 서비스도 있습니다. 사람마다 다양한 생각을 갖기 때문에 자신에게 맞는 서비스 제도가 있을 것으로 생각합니다.

농구화와 축구화가 흠집이 있으면 수선을 맡길 수도 있습니다. 새 제품으로 교환도 가능합니다. 티켓을 끊고 경기장에 들어가면 좌석에 앉게 됩니다. 청결하고 관리상태가 좋으면 매우 만족하게 됩니다. 확장제품으로서 기능을 충분히 수행하는 셈입니다. 경기 시작 전에 펼쳐지는 이벤트 공연, 치어리더 응원전, 고객 대상의 경품행사까지 있으면 더욱 그러하겠죠. 이 외에도 주차장, 화장실, 편의시설, 경기 스태프의 친절도, 전문적 지식, 입장권의 합리적인 가격, 판매유형 등에 이르기까지 확장제품으로서 영역은 매우 넓습니다. 코틀러 등은 광의의 관점에서 소비자가 제품을 구매하는 것은 확장제품을 구매하는 것이라고 했습니다.

마지막으로 잠재제품은 미래의 확장성과 관련이 있습니다. 지금은 브랜드가 매우 중요한 상품 가치를 높여주는 요인입니다. 나이키, 아디다스, 언더아머 등 무궁무진한 스포츠 브랜드가 있습니다. 하지만 운동화가 최초로 생산할 당시에는 로고, 심벌, 엠블럼, 디자인, 브랜드에는 관심이 없었던 것입니다. 하지만 지금은 다른 경쟁자와 차별화하기 위해 필수적인 요인이 됐습니다.

태권도 예를 들어보자. 국내 프로 태권도 리그는 2004년 흥행요소에 대한 치밀한 계획 없이 고유의 제품이란 사실 하나만으로 출범했지만, 참패하는 바람에 처음이자 마지막이 되고 말았다. 흥행요소라 함은 지역 연고제, 기업 스폰서십, 주관방송사와의 연결구조, 스타 마케팅, 관중유인 전략 등 전반적인 사항을 뜻한다. 국내 프로 태권도 리그에 관한 논의는 20년도 넘었다. 여러 가지 악재가 있다. 우선 태권도 고유의 가치가 훼손될 것이라는 의견이 있다. 또한 관련 단체 간의 이견(異見)이 첨예해 원활한 구상을 위한 출발 자체가 어려운 상황이다. 어쨌든 지속적인 논의 끝에 프로 태권도 리그가 출범하게 된다면 태권도라는 제품(Product)에 새로운 상품(Goods)을 시장에 선보이게 되는 것이다. 멕시코는 2011년 이미 TK-5 프로 태권도 리그를 출범했다. 왜 우리 제품(태권도)을 갖다가 자기들 멋대로 상품(TK-5)을 만들었냐고 의문을 제기할 수도 있지만, 우리역시 미국 제품인 야구, 농구 등과 유럽 제품인 축구를 갖고 리그를 만들어 운영하고 있다. 즉, 제품에 각종 서비스를 가미해 상품화를 한 것이다. 다시 말해 누가 평범한 제품을 갖고 상품화를 잘 하느냐에 따라 주도권을 가져가게 된다.[1]

---

02 | 선수보증광고, 유명선수의 특권

스포츠 스타 이미지, 분류해 보자

십여 전, 지금은 은퇴한 김연아 선수의 삼성전자 에어컨 광고와 손연재 선수의

LG 에어컨 광고가 있었습니다. 많은 사람들의 사랑을 받는 두 선수이기에 호응이 컸습니다. 어느 한 쪽에선 2미터가 넘는 거구의 최홍만 선수를 내세워 맞불 광고를 냈다고 상상해 볼까요? 물론 꽤 흥미진진한 이슈가 됐을 수도 있겠죠. 하지만 유사한 이미지의 선수들 간 상호 시너지를 발휘할 만한 요인으로 묶이기는 어려웠을 겁니다. 소비자의 반응은 여러분의 상상에 맡기겠습니다.

기업은 유명한 선수를 좋아합니다. 잘 알려졌기 때문에 상품 홍보에 유리하다고 생각을 하겠죠. 기업은 유명한 선수를 고용해 특정 상품을 알리기 위한 전략의 일환으로 **선수보증광고**(Athlete Endorsement)를 활용합니다. 흔히 **인도스먼트**(Endorsement)라고도 부릅니다. 특별한 형태의 스폰서십 구조를 갖는 것입니다.

특히 유명선수(Celebrity Athlete)로 제한하기 때문에 **유명인사 스폰서십**(Personality Sponsorship)이라 할 수 있습니다. 스포츠 스타 외에도 연예인, 스타강사, 작가, 저명인사 등 대중적으로 잘 알려진 대상을 선호합니다. 즉, 보증광고와 일반광고의 차이는 유명한 인사를 통해 **제품과 서비스를 홍보**한다는 점입니다. 일반광고는 광고 전문배우나 일반인을 고용할 수도 있지만, 보증광고는 철저하게 유명한 개인, 팀, 단체를 활용합니다. 그렇다면 평범한 선수는 광고에 출연할 수 없을까요? 반드시 그러하진 않습니다. 모든 기업이 충분한 자금력을 동원하면서 유명한 선수만을 고용해 광고시장에 뛰어들 순 없습니다. 또한 기업이 추구하는 가치에 따라 무명선수를 통해 자사의 제품과 서비스를 광고할 수도 있습니다. 하지만 단기간에 기업의 특정상품을 널리 알리기 위해선 인도스먼트를 추진합니다.

만약 여러분에게 예측이 가능한 두 가지 유형의 선수를 놓고 선수보증광고 대상으로 추진할 수 있는 여건이 주어진다면 어떤 선택을 할까요? 첫째 유형은 현재는 덜 유명하지만 꾸준히 성장할 것으로 예측이 되는 선수입니다. 둘째 유형은 성적이 우수하고 외모가 준수해 유명하지만 다소 튀는 언행으로 언론의 이슈를 주도하면서도 언젠간 문제를 일으킬 소지가 있는 선수입니다. 전자는 상대적으로 낮은 가격으로 선수 스폰서십 환경을 만들 수 있고, 후자는 높은 가격으로 선수보증광고 효과를 기대해야 합니다. 전자는 기업과 함께 성장할 수도 있지만, 후자는 유명세의 대가를 치러야 할 수도 있습니다. 즉, 광고효과 기간 동안 선수가 문제를 일으킨다면 선수보증광고 효과를 기대했던 것이 물거품이 될 수도 있겠죠. 이와 같이 기업이 추구하는 가치와 자본조달 역량, 선수보증광고 마케팅 트렌드, 소비자 성향 등의 여러 요인으로 결정해야 할 것입니다.

스포츠 스타는 우리에게 어떤 이미지를 남기고 있을까요? 여러 가지 요인이 있겠지만 대표적으로 세 가지를 도출했습니다. 루비나 오하니안(R. Ohanian, 1990)에 따르면 스포츠 스타 이미지는 다음과 같습니다. ① 전문성(Expertise), ② 신뢰성(Trustworthiness), ③ 매력성(Attractiveness)으로 구분할 수 있습니다.

전문성은 어떤 의미일까요? 19세기 스포츠를 수출한 국가는 영국이었습니다. 근대 스포츠의 출발지로서 큰 역할을 했습니다. 이때만 해도 스포츠 행위를 통해 돈을 받는다는 것은 경멸적으로 여기는 사람들이 많았습니다. 물론 상류층이 고매함을 유지하기 위해 계층을 구분 짓기 위한 의도적 관점을 부여한 것이었죠. 하지만 오늘날 아마추어란 개념은 프로페셔널과 상반되는 개념으로 실력이 부족하다는 의미로 인식하기에 이르렀습니다.

즉, 전문성은 스포츠 스타가 갖는 지식, 능력, 기술 등의 수준에 관한 요인이라 할 수 있습니다. 대중들이 스포츠 스타의 인식에 대해 지각되어진 정도를 의미합니다. 스포츠 스타의 뛰어난 경기력과 기록을 경신하는 모습을 통해 전문성을 느끼게 됩니다. 기록경신은 근대 스포츠의 매우 독특한 특성입니다. 문학사가인 알렌 구트만(A. Guttmann, 1978)은 근대 스포츠의 특성으로 평등화, 전문화, 수량화, 기록지향 등을 제시했습니다.

구트만의 근대 스포츠 특성[2]

구분	내용
세속화 (Secularization)	• 고대 올림픽은 정신적, 종교적인 색채가 강함 • 근대 스포츠는 즐거움, 건강, 경제적 이득, 명예 등 세속적 욕구충족
평등화 (Equality)	• 고대 올림픽은 귀족, 성인남자로 제한 • 근대 스포츠는 일반대중 포함, 여성, 어린이, 노인, 장애인도 참가 • 게임규칙, 체급경기, 참가자 성취 지위, 경쟁조건 등의 평등의 원칙
전문화 (Specialization)	• 프로선수와 포지션별 전문선수 등장 • 포지션의 분화, 리그의 세분화 촉진

합리화 (Rationalization)	• 원시 스포츠는 전통과 관습에 의해 제한 • 근대 스포츠의 규칙은 합리적인 과정을 통해 제정
관료화 (Bureaucratization)	• 근대 스포츠로 오면서 이전보다 더 조직화 • 규칙을 제정, 경기를 조직적으로 운영
수량화 (Quantification)	• 근대 스포츠는 경쟁에 승리하면 인정(선수기록의 수량화, 통계화, 계량화) • 근대 스포츠는 점수, 시간, 거리 등 표준화된 측정 장비로 기록
기록지향 (Records)	• 선수기량의 수량화를 통해 신기록을 수립하기 위한 노력(기록추구)

고대 그리스에서 행했던 전차 경기는 경기장마다 규격이 달랐습니다. 고대 로마의 검투사 경기에서는 운이 좋으면 자신보다 체격이 작은 상대를 맞이했지만, 거구와 맞닥뜨린다고 해도 평등하지 않다고 항의를 할 수도 없는 노릇이었죠. 하지만 근대에 들어와서 이런 영역의 인식이 달라지면서 평등화, 전문화, 수량화에 기초한 각종 기록을 쏟아내기에 이르렀습니다. 이 역할을 스포츠 스타가 훌륭히 수행해내길 바라게 된 것입니다.

검투사를 프로와 아마추어로 구분했다. 프로는 훈련을 받은 노예와 지원한 일반 시민이다. 지원한 사람들은 모든 인권을 포기하고 노예가 될 것을 선언했다. 부와 명예를 추구하고 싶어 뛰어든 자, 친구의 몸값이나 아버지 장례비용을 마련하기 위해 지원한 자 등으로 매우 다양했다. 아마추어 검투사(Gregarii)는 형벌을 받아 검투사가 된 사람들이다. 양성소에서 2년간 훈련을 받고 3년간 검투사로 뛰는 직군을 부여받기도 했지만, 대개는 훈련 없이 프로 검투사와 대결해야 했다. 근대 스포츠처럼 경기에서 평등을 기대할 수도 없었다. 모든 경기자에게 동등한 조건 하에 경기를 임할 수 있다는 기대 자체도 하지 않았다. 고대 그리스인들은 레슬링과 권투시합에 체중을 달아 여러 체급이 필요하다는 생각을 하지 못했다. 고대 로마인들도 마찬가지였다. 그물과 삼지창으로 무장한 검투사들끼리의 평등도 없었다. 무기가 제각각이기 때문이다. 동등한 조건 따위는 없었다.[3]

스포츠 스타의 신뢰성은 어떤 의미일까요? 대중들의 스포츠 스타에 대한 굳건한 믿음은 오래 유지됩니다. 스포츠 스타가 불미스러운 일만 일으키지 않으면 더욱 그러하지요. 이 부분이 선수보증광고의 위험요소가 될 수 있겠군요. 결론적으로 기업 상품의 긍정적 메시지를 전달하기엔 평판이 좋은 유명한 선수만큼 확실한 대안이 없게 된 것입니다. 소비자가 구매를 한 후 다시 구매로 이어질 수 있게 하는 강력한 요인인 된 것입니다.

마지막으로 그들의 매력성은 무엇일까요? 경기력을 통해 보여준 매력 외에도 훤칠한 키에 수려한 언변까지 갖춘다면 매력이 축적될 것입니다. 말을 안 하면 왠지 모를 카리스마까지 느끼게 할 수 있을지도 모릅니다. 소비자의 자기만족을 찾게 되는 광고모델로서 안방 깊숙이 그들이 들어와 있습니다. 매력적이지 않은 모델에 비해 매력적인 대상이 구매의도에 더 영향을 미친다는 사실은 익히 증명된 바 있습니다.

대중들은 전문성, 신뢰성, 매력성으로 무장한 스포츠 스타의 광고에 설득을 당할 준비가 됐습니다. 기업 상품의 이미지와 기술력에 대해 설득력을 부여할 수 있는 매우 강력한 존재가 된 것입니다. 기업은 그들을 통해 상품에 대한 긍정적인 인식을 구축하게 됩니다. 소비자는 그들이 구축해 놓은 이미지를 인식하고 구매(Purchase)를 하게 됩니다.

유명선수 선정 기준, 분류해 보자

기업 입장에선 유명선수를 어떻게 선정할까요? 기업마다 각기 다른 기준을 갖추고 있겠지만 에이미 다이슨과 더글라스 터코(A. Dyson & D. Turco, 1998)는 유명선수의 선정기준에 대해 'FRED'요인이란 개념을 제시했습니다. ① 친근함(Familiarity), ② 관련성(Relevance), ③ 존경(Esteem), ④ 차별성(Differentiation)입니다.

친근함의 의미는 어떻게 다가오나요? 말 그대로 유명선수에 대해 자신과 가깝게 느끼는 감정이라 할 수 있습니다. 자신과 너무 다른 사람이란 인식은 선수보증광고에서 그리 좋은 기준이 될 수 없습니다. 경기를 잘 하는 모습도 중요하지만 행동과 말투에서 느껴지는 편안함도 매우 중요한 요소가 될 수 있습니다. 사람에 대한 예의나 배려를 속되게 이르는 말로 싸가지가 있습니다. 아무리 경기력이 출중해도 이 싸가지가 없으면 안티팬을 양성하는 데는 시간문제입니다. 소셜 미디어 상에서 급속히 퍼지는 부정적 이미지를 수습하는 데는 이미 늦었다고 봐야 됩니다. 대중은 유명선수를 대중매체로 오랫동안 접했기 때문에 친근한 선수에 대해선 유독 호감을 갖게 됩니다.

두 번째로 제시된 관련성이란 무엇일까요? 기업이 내놓은 제품과 서비스와의 연관성입니다. 물론 유명선수와의 관련된 인식을 뜻합니다. 선수와 제품 간에 아무런 연관성이 없으면 광고시장에서 한계를 갖게 됩니다. 비싼 비용을 치러 스포츠 스타를 섭외해도 효과를 기대하기 어렵게 됩니다. 오히려 역효과를 불러일으킬 수도 있죠. 선수보증광고 시장에선 동일

인도스먼트

하거나 유사한 업종의 상품광고에는 출연하지 않습니다. 선수와 광고출연 희망기업 간의 계약조건에도 명시가 되지만 관련성이 중복되는 현상을 미연에 방지해야 하기 때문입니다. 기업은 유명선수와 상품 간의 관련성을 어떻게 높일지를 연구하게 됩니다.

세 번째의 조건은 존경입니다. 존경까지는 아니더라도 존중을 받을만한 유명선수를 섭외해야 한다는 것입니다. 사회적 신용을 의미하는 공신력(公信力)을 높이기 위해 유명선수를 선호합니다. 즉, 사회적 위치에 따라 광고시장에서의 파급력은 높을 수밖에 없습니다. 경기력만 좋은 선수보다는 평판이 좋은 선수에게 관심이 더 쏠릴 수 있습니다. 스스로에게 자기관리를 철저히 하는 경우, 사회적 성공이 운에 의해서가 아니라 노력을 통해서 얻었다는 가치, 사회에 선행하는 진정한 모습 등을 통해 대중들은 귀감을 얻게 됩니다. 경기력에 초점을 둔 선수로서 성공한 보증광고인의 모습도 중요합니다. 더불어 사회적 존경을 받는 공인(公人)으로서 사회에 영향을 미칠 수 있는 존중 혹은 존경의 대상이 되는 것은 더욱 중요합니다.

선수를 보유한 프로 스포츠 구단, 에이전시와 같은 스포츠 조직은 사회공헌활동에 관심이 많다. 기업은 기업과 사회 상호 간의 이익을 추구하는 활동의 일환으로 사회공헌활동을 추진한다. 법에 의해 규정된 행동이 아닌 윤리적 가치에 기반을 둔 자발적인 행동이다. 최근 기업의 사회적 책임을 의미하는 CSR(Corporate Social Responsibility)로 지칭되기도 한다. 이윤만을 추구하는 기업 환경에서 벗어나 사회 구성원 누구나 공감할 수 있는 사회적, 윤리적 책임의식이 부각되고 있다. 기업 입장에선 중요한 마케팅 활동으로 긍정적인 이미지를 전달할 수 있는 효율적인 홍보 수단이다. 많은 학자들은 사회공헌활동을 공익적 활동(Public Activities), 자선적 활동(Charitable Activities), 사회적 활동(Social Activities)으로 구분하기도 한다.[4]

마지막으로 차별성입니다. 기업이 섭외한 유명선수는 다른 선수와의 차별성을 강조합니다. 대중 역시 경쟁선수 혹은 일반선수들과의 차별적 특성을 스포츠 스타를 통해 인식합니다. 경기력만 놓고 본다면 최고는 아닐지라도 유독 대중적인 인기를 얻는 경우도 많습니다. 선수보증광고 시장에서는 오히려 이 유형의 선수를 선호할 수도 있습니다. 기업은 자사의 제품과 서비스에 대해 소비여력이 있는 목표 고객층을 찾는 노력을 합니다. 코틀러 등이 제시한 개념으로 시장을 세분화(Segmentation)하고 구매로 이어질만한 타깃을 설정(Targeting)하는 것이죠. 선수보증광고에서 통하는 유명선수는 반드시 경기력으로만 정해지지 않습니다. 즉, 선수의 차별성은 신체적 매력, 말을 잘하는 매력, 사회적 약자에 대해 목소리를 내는 매력, 무엇보다 성실하고 겸손한 태도를 견지하는 매력에 따라 좌우되는 경우도 많습니다.

03 | 선수 대리인 제도, 떠오르는 직군

정말 떠오르는 직군이 될까?

　몇 해 전부터 스포츠 에이전트(Sports Agent)에 대한 관심이 높아졌습니다. 선수 못지않게 대중들의 관심대상이 된 것이죠. 아마 헐리웃 영화를 통해서도 왠지 모를 경외감을 느끼게 하는 분야인 것 같기도 합니다. 이젠 고전영화가 돼 버린 잘 생긴 배우 톰 크루즈의 제리 맥과이어(Jerry Maguire, 1996)는 아직도 인구에 회자됩니다. 캐빈 코스트너가 출연한 드래프트 데이(Draft Day, 2014)도 한 몫을 했습니다. 돈 냄새 가득한 프로 스포츠 세계가 그려진 북미의 얘기로만 느껴졌던 에이전트 직군이 실제 눈앞에 펼쳐지고 있는 것입니다.

영화 제리 맥과이어와 드래프트 데이

　국내 에이전트 제도는 2007년에 제정된 「스포츠산업진흥법」이 몇 차례 개정되면서 근거가 마련됐습니다. 선수 권익을 보호해야 한다는 내용에 포함된 것이죠. 바로 선수의 권익 향상을 위한 대리인제도의 정착입니다.

스포츠산업진흥법 관련 조항[5]

법 제18조	선수 권익 보호 등	① 문화체육관광부장관은 선수의 권익을 보호하고, 스포츠산업의 건전한 발전을 위하여 공정한 영업질서의 조성 등 필요한 시책을 강구하여야 한다. ② 문화체육관광부장관은 대기오염도 예측결과 및 위기경보 발령 등을 고려하여 프로 스포츠 경기의 일정 등을 조정할 수 있는 지침을 마련하여야 한다.
법 제18조 2	표준계약서의 제정·보급	① 문화체육관광부장관은 선수의 권익을 보호하고 스포츠산업의 공정한 영업질서를 확립하기 위하여 프로 스포츠 관련 표준계약서를 마련하여 프로 스포츠단에 이를 보급하여야 한다. ② 문화체육관광부장관은 제1항에 따른 표준계약서를 제정 또는 개정하고자 할 때에는 공정거래위원회와 협의하여야 하고, 이해관계자와 전문가의 의견을 들어야 한다. ③ 문화체육관광부장관은 프로 스포츠단에 제1항에 따른 표준계약서의 사용을 권장할 수 있다.
시행령 제18조	선수 권익 보호 등	문화체육관광부장관은 법 제18조에 따라 선수 권익 보호와 스포츠산업의 건전한 발전을 위하여 다음 각 호의 시책을 강구하여야 한다. 1. 스포츠산업의 공정한 영업질서 조성 2. 건전한 프로스포츠 정착을 위한 교육·홍보 3. 승부 조작, 폭력 및 도핑 등의 예방 4. 선수의 부상 예방과 은퇴 후 진로 지원 5. 선수의 권익 향상을 위한 대리인제도의 정착 6. 선수의 경력관리를 위한 관리시스템의 구축 7. 그 밖에 문화체육관광부장관이 선수의 권익 보호 및 스포츠산업의 건전한 발전을 위하여 필요하다고 인정하는 사항

이에 앞서 2014년 고용노동부에서 국가직무능력표준(NCS, National Competency Standards)을 확대하는 과정에서 포함됐습니다. 바로 스포츠 에이전트에 대해 표준화된 직무의 범위와 역할을 세세하게 규정한 것입니다.

운동선수 개인 또는 스포츠 구단을 대리하여 입단과 이적, 연봉협상, 후원계약 등의 각종 계약을 처리하고 선수의 경력관리, 권익보호를 지원하는 일이다.[6]

스포츠 에이전트의 직무에 대한 정의입니다. 정의를 내려야 분류를 하게 되고, 특성을 기술할 수 있게 됩니다. 어쨌든 국가에서 공식적으로 스포츠 에이전트 직무에 대해 인정한 절차로서 의미가 큽니다. 국내에서는 프로 축구에서만 허용했던 제도였지만, 프로 야구도 2018년부터 선수대리인 제도를 전격 시행하게 됩니다. 국내 프로 스포츠 시장에서 가장 규모가 큰 야구에서 허용된 만큼 앞으로 에이전트 시장의 활성화에 기대를 하게 됩니다.

국내 스포츠 에이전트의 논의는 얼마 전 한국배구대표팀을 은퇴한 세계적인 스타 김연경 선수로부터 시작됐습니다. 2012년에 소속팀과의 갈등에서 비롯된 것이죠. 흥국생명 핑크스파이더스에서 4시즌을 보내고 일본과 터키리그에서 3년 간 활동을 한 선수에 대해 자유계약제도(Free Agent) 권리를 인정하지 않으면서 갈등의 불씨가 됩니다. 선수는 드래프트 지명 후 6시즌을 뛴 것으로 인식했기 때문입니다. 물론 원 소속팀은 다른 팀에서 활약한 임대기간을 포함하지 않았던 것이죠. 결국 정부와 정치권까지 나서서 일단락됐지만 중재자 역할의 진지한 고민을 낳게 했습니다. 2020년에는 그 팀으로 다시 돌아와 맹활약하는 것을 보면 프로 세계에선 두 번 다시는 보지 않을 원수 같은 관계를 만들지 않아야 한다는 것도 알게 해줍니다.

이 분야의 선도적 사회는 미국과 유럽시장입니다. 미국 프로 스포츠 시장에서 1920년대에 '선수 매니저(Athlete Manager)'라고 불리다가 1970년대에 들어와서 '에이전트(Agent)'란 용어로 통용됐습니다. 그들의 법적 근거를 살펴보면 1935년에 제정된 전국노동관계법(The National Labor Relations Act)에서 시작됩니다. 이후 각 종목별 선수협회(Players Associations)에서 관장하는 에이전트 관련 규정을 통해 엄격하게 관리되고 있습니다. 본격적인 법 제정은 시간이 꽤 흐른 후에 마련되는데, 주(州)법인 '선수 에이전트 통일법(UAAA, Uniform Athlete Agent Act, 2000)'과 연방법인 '스포츠 에이전트의 책임과 신뢰에 관한 법(SPARTA, Sports Agent Responsibility and Trust Act, 2004)'입니다. 이렇게 따져보면 우리나라도 이 영역에서 많이 늦은 것은 아닙니다.

1920년대에 활동했던 극장 프로모터인 찰스 파일(Charles C. Pyle, 1882~1939)은 당대 최고의 미식축구 선수였던 해롤드 그랜지(Harold Grange, 1903~1991)를 영화와 광고에 출연시켰습니다. 이를 스포츠 에이전트의 효시로 바라봅니다. 앞서 언급한 선수보증광고(Endorsement)의 효시는 누구일까요? 1960년대에 활약했던 지미월시

(Jimmy Walsh)입니다. 그는 미식축구 선수 조 나마스(Joe Namath)를 특정한 광고상품에 출연시켰던 것이죠. 지금도 세계를 누비는 스포츠 에이전트가 많지만 이곳에선 역사적 인물만 조망했습니다.

Shropshire et al.(2016)에 따르면 미국 스포츠 산업 내에서 에이전트 지위가 상승하게 된 배경을 크게 다섯 가지로 분류해서 설명했다. 첫째, 1970년대 중반 선수 표준계약에서 보류 조항과 선택 조항(Reserve and Option Clause)의 광범위하게 적용돼 왔던 기준이 법원과 중재인들의 노력으로 무효화되면서 에이전트의 지위가 상승하게 됐다. 이에 1970년대 중후반 자유계약선수(FA, Free Agent) 제도가 도입되면서 스포츠 에이전트 활동을 보장하고 있다. 둘째, 새롭게 출범한 미식축구, 하키, 농구 리그들이 등장하면서 선수들의 발언권이 강해졌다. 즉, 충분한 경제적 보상이 이뤄지지 않을 경우 다른 구단으로 이적하기가 쉬워졌기 때문이다. 셋째, 선수노조의 영향력이 강해졌다. 이 시기에는 에이전트에게 연봉 협상을 맡기는 것이 대세가 됐지만, 이전에는 노조가 이 역할을 담당했었다. 넷째, 높은 연봉으로 이어진 선수는 다양한 재무 문제를 전문적으로 관리할 필요가 생기게 되면서 관련 직군들이 대거 포진됐다. 마지막으로 리그와 선수에게 추가적인 수입원이 발생했다. 즉, 정규 TV 프로그램 편성, 방송중계권 가격의 상승, 나이키와 같은 스포츠 용품기업의 선수보증광고 시장의 확대 등으로 이어졌다.[7]

스포츠 에이전트가 이런 역할도 한다고?

강호정, 이준엽(2012)에 따르면 스포츠 에이전트는 크게 두 가지로 분류합니다. ① 선수 에이전트, ② 매치 에이전트입니다.

첫째, '선수 우선주의'에 입각해 선수를 대리하는 선수 에이전트(Player Agent)가 있습니다. 흔히 알고 있는 에이전트입니다. 스포츠 에이전트란 용어도 엄밀히 표현하면 스포츠 선수 에이전트라고 해야 합니다. 선수를 대리하는 것이지, 스포츠를 대리하는 것은 아니니까요. 이들은 선수를 위해 이적 및 연봉협상, 용품협찬 기업과의 협상, 광고출연 희망기업과의 협상을 통해 최종 계약에 이르기까지 역할을 수행합니다. 둘째, 매치 에이전트(Match Agent)는 국가 간 혹은 클럽 간 스포츠 경기를 주선하는 역할을 합니다. 숫자가 많지 않기 때문에 대중들에겐 잘 알려져 있지 않습니다.

선수 에이전트의 역할을 살펴볼까요? 크게 세 가지로 분류하고 열 가지로 세분화할 수 있습니다. 첫 번째 역할은 선수 마케팅 활동 관리라 할 수 있습니다. 선수가 수행하는 모든 활동은 마케팅으로서 의미를 부여할 수 있어야 선수가치를 높일 수 있기 때문입니다. 선수정보를 파악하고 미디어와의 관계를 잘 설정해야 하며, 사회공헌활동을 통해 선수 이미지를 높일 수 있는 다양한 활동을 할 수 있도록 환경을 마련해야 합니다.

선수 마케팅 활동 관리[8]

구분	내용	
선수정보 파악	• 선수 경쟁력 파악, 선수 인구통계학적 자료, 경기력 자료, 선수 개인의 요구사항 수집, 가공, 분석 • 세부 직무	
	선수정보 분류	• 선수의 경기력 요인 정보 분류
	선수정보 가공	• 선수의 경기력 요인 정보 가공
	선수정보 분석	• 선수의 경기력 요인 정보 분석
미디어 관계 관리	• 선수의 가치 상승, 미디어와의 우호적 관계 설정, 선수 평판 관리 • 세부 직무	
	미디어 관련 정보 수집	• 미디어 종류, 특성에 맞는 정보 수집
	미디어 교육	• 선수 이미지 관리를 위한 대중과의 소통방법 등 체계적 교육 지원
	미디어 관계 설정	• 선수에게 유용한 정보 제공 • 선수와 미디어 간 원만한 관계 설정
사회공헌활동 관리	• 선수가 사회에 기여, 이미지 제고, 경기 외적인 공헌활동 지원 • 세부 직무	
	프로그램 계획	• 다양한 사회공헌활동 프로그램

프로그램 실행	• 인적, 시간적, 재무적 지원 관리 • 이해관계자와의 계약과 절차 합의	
프로그램 평가	• 본래 취치에 맞는지 분석, 평가 • 선수 인지도, 이미지 제고 노력	

선수 에이전트의 두 번째 역할은 선수 계약 대리입니다. 가장 중요한 역할에 해당합니다. 선수이적, 선수연봉, 선수용품 협찬, 선수광고 출연에 관해 정교하게 협상을 하고 계약을 담당합니다. 자신이 관리하는 선수의 경쟁력을 객관적으로 평가할 수 있는 자료를 확보해야 합니다. 이후 이적 팀을 물색할 수 있고 연봉협상을 할 때 유리한 조건을 갖출 수 있습니다. 또한 선수에게 필요한 용품의 우선순위를 정해 협찬기업을 탐색할 수 있습니다. 선수에게 적합한 광고출연 대상을 선정한 후 계약에 이르도록 노력합니다.

선수 계약 대리[9]

구분	내용	
선수이적 계약	• 선수 경쟁력의 객관적 평가, 이적 가능한 팀 탐색, 실제 이적 계약을 체결 • 세부 직무	
	선수 경쟁력 평가	• 경기력을 평가, 지표화 • 경기외적인 경쟁력 평가, 지표화
	선수이적 팀 탐색	• 리그 특성 파악 • 선수와 해당 리그의 적합성 분석
	선수이적 협상 및 계약	• 이적대상 구단 요구사항 충족 • 이적협상 및 계약 완료
선수연봉 계약	• 선수 경쟁력의 수치화, 구단과의 연봉협상 및 계약체결, 선수 권리보호를 위한 연봉계약 이행여부 지속 관리 • 세부 직무	
	선수 경기실적 분석	• 선수 경쟁력 종합적 평가 및 분석 • 선수 경기실적 객관적 분석, 평가
	선수연봉 협상	• 선수 희망연봉과 구단 지급능력 조율 • 이적 가능성 등 고려한 연봉 협상
	선수연봉 계약 및 관리	• 선수 실적 수치화, 연봉계약 체결 • 연봉계약 이행여부 지속 관리

선수용품 협찬계약	• 선수와 용품협찬업체 간의 상호 이익, 선수 가치 분석, 용품 협찬 대상 탐색, 협찬 대상 조직과 계약 체결 • 세부 직무		
	선수용품 협찬가치 분석 및 평가	• 선수 경기력, 발전가능성 분석 • 선수 종목의 미래시장 가치 분석	
	선수용품 협찬기업 탐색	• 선수에게 필요한 용품 우선순위 파악 • 선수와 협찬기업 간 유사 이미지 파악	
	선수용품 협찬 계약	• 선수가치평가에 의해 용품협찬 분석 • 절차에 따른 법적 계약 수행	
선수광고 계약	• 선수의 광고 가치 판단, 선수와 적합한 광고대상 선정, 계약 체결 • 세부 직무		
	선수광고 가치 분석 및 평가	• 선수 인지도, 이미지 분석 • 선수 광고 가치 분석	
	선수광고 기업 탐색	• 광고의 시대적 동향 파악 • 선수가 출연할 광고 종류 탐색, 선별	
	선수광고 대상 계약	• 선수의 가치분석 자료 활용 • 절차에 따른 법적 계약 수행	

선수 에이전트의 마지막 역할은 선수가 맞닥뜨리는 **법률 환경을 지원합니다.** 선수 허락 없이 선수의 성명과 초상을 광고에 이용하는 행위를 통해 상업적으로 이용하는 침해형태를 잘 파악해야 하고 선수와 계약을 맺는 대상과의 법률 지원을 합니다. 선수고용 계약 대상은 에이전트 자신과 구단이 됩니다. 선수와 에이전트 간에는 신뢰를 바탕으로 고용계약을 맺어야 합니다. 선수와 구단의 계약에 대해선 에이전트가 선수 우선주의를 토대로 협상하고 계약을 맺게 합니다. 선수 주변에서 일어날 수 있는 다양한 법적 분쟁을 미연에 방지하기 위한 노력을 합니다. 또한 선수 상담, 컨디션, 자산관리에 이르기까지 선수 에이전트의 역할을 찾아볼 수 있습니다.

선수의 법률 지원[10]

구분	내용
퍼블리시티권 (Right of Publicity) 관리	• 선수의 성명·상호·초상이 갖는 경제적 가치 분석 및 평가, 계약체결, 침해 예방 및 구제 • 세부 직무 **퍼블리시티권 가치 분석 및 관리** — • 경제적 가치 분석 • 경제적 영향력 수준 평가 **퍼블리시티권 계약** — • 계약서 검토 및 작성 **퍼블리시티권 보호** — • 침해여부 파악 및 구제활동 ※ 초상권은 인격적 가치를 보호하는 인격권이고, 퍼블리시티권은 경제적 가치를 보호하는 재산권이란 차이가 있음 ※ 퍼블리시티권 침해 형태 - 허락 없이 선수의 성명·초상을 광고에 이용, 상품에 사용, 기타 상업적 활동에 이용 ※ 구제 수단 - 스포츠 계약법과 관련한 법률은 없고, 민법상 손해배상, 부당이득반환청구, 신용회복에 적당한 처분, 저작권법 및 상표법상 침해금지 청구 등이 있음
스포츠법률 지원	• 선수 권익을 위해 고용, 협찬, 기타 선수 계약 체결 및 이행과정에서 선수에게 조언, 계약 분쟁 등 발생할 때 지원 • 세부 직무 **고용계약 관련 법률 지원** — • 고용계약의 이행·해석에 관한 분쟁 발생 시 법적수단 등 해결방안 **협찬계약 관련 법률 지원** — • 협찬계약의 이행·해석에 관한 분쟁 발생 시 법적수단 등 해결방안 **선수관련 기타 법률 지원** — • 선수관련 기타 법률 분쟁 시 법적수단 등 해결방안
선수생활·자산관리 지원	• 선수의 정신적·신체적 컨디션 관리, 선수의 자산 관리 • 세부 직무 **선수상담 관리** — • 선수생활 상담 • 슬럼프, 심리적 불안감 등 문제 발견 **선수 컨디션 관리** — • 경기력 유지를 위한 컨디션 관리 **선수 자산관리 지원** — • 선수의 소득관련 세무업무 처리 • 선수자산 투자 계획 수립 • 선수 은퇴 후 자산관리 계획

Q & A

1. 스포츠 마케팅에서 유형적 상품이면서 무형적 상품은 무엇인가요?

(정답) 선수

(해설) 스포츠 선수는 실체가 있는 사람이기 때문에 '유형적 상품'이면서 선수의 경기력, 카리스마 등과 같은 특성을 지닌 '무형적 상품'의 특징을 갖고 있습니다.

2. 제품에는 수명주기(PLC: Product Life Cycle)가 있습니다. 아무리 흥행하는 스포츠 신발도 신상품에 가려지게 마련입니다. 즉 도입기, 성장기, 성숙기, 쇠퇴기 단계를 거칩니다. 제품이 잘 팔리기 때문에 경쟁사에서도 비슷한 가격의 모방제품이 등장하는 시기는 어느 단계일까요?

(정답) 성장기

(해설) 도입기는 스포츠 제품이 처음 시장에 나오는 단계로서 인지도와 판매율을 높이기 위해 촉진비용도 많이 들고, 적자상태가 되는 시기입니다. 성장기는 경쟁사 제품의 출현으로 시장규모가 커지기 때문에 집중적인 유통전략이 필요한 시기입니다. 성숙기는 수요의 신장이 둔화되거나 멈추는 단계로서 새로운 소비자를 타깃으로 하기 보다는 경쟁사의 고객을 유인하기 위한 방안을 찾게 됩니다. 쇠퇴기는 매출이 눈에 띄게 감소하는 단계입니다.

※ 참고: 스포츠 제품의 수명주기(PLC)[11]

도입기	• 스포츠제품이 처음 시장에 나오는 단계 • 초기비용이 많이 들게 돼 직자상태가 지속 • 인지도와 판매율을 높이기 위해 활발한 촉진활동을 해야 하는 시기	
성장기	• 수요가 증가하고 이익이 발생하는 단계 • 경쟁사의 모방제품이 출현 • 시장규모가 커지면서 집중적인 유통전략이 필요한 시기	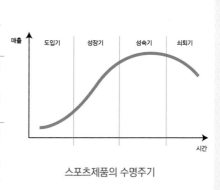 스포츠제품의 수명주기
성숙기	• 수요의 신장이 둔화되거나 멈추는 단계 • 성장형, 안정형, 쇠퇴형으로 세분 • 새로운 고객창출보다는 경쟁사의 고객을 유인해야 하는 시기(가격할인 등 촉진전략 필요)	
쇠퇴기	• 매출이 눈에 띄게 감소하는 단계 • 제품을 상기시키는 최소한의 광고만 필요한 시기	

3. 선수의 명성, 평판, 유명세 등을 포함한 개념인 인지도 활용에 관한 권리로서 초상권과 달리 남에게 팔거나 상속할 수 있는 권리를 무엇이라고 할까요?

(정답) 퍼블리시티권(Right of Publicity)

(해설) 초상권은 인격적 가치를 보호하는 인격권이고, 퍼블리시티권은 경제적 가치를 보호하는 재산권으로 초상권과 달리 남에게 팔거나 상속할 수 있습니다. 즉, 이적할 구단이나 에이전시에게 양도할 수 있습니다. 에이전트는 선수 퍼블리시티권의 경제적 이익과 침해부분을 다양한 사례와 판례 등을 검토해야 합니다. 물론 법률 자문가의 조언을 이어가야 합니다.

직접인용 자료

1 문개성(2022). 스포츠 마케팅 4.0: 4차 산업혁명 미래비전(개정2판). 박영사, 233쪽.

2 문개성(2023). 현대사회와 스포츠: 미래에도 무한한 인류 공통의 언어(개정2판). 박영사, 188쪽.

3 문개성(2021). 스포마니타스: 사피엔스가 걸어온 몸의 길(하빌리스에서 검투사까지). 박영사. 291~292쪽.

4 문개성(2024). 스포츠 에이전트 직무해설서(개정3판): 선수대리인의 비즈니스 관점. 박영사, 128쪽.

5 법제처(n. d.). 스포츠산업진흥법. Retrieved from http://www.moleg.go.kr

6 한국산업인력공단(2016). 국가직무능력표준 NCS 스포츠에이전트.

7 문개성(2024). 스포츠 에이전트 직무해설서(개정3판): 선수대리인의 비즈니스 관점. 박영사, 59쪽.

8 문개성(2023). 스포츠 경영: 21세기 비즈니스 미래전략(개정2판). 박영사, 340쪽. Retrieved from 한국산업인력공단(2016). 국가직무능력표준 NCS 스포츠에이전트.

9 문개성(2023). 스포츠 경영: 21세기 비즈니스 미래전략(개정2판). 박영사, 341~342쪽. Retrieved from 한국산업인력공단(2016). 국가직무능력표준 NCS 스포츠에이전트.

10 문개성(2023). 스포츠 경영: 21세기 비즈니스 미래전략(개정2판). 박영사, 345~346쪽. Retrieved from 한국산업인력공단(2016). 국가직무능력표준 NCS 스포츠에이전트.

11 문개성(2022). 스포츠 마케팅 4.0: 4차 산업혁명 미래비전(개정2판). 박영사, 215~216쪽.

2부

올림픽과 월드컵, 누가 승자인가?

01 | IOC의 상품, 올림픽

올림픽 기원이 그렇게 오래됐다고?

오늘날 올림픽은 전 세계인의 축제라 해도 과언이 아닐 정도로 발전했습니다. 매우 세련되게 연출하기 때문에 많은 사람들의 시선을 사로잡기에 이 만한 콘텐츠가 없습니다. 올림픽의 기원은 고대 그리스로 거슬러 올라갑니다. 결론부터 얘기하자면 전쟁 기술을 종목화한 것입니다. 잘 달리고 잘 쏘아야 적을 쓰러뜨릴 수 있으니 조금만 생각해보면 이해가 될 것입니다.

당시 통치자들은 '제우스의 휴전(Ekecheiria)'이란 정전(停戰) 규정도 만들었습니다. 평소에는 전쟁을 하다가도 올림픽 기간 동안은 싸움을 하지 말자라는 것이죠. 물론 현재 올림픽 헌장에는 올림픽 기간 중에 전쟁을 하지 말자라는 조항은 없습니다. 다만 1차 세계대전(1914~1918)을 일으켰던 독일, 2차 세계대전(1939~1945)의 전쟁 주역이자 패전국인 독일과 일본을 올림픽 참가를 못하게 한 경우는 있습니다.

1916년 6대 대회가 독일 베를린에서 개최하기로 했으나 전쟁발발로 취소가 되었고, 나아가 1920년 7회 대회(벨기에 앤트워프)에 독일을 초대하지 않았던 것이죠. 또한 1940년 12회 대회가 예정됐던 일본 도쿄대회, 1944년 13회 대회가 열리기로 한 핀란드 헬싱키 대회 역시 또 다른 세계대전으로 취소가 되었고, 1948년 영국 런던 대회에 독일과 일본의 참가가 거부된 것도 여기에 해당합니다.

다시 돌아와 고대 올림픽을 살펴볼까요. 범그리스 4대 제례 경기라 하면 올림피아(Olympia), 피티아(Pythia), 이스토미아(Isthomia), 네미아(Nemea)가 있었습니다. 기원전 776년에 인류 역사상 최초의 올림픽이 개최됐는데 바로 올림피아 제전이었습니다. 이 대회는 4년마다 7월 하순에서 8월경에 제우스신을 기리기 위해 개최됐습니다. 당시 경기에 참여하는 선수들의 안전을 보장하기 위한 노력을 했다고 하니 꽤 세련된 기획이 있었던 것 같습니다. 서기 150년 무렵에 활동했던 고대 그리스 여행가 파우사니아스(Pausanias, ?~AD 180)에 따르면 특별한 이유 없이 올림피아 제전에 빠지면 무거운 벌금을 물었다고 합니다. 제우스를 기리는 행사답게 당시 가장 신성하게 여겼던 황소를 도살하고 제물로 바치는 의식을 치렀습니다.

피티아 축제는 어떠했을까요? 기록에 따르면 기원전 586년 혹은 582년부터 시작했습니다. 델피 신전에서 4년에 한 번씩 아폴로신을 기리기 위해 개최됐습니다. 우승자에게는 월계수잎 관을 수여했습니다. 이 제전은 유독 장례경기의 특성을 띄었습니다. 전쟁 전사자를 추모한 것이죠. 고대 그리스에서 가장 유명한 대회는 전차경주였습니다. 2두 전차경기(Synoris)가 등장한 해가 기원전 408년으로 전해지고 있어 이 시기에는 4두 전차경기(Tethrippon)가 공식 종목이었습니다. 말들이 조련 기술에 힘입어 달리다가 경기장 반환점을 돌 때 아침햇살에 길게 늘어진 자신들의 그림자에 놀라 자빠지기도 했습니다. '말의 공포'란 뜻의 타락시포스(Taraxippos) 제단 근처를 통과할 때 사고가 빈번했다고 합니다.

이스토미아 제전은 기원전 582년에 처음으로 개최됐습니다. 바다의 신 포세이돈을 기리기 위해 2년마다 봄과 여름에 열렸습니다. 바다의 신이 등장한 만큼 보트경기도 있었습니다. 우승자에게는 소나무잎 관을 수여했습니다. 마지막으로 네미아 축제는 기원전 573년부터 개최됐습니다. 올림피아 제전처럼 제우스신을 기리기 위해 2년마다 9월에 열렸습니다. 우승자에겐 파슬리(샐러리)잎 관이 수여됐습니다.

고대 그리스 사회에서 상류층과 귀족의 전유물이었던 전차경기에 참가하기 위해선 비싼 비용을 치러야 했다. 이러한 원인으로 전차 경주는 점차 쇠퇴하게 되면서 올림픽 프로그램에서도 사라졌다. 기원전 7세기경에는 전쟁전술의 변화로 중갑병의 방진(方陣)부대가 서로 경주하는 경마가 등장했다. 병사들을 사각형으로 배치하여 서로 부딪히며 승부를 가린 것이다. 공식적인 기록으로 켈레스(Keles)라 불린 경마는 기원전 648년에 도입됐다. 오늘날의 경마와는 달랐다. 우선 안장이나 등자(Stirrups)가 없었다. 기껏해야 두꺼운 담요를 걸쳐놓고 위에 올라타 두 발을 말 몸통에 부착해 균형을 맞췄다. 기수에 대한 안전장치가 없었으니 떨어지기 일쑤였다. 호메로스가 묘사한 장례 경기에는 심판과 관중이 등장한다. 심판은 경기 자체를 감시하기도 했지만, 격렬한 승부에서 빚어지는 혹시 모를 관중들 사이의 소란을 수습하기 위해서도 배치됐다. 현대 스포츠 관중의 열기와 하등 다를 바 없었다. 오늘날 단일종목의 최대 상품인 축구처럼 몰입도가 매우 높았다.[1]

동전양면과 같은 올림픽이라고?

기원전 776년부터 시작한 고대 올림픽은 서기 393년이 돼서야 막을 내렸습니다. 1,500여 년 동안 오랜 잠을 자고 있던 이 놀랄만한 이벤트는 다시 인류사에 등장하게 됩니다. 1896년, 피에르 쿠베르탱(Pierre Coubertin, 1863~1937)은 근대 올림픽으로 새 생명을 불어넣었습니다. 대략 2800년 전에 기획했던 고대 올림픽을 옮겨온 장본입니다. 아곤(Agōn, 경쟁)과 아레테(Arete, 탁월함을 향한 노력의 과정)라고 하는 가치를 구현할 새로운 동력을 안겨다 주었습니다.

고대 올림픽

오늘날 올림픽은 명과 암이 있습니다. 올림픽을 바라보는 사람들은 경외감을 갖고 모든 희망을 안겨다 줄 지구촌의 축제로 생각합니다. 하지만 개최국은 속앓이를 합니다. 동전의 양면을 갖게 된 올림픽을 앞으로도 치르겠지만 많은 고민을 낳을 것입니다. 우선 개최비용이 가장 큰 문제이겠지요. 스포츠 마케팅 시장에서 손색이 없는 매력적 상품이면서도 누군가에겐 엄청난 부담을 떠안게 하는 애물단지 같은 존재이기도 합니다. 생산자, 유통자, 소비자 모두가 만족해야 성공적인 마케팅을 했다고 합니다. 이렇게 바라본다면 올림픽이란 인류 공통의 유산을 앞으로 어떻게 가져가야 할지 고민을 하지 않을 수가 없게 된 것입니다.

개최지를 독점하지 않고 대륙별로 옮겨 다녔다. 마케팅 관점에서 영민한 생산자(IOC)는 전 세계 소비자를 대상으로 매력적인 상품(올림픽)을 판매하기 위해 유통자(개최지)를 매번 바꿨다. 소비자는 세계시민과 글로벌 기업이 된다. 올림픽이란 상품은 전 세계 어디서든 판매해도 관세를 물거나 무역협정을 통해 완화하지 않는다. 마치 유럽연합(EU) 내 국가들 간에 단일 시장, 단일 통화의 이점을 내세우듯이 말이다. 올림픽은 흥행하면 그만이다. 문제의식은 여기서부터 생겨났다. '흥행하면 그만인 상품'인 올림픽을 판매하기 위해 뛰어드는 유통자가 현격하게 줄어들었다. 2000년 이후 올림픽 개최를 희망하는 중간상 역할이 경제적 부담으로 눈에 띄게 급감했다. 2004년 대회유치를 원했던 국가(도시)가 11개, 2008년 10개, 2012년 9개, 2016년 7개로 줄어들었다. 일본 도쿄로 확정된 2020년 하계올림픽 선정기간에는 개최 희망도시가 5개로 줄어들었다. 급기야 2024년에는 유력지였던 독일 함부르크를 비롯해 미국 보스턴, 이탈리아 로마, 헝가리 부다페스트가 연이어 유치경쟁에서 빠졌다. 이유는 유치 후 경제적 어려움을 우려한 주민의 반대의사가 반영됐기 때문이다. 급기야 2024년은 2개로 줄어들어 국제올림픽위원회(IOC) 2024년 파리, 2028년 LA를 동시에 발표했다.[2]

물론 국제올림픽위원회(IOC)가 올림픽 초창기부터 영민한 마케팅 생산자로 활동했다고 볼 수는 없습니다. 큰 호응을 얻기 위해 시간이 꽤 필요했기 때문입니다. 또한 올림픽과 얽힌 숱한 정치·사회적 이슈로 인해 행사가 얼룩지기도 했습니다. 독일(구서독) 뮌헨에서 개최된 20회 올림픽 대회는 역사상 가장 비극적인 대회가 됐습니다. 팔레스타인 테러조직 검은 9월단 8명이 선수촌을 급습해 인질극을 벌인 것입니다. 이스라엘에 감금된 200명의 팔레스타인 죄수들 석방을 요구한 것입니다. 결론은 선수를 포함한 인질 9명, 테러범 5명, 서독경찰 1명이 사망하면서 끝이 났습니다.

그럼에도 국제올림픽위원회(IOC)는 돈을 벌 수 있는 기반을 차곡차곡 쌓았습니다. 특히 방송중계권과 기업 협찬 비용으로부터 엄청난 수익을 갖게 됩니다. 1988년부터 본격적으로 가동된 TOP(The Olympics Partners) 프로그램이라고 하는 기업이 스폰서십에 참여할 수 있는 장치가 있습니다. 기업은 치열한 경쟁을 통해 올림픽에 협찬을 합니다. 올림픽 기간을 전후해서 엄청난 홍보효과를 누리게 되고, 궁극적으론 상품 판매로 이어졌습니다. 이와 같이 국제올림픽위원회(IOC)와 기업은 돈을 벌지만, 개최국(도시)은 빚더미에 오르는 구조가 된 것입니다.

몇 년 전 영국 BBC의 논평이 말해준다. "올림픽의 하이라이트는 육상 100m 나 마라톤이 아니라 손익계산서다." 빚잔치로 끝날 수밖에 없는 현실이 개최 희 망도시가 줄어든 직접적인 이유다. 포브스(Forbes)를 인용해서 BBC와 파이낸셜 타임즈에서 발표한 하계올림픽 손익계산서를 살펴보자. 1976년 몬트리올 올림픽 때 이미 1조 4,736억 원의 적자를 기록, 1984년 LA 올림픽은 2,400억 원 소폭 흑 자, 1988년 서울올림픽은 9,000억 원의 적자, 1992년 바르셀로나 올림픽은 7조 3,200억 원 적자, 1996년 애틀랜타 올림픽은 소폭 흑자와 2000년 시드니 올림픽 은 소폭 적자로만 기록, 2004년 아테네 올림픽은 10조 8,000억 원 적자, 2008년 베이징 올림픽은 4,800억 원 적자, 2012년 런던 올림픽은 14조 1,600억 원의 적 자, 2016년 리우 올림픽은 무려 18조 원이란 적자를 떠안게 됐다. 하계올림픽만 언급한 수치이다.[3]

그렇다고 올림픽 자체를 외면할 수 있을까요? 세계에서 홀로 외로운 섬이 되어 보이콧으로만 일관할 수 있을까요? 2018년 평창 동계올림픽 개최 이전에도 올림 픽 자체를 반납하자란 의견도 있었습니다. 말과 글로 표현하는 시민단체와 학자들 이야 얼마든지 올림픽 무용론을 들먹일 수는 있겠지만, 숱한 노력을 거치며 달려 온 수많은 이들이 축적해 온 과정을 단숨에 날려버릴 수 있을까요? 선수, 코치, 감 독, 트레이너 등을 비롯해 주무부처 행정 인력, 유관단체 등의 헤아릴 수 없을 만큼 많은 사람들의 노력이 있습니다. 갈등 유발을 통해 소기의 목적을 달성하고자 하 거나 소수의 정치·사회적 판단이 우리 사회에 긍정적인 영향만을 안겨다 줄까요? 많은 물음을 던질 수 있을 것입니다.

작용이 있으면 반작용이 있듯이 독특한 이력을 남긴 올림픽이 있습니다. 앞서 언급한 전쟁으로 취소된 올림픽 외에 감염병으로 취소될 뻔했던 올림픽이 있습니 다. 바로 2020 도쿄 하계올림픽입니다. 최근까지도 기업홍보의 최고 무대를 올림픽으로 여겼습니다. 하지만 이 올림픽에선 협찬했다는 사실을 숨기고 싶어 했던 대회가 됐습니다. 개인과 사회에 위험을 빠뜨릴 수 있는 코로나19의 확산으로 올림픽 취소 여론이 들끓었을 때 국제올림픽위원회(IOC)와 일본 정부는 개최를 강행했습니다. 막대한 돈을 투자한 기업은 이 당시 어떤 생각을 했을까요? 결국 개최에 따른 세계여론의 비판적 시선이 국제올림픽위원회(IOC)와 일본정부로 향할 때 기업으로까지 번지지 않게 하기 위해 전전긍긍한 대회가 된 것입니다.

코로나19로 1년 미뤄졌던 2020 도쿄 하계올림픽이다. 이 대회에 대해 '기묘한 이벤트'라고 표현하겠다. 대표적인 올림픽 행사인 개·폐막식에서 1980, 90년대로 이어온 문화강국의 면모는 자취를 감췄고, 그 빈자리에 시대 트렌드를 전혀 읽지 못하는 퍼포먼스가 가득했다. 4.0 마켓(온라인과 오프라인의 통합 시장)이 전 세계를 강타하며 실시간 소통을 이어가는 데 능숙한 많은 소비자들의 욕구를 충족시키지 못했다. 이에 많은 사람들은 여러 원인 중에 구태의연한 정치적 환경도 꼽았다. 이는 자신을 낮추기 보다는 남을 깎아 내리던 정치행위와도 연결됐다. 지금 이 순간에도 우리나라를 포함해 주변국가의 반발을 불러일으키는 역사적 사실의 왜곡을 멈추지 않는다. 17일 간의 장정을 끝낸 베이징 동계올림픽에서 자신을 낮추었던 환경이 있나 살펴볼까. 결론부터 얘기하자면, 올림픽 정신을 무색하게 했던 대회가 됐다. 편파 판정으로 얻은 승리에 대해 주변의 시선을 아랑곳하지 않고 자축하는 주최국의 민낯을 보았다. 진정한 승자가 무엇인지를 다시금 깨닫게 하는 대회였다. 우리 고유의 역사인 고조선, 고려, 발해 등을 중국 역사로 왜곡하고자 하는 동북공정의 야심을 개막식 때 드러내 논란을 부추겼다. 소수 민족의 복식을 표현한다며 한복을 입은 공연자를 등장시켰던 것이다. 이 또한 10년마다 정권을 후속세대에 물려주었던 중국만의 정치적 가치 부재에서 살펴볼 수 있을 것이다.[4]

달리기 유전자라도 있나?

앞서 얘기한 숱한 노력은 현재 진행형만의 얘기가 아닙니다. 1936년 독일 베를린 올림픽은 세계사적으로, 우리의 근대사적으로 논할 역사적 사실이 있습니다. 1933년 당권을 잡은 히틀러는 올림픽을 정치 선동의 수단으로 삼습니다. 전형적인 스포츠를 정치에 악용한 사례입니다. 또 3년이 지난 1939년 9월에 폴란드를 침공했습니다. 그 이전에 이미 오스트리아와 체코슬로바키아를 합병한 히틀러는 구소련과의 독소불가침조약을 체결하고 일으킨 것입니다. 폴란드 동맹국이던 영국과 프랑스가 독일에 선전포고를 하게 되고 끔찍한 세계대전이 다시 발발하게 된 것입니다.

우린 일제 강점기 하에 일장기를 달고 손기정 선수가 마라톤으로 우승한 올림픽입니다. 평안북도 신의주에서 태어난 손기정은 소학년 6학년 때 이미 발군의 기량을 선보였습니다. 신의주와 만주 안둥현 사이를 달리던 안의육상경기대회에서 5천 미터 달리기 종목에서 우승했습니다. 물론 어른들을 제치고 우승했기에 이미 세계무대를 평정할 타고난 기량을 갖추고 있었죠. 조선 내에서도 여러 대회에서 우승을 하며 눈에 띄게 성장한 손기정은 1935년 일본 도쿄에서 열린 베를린 올림픽 선수선발전에서 당시 세계신기록(2시간 26분 14초)을 달성하며 우승했습니다. 이듬해 베를린 올림픽에서 우승을 어느 정도 예견될 만큼 주목을 받았습니다.

일제는 일본 선수를 출전시키고 싶어 20킬로미터 최종 평가전까지 치르게 합니다. 참으로 얄팍한 기획이라고 볼 수 있습니다만, 결과는 손기정 1위, 남승룡 2위로 올림픽 출전권을 거머쥡니다. 손기정 선수는 베를린 올림픽에서 우승했고, 전라남도 순천 태생인 남승룡 선수는 3위를 하게 됩니다. 남승룡 선수는 해방 이후 1947년 보스톤 마라톤에 코치이자 선수로서 출전해 10위를 기록합니다. 이 대회에서는 서윤복 선수가 우승을 차지했습니다. 손기정은 감독을 맡았죠.

왜 이토록 잘 달렸을까요? 우리에겐 잘 달리는 유전자라도 있을까요? 현대 마라톤에선 아프리카 케냐의 '칼렌진족'을 주목하고 있습니다. 케냐 인구의 12퍼센트(약 490만 명)에 불과한 이들은 유독 육상 능력에서 뛰어난 기록을 내고 있습니다. 이들의 신체적 특성은 닐로트형(Nilotic type)으로 극도로 홀쭉한 체형입니다. 엉덩이가 좁고 팔다리가 가늘고 깁니다.

2019년 10월에 비공식 마라톤 세계 신기록이 나왔습니다. 무려 1시간 59분 40.2초란 기록으로 2시간 벽을 깬 것이죠. 주인공은 엘리우드 킵초게 선수로 그 역시 칼렌진족입니다. 오스트리아 빈 프라터파크에서 열린 이 대회는 영국의 화학업체에서 주최한 대회였습니다. 또한 그가 신은 조깅화가 큰 주목을 받았습니다. 여기서부터 기업의 스포츠 마케팅 기획이 녹아들었고 잘 차려진 보도 자료가 전 세계에 타진됐음을 알 수 있습니다. 바로 나이키(Nike)입니다. 앞으로도 본서에 종종 등장하게 될 기업입니다. 나이키는 세계 신기록을 위해 킵초게만을 위한 대회에 뛰어들었는데 바로 특수 제작한 조깅화를 선보인 것이죠. 밑창 중간에 탄소섬유의 판을 통해 스프링과 같은 기능을 넣었습니다. 스포츠 과학이냐, 기술 도핑이냐의 논쟁을 이어가기에도 충분한 사례입니다. 공식 마라톤 대회의 세계 최고기록은 켈빈 키프텀 선수가 미국 시카고 대회(2023년 10월)에서 수립한 2시간 00분 35초입니다. 그 역시 케냐 출신입니다.

킵초게의 이벤트성 마라톤 골인장면

진화론적 관점에서 잘 달리는 유전자가 있다고 칩시다. 우린 그들처럼 머리가 작거나 길쭉하지 않습니다. 그래도 무척 잘 달렸습니다. 최근엔 다소 주춤하지만 황영조와 이봉주 선수도 있었습니다. 구한말에 이용익이란 인물이 있었습니다. 1882년 임오군란이 발생했습니다. 역사적으로 잘 알려진 바와 같이 일본식 신식군대에 차별을 느낀 군인들이 일으킨 폭동이었죠. 이용익은 명성황후 민씨가 장호원에 피신해 있을 때 서울의 민씨 일가와 연락을 담당하는 중책을 맡습니다.

잘 달린다는 사실을 전해들은 고종은 그에게 전주에 있는 전라감사에 봉서를 보내면서 맡기고 돌아오라는 어명을 내립니다. 발송일시와 답봉서의 발부시간이 기록돼 있어 경이로운 속도의 달리기를 했는가를 알 수 있습니다. 서울과 전주 간 거리가 500리로 약 200킬로미터 거리를 12시간에 독파합니다. 평균 시속 17킬로미터로 달린 겁니다. 이봉주가 기록한 한국 최고기록인 2시간 7분 20초를 환산하면 평균 시속 19.87킬로미터입니다. 킵초게가 신었던 스프링 신발이 있었겠습니까, 땀을 흡수하는 기능을 가진 깃털처럼 가벼운 복장을 했겠습니까, 잘 닦인 도로였겠습니까, 거리에서 응원하는 사람들이 있었겠습니까, 우승하면 연금을 주는 제도가 있었겠습니까. 그는 먹고 살기 위해 내달렸던 등짐장수였습니다.

> 양반은 양반이라 안 뛰고, 천민은 먹은 거 꺼질까봐 안 뛰고, 할머니들은 "배 꺼진다. 뛰지 마라"며 손자를 붙들어 세우던 시절, 조선이 어떻게 일약 육상 강국으로 성장할 수 있었을까. 물론 당시 지식인들이 체육을 중시하고 경쟁을 장려하면서 조선인들의 눈에 마라톤이 획기적인 유행상품으로 다가설 수 있었겠지만 그 기저에는 다양한 '달리는 직업'의 등장이라는 사회적 변화도 한몫하고 있었다. 등짐장수, 물장수, 인력거꾼, 신문배달부 등이 등장하면서 젊은이들이 시내를 뛰어다니기 시작했고, 이들이 달리기 대회에 출천해 상을 타기 시작한 것이다. 이들은 달리기에서만큼은 '프로'였다. 1920년 경복궁 마당에서 열린 경성시민대운동회에서 벌어진 단축마라톤에서 우승한 이가 스물네 살 먹은 인력거꾼 최원기였고, 이성기도 원래는 인력거꾼이었다.[5]

다시 돌아와 우승한 손기정을 동아일보에서 대대적으로 보도했습니다. 경상남도 마산 출신인 이길용 기자는 가슴에 새겨진 일장기를 지우고 사진을 실었습니다. 이 사건으로 징역형을 받았습니다. 이를 빌미로 눈에 가시였던 조선체육회(1920년 출범)를 해체하기에 이릅니다. 일장기를 지운 일은 베를린 올림픽이 처음이 아니었습니다. 1932년 8월 미국 로스앤젤레스에서 개최된 마라톤 경기에서 출전한 김은배, 권태하 선수가 골인하는 장면에서도 가슴의 일장기를 지웠습니다. 컴퓨터그래픽도 없었던 시절에 단행한 용기였습니다. 그는 언론인이자 독립운동가였습니다. 1919년 3.1 독립선언서와 임시정부의 기밀문서를 철도편으로 운송했던 책임자이기도 했습니다. 체포돼 출감한 이후 동아일보에 입사해 역사적인 일장기 말소사건을 일으킨 것이죠.

나라를 잃은 처절한 역사가 끝이 났습니다. 해방을 맞이하고 코리아(KOREA)란 정식 국호를 갖고 출전한 대회가 있습니다. 1948년 초 겨울 스위스 생모리츠 동계 올림픽입니다. 같은 해 7월, 영국 런던하계 올림픽에선 코리아(KOREA)란 국호로 메달을 획득한 최초의 대회가 됩니다. 김성집 선수가 코리아(KOREA) 최초로 역도에서, 뒤이어 한수안 선수가 복싱에서 동메달을 딴 것입니다.

02 │ FIFA의 상품, 월드컵

공 하나의 매력에 푹 빠지다

월드컵은 1930년 우루과이에서 첫 대회가 개최됐습니다. 이는 당시 국제축구연맹(FIFA) 회장인 쥘 리메(Jules Rimet, 1873~1956)가 국제적인 축구 대회를 개최하기로 하면서 시작됐습니다. 첫 대회에 초청받은 팀은 13개국에 불과했지만, 오늘날은 200여 개가 넘는 국가들이 월드컵 참가를 위해 예선을 치르는 빅 이벤트로 성장했습니다. 1936년 나치가 올림픽을 통해 정치적 수단으로 악용했던 것처럼 동시대 인물이었던 이탈리아의 베니토 무솔리니(Benito Mussolini)가 1932년 자국에서 개최된 월드컵을 통해 정치적 목적을 달성하려고도 했습니다.

월드컵은 애초에 1932년 LA 올림픽에 축구경기를 포함시키고자 했던 노력이 무산되면서 시작된 것입니다. 당시 미국에서의 미식축구 인기에 밀린 탓이기도 합니다. 오늘날에도 북미에선 축구(Soccer)보다 미식축구(American Football)가 훨씬 규모가 큰 스포츠 비즈니스입니다. 월드컵 대회도 올림픽과 같이 2차 세계대전으로 1942년과 1946년 대회는 취소가 되기도 했습니다.

눈물 없인 못 보는 우리의 월드컵 진출 역사는 어떠했을까요? 처음으로 진출한 대회는 1954년 스위스 월드컵이었습니다. 동족상잔의 비극이 채 가시기도 전에 팀을 꾸역꾸역 꾸려서 참가한 것입니다. 개막 바로 전날 도착했다고 합니다. 무려 50시간이 넘는 비행 끝에 도착한 지독히 힘든 여정이었죠. 한식 요리사를 대동했겠습니까, 전략을 분석하는 팀이 있었겠습니까, 컨디션을 담당할 트레이너가 있었겠습니까? 열악한 조건에서의 경기결과는 뻔했습니다. 헝가리와 터키에 무려 각각 9점과 7점을 내주었습니다.

오랜 시간이 지나 1986년 멕시코 월드컵 본선 무대에 오르게 됩니다. 이후 2022년 카타르 월드컵까지 10차례 연속 본선무대를 밟습니다. 2002년 한·일 월드컵에는 4강까지 오르는 기염을 토합니다. 좋았던 기억을 뒤로 하고 여기서 잠깐 스포츠 마케팅을 언급하자면, 우리나라는 이 영역에선 실패했습니다. 함께 치렀던 일본은 짭짤한 재미를 보았죠. 이유가 무엇이었을까요? 우린 스포츠 마케팅의 역량을 살릴만한 준비가 안 돼 있었습니다. 예컨대 관련 법안 하나 없었습니다. 법령이 없으니 정책과 제도가 만들어질 수도 없겠죠. 또한 스포츠를 통해 돈을 벌 수 있다는 생각보다는 국위선양이 더 중요한 시대였다고 봐야 할까요? 참고로 「스포츠산업진흥법」은 2007년에 제정됐습니다. 1986년 서울 아시아경기대회, 1988년 서울 하계올림픽 대회, 2002년 한·일 월드컵 대회라는 굵직한 세계적 이벤트를 성공적으로 치렀다는 것은 기적에 가깝다고 해야 할까요? 어쨌든 스포츠 마케팅은 우리에겐 현재 진행형이고, 앞으로 불씨를 더욱 살려야할 미래 지향적 영역임에 틀림이 없습니다.

스포츠 마케팅과 떼려야 뗄 수 없는 스포츠 경영(Sports Management) 영역을 살펴본다면 리더십 이야기를 하지 않을 수 없습니다. 2002년 한·일 월드컵의 4강 주역인 거스 히딩크 감독은 박지성을 비롯한 한국 선수들을 유럽 무대에 뛸 수 있게 하는 매개 역할을 이어갔습니다. 이러한 노력을 통해 한국에서 자생한 상품(선수)을 보다 큰 시장(Market)에서 가치를 높일 수 있게 됐습니다. 지난 1970~1980년대 당시 최고 시장이었던 독일 분데스리가에서 활약한 차범근 前 감독은 선수 개인의 특출한 능력에 의해 발탁된 경우입니다. 국내에 체계적인 스포츠 에이전시(Sports Agency) 시스템이 있었을 리 만무했습니다. 본격적인 선수 수출의 체계를 마련한 계기를 히딩크 감독이 제공했다고 볼 수 있습니다. 이후 국내 프로 축구 시장에는 스포츠 에이전트(Sports Agent) 분야도 활기를 뛰었죠. 이 모든 역량과 축적된 분위기는 최근 영국프리미어리그(EPL)에서 맹활약하는 손흥민 선수를 볼 수 있게 된 것입니다.

히딩크 못지않게 박항서 감독의 이야기도 빼놓을 수 없을 것입니다. 감독들의 역량이 스포츠 마케팅에도 엄청난 영향을 미칩니다. 스포츠 마케팅에서 가장 중요한 상품은 선수입니다. 그에 못지않은 상품은 바로 감독이라 할 수 있습니다. 감독도 스포츠 에이전트 시장에서 매우 중요한 상품가치를 지니고 있습니다. 감독을 통해 팀, 구단, 더 나아가 국가 이미지까지 끌어올리는 존재가 됐으니까요.

2002년 한·일 월드컵 때 우리나라를 4강까지 올린 거스 히딩크(Guus Hiddink) 감독의 열풍은 한국 사회에서 적잖은 영향을 미쳤다. 축구에 한정된 분야에서도 다양한 기술과 환경을 조성하는 데 일조했지만, 리더십 영역에서도 히딩크를 연구하는 분위기가 팽배했다. 개인이 갖고 있던 기량과 기술을 결집시켜 팀의 변화를 이끌어냈고, 결국 엄청난 성과를 가져왔다. 선수들에게 어떤 메시지를 전달했기에 하루가 다르게 변화하는 모습을 보여주었을까. 전문 코치진을 통한 지도, 개인의 체력증진과 상호 간에 기량을 증폭시키는 기술, 상대팀 전술과 전략 분석 등 축구 영역에 한정하지 않더라도 선수를 자극할 무언가가 있었을 것이다. 거래적 리더십을 통해 열심히 뛰고 성과가 나면 유럽 리그로 데려갈 것이라는 메시지가 전달됐다고 상상해 보자. 확실한 조건적 보상(Contingent Reward)은 선수 스스로 경쟁력을 쌓기 위한 노력을 했을 것이다. 또한 예외에 대한 적극적인 관리(Active Management by Exception)를 통해 감독이 제시한 원칙과 기준에 위배된 선수는 과감하게 대표팀 탈락과 교체카드를 제시했을 것이다. 여론의 동향보다는 팀 성과가 가장 중요한 명제였기에 험난한 과정을 선택했을 것이다. 더불어 변혁적 리더십을 통해 수동적이었던 선수들에게 영감을 불어넣고, 지적인 자극을 통해 창의적 플레이가 가능하게 했을 것이다. 불가능할 것 같았던 목표를 수행하기 위해 리더의 미션과 비전을 충분히 공감하게 하고, 선수 개개인에게 아낌없는 지도와 조언이 따랐을 것이다. 즉, 히딩크 감독은 거래적 리더십과 변혁적 리더십의 조화를 통해 아직도 한국 축구위기가 뒤따를 때면 인구(人口)에 회자되고 있다. 축구변방이었던 베트남을 AFC(Asian Football Confederation) U-23 축구 선수권 대회에서 준우승, 2018 자카르타-팔렘방 아시아경기대회에서 4강까지 진출시킨 박항서 감독의 리더십도 빼놓을 수 없다. 2002년 한국에서 느꼈던 히딩크 감독의 리더십을 오늘날 베트남에서 박항서 감독을 통해 다시금 스포츠 조직 내의 리더십을 살펴보는 계기가 됐다. 축구명문 출신학교, 엘리트 코스 등과는 거리가 멀었던 박항서 감독의 역경을 극복한 사례로 보도되기도 한다. 한국 내의 고질적인 문제를 타파하기 위해 히딩크 감독을 통한 선수 선발권의 효과는 베트남에서도 통했다. 기존 관습을 깨기 위한 쉽지 않은 노력을 통해 박항서 감독을 선임하고, 전적으로 감독에게 신임을 줌으로써 베트남 축구의 가능성을 열었다. 물론 이론적으로 거래적 리더십과 변혁적 리더십을 적절히 구사했겠지만, 무엇보다 당국과 감독 간의 신뢰는 곧 선수와 감독 간의 애정과 두터운 믿음을 형성하게 했다. 개인성과를 통해 팀 성과로 이어지고, 궁극적으로 한 국가의 위상을 높이고 국민단합과 에너지를 표출할 수 있는 장을 마련했다는 점에서 축구 리더십을 통해 많은 시사점을 얻을 수 있다.[6]

월드컵의 단순함에 푹 빠지다

스포츠 마케팅의 본질은 스포츠란 콘텐츠를 활용해 시장(Market)에서 생산자, 유통자, 소비자 모두가 만족하는 활동입니다. 만족은 어디서 어떻게 얻을까요? 생산자와 유통자는 이윤을 얻고, 소비자는 합리적 가격으로 구매하면서 얻습니다. 사람들은 올림픽, 월드컵을 보기 위해선 직접 경기장에 가서 티켓을 구매하기도 하지만, 안방에서 무료로 TV를 통해 시청하기도 합니다. 하지만 무료로 보는 행위를 통해 자의 반, 타의 반으로 접촉한 광고는 기업 상품을 구매하게 하는 원인으로 작용할 수도 있습니다.

올림픽은 한 개의 도시 안에서 거의 모든 경기가 치러지는 구조이므로 서울, 평창과 같은 지명이 사용됩니다. 올림픽은 경기를 치른 후, 경기장 시설의 사용 문제로 갈등의 불씨가 되기도 합니다. 올림픽이 끝난 후 방대한 시설들을 어떻게 활용할 것인가라는 고민이 뒤따르는 것이죠. 1988년 서울 하계올림픽이 끝난 후, 오랜 기간 동안 방치됐던 올림픽 공원(송파구 소재) 내 시설들을 여러 방면으로 재활용되고 있습니다. 역도경기장을 뮤지컬 전용 경기장으로, 펜싱 경기장을 대중음악 콘서트장처럼 말입니다.

그나마 서울에 있으니 활용도가 높은 것이죠. 강원도 평창에 버젓이 있는 올림픽 시설들을 앞으로 어떻게 사용할지 고민해야 하는 이유이지요. 그래서 평화와 같은 새로운 이슈를 통해 전 세계인에게 전달해야 할 메시지를 창조하고 확대해야 합니다. 새로운 이슈를 찾는 게 중요한 과제가 된 것입니다. 많은 연구결과를 통해서도 알 수 있듯이 성공적인 국제스포츠이벤트 개최여부는 지역주민, 더 나아가 국민들의 지지가 매우 중요합니다.

월드컵

상대적으로 월드컵은 어떻습니까? 말 그대로 공 하나로 세계를 들었다 났다하는 매우 매력적인 콘텐츠가 됐습니다. 한 개 팀이 매일 축구 경기를 할 수 없으므로 보름 정도의 기간인 올림픽에 비해 2배 정도인 한 달 동안 치러집니다. 이 자체가 우선 협찬기업에게도 매력적이겠죠. 오랜 기간 동안 상품이 노출되니까요. 올림픽과 달리 여러 도시에 위치한 축구 경기장에서 치르기 때문에 국가명칭이 사용됩니다. 무엇보다 월드컵이 끝난 후, 방대한 시설들은 프로 스포츠 리그에 활용될 수 있습니다. 물론 프로 리그가 있어야 가능한 얘기겠지만, 프로 리그 없는 국가에서 무리하게 월드컵 개최를 강행할 이유도 줄어들겠죠. 그렇다고 월드컵을 치렀던 국내 프로 축구 경기장 운영이 무조건 수익을 내는 것은 아닙니다. 이를 극복해야 성공적인 스포츠 마케팅이라 할 수 있을 겁니다.

스포츠 참여는 직접 혹은 간접적으로 참여한다. 직접적인 참여는 말 그대로 해당 종목을 규칙대로 실행하는 것이고, 간접적인 참여는 경기장 관람 혹은 TV 등 미디어를 통해 경기를 소비하는 행위이다. 소비자는 축구 경기장 관람만으로 직접 참여하지 않더라도 수동적이 아닌 매우 능동적인 분위기를 연출하게 된다. 아쉬운 골 장면에서는 마치 선수가 된 것처럼 쉽게 넣을 것만 같았던 골이 들어가지 않은 걸 심히 안타까워할 수도 있을 것이다. 아무리 초보자라 할지라도 배트로 공을 치는 것보다 발로 공을 차는 행위가 쉽지 않을까? 근대 스포츠는 '하는 스포츠'였다. 스포츠 마케팅 개념이 자리가 잡히지 않았을 때라 경기를 구경하기 위해 돈 내고 티켓팅을 한다는 자체가 낯설었을 것이다. 경기 관람은 상류층의 사교 모임을 위한 행위로 오늘날과 같이 대중적이지 않았다. '하는 스포츠'에서 '보는 스포츠'로의 혁신적 시장의 변화는 TV와 같은 미디어가 주도했다. 능동적 참여와 대중화에 성공한 축구는 4차 산업혁명 기술을 가장 먼저 접목해 '보면서 하는 스포츠'가 될 가능성이 높지 않을까? 이유는 기술을 덧입히기에도 단순하기 때문이다. 대중의 호기심을 자극하는 요인으로 단순함의 힘을 무시할 수 없다. 나름 심오한 철학과 가치를 담아내고자 하더라도 단순한 구조로 설명을 해야 대중성을 확보하게 된다. 그래서 어려운 사안도 쉽게 설명하는 것이 중요하다.[7]

---

03 | 올림픽과 월드컵, 새로운 이슈의 탄생

돈 못 번다는 사실, 이젠 다 안다고?

앞서 올림픽과 월드컵의 치열한 비즈니스 각축장을 보면서 무엇을 느낄 수 있을까요? 우선 수익을 내는 주체는 그 상품을 만든 생산자입니다. 바로 국제올림픽위원회(IOC)와 국제축구연맹(FIFA)입니다. 둘 다 우여곡절의 사연을 갖고 근대 스포츠로 출발시켰지만, 오늘날에는 가장 매력적인 스포츠 상품이 된 것입니다. 유통자는 개최할 만한 역량을 가진 전 세계의 국가와 도시가 됩니다. 소비자는 전 세계인이 되겠죠. 아무런 걸림돌 없이 4년에 한 번씩 어김없이 유통되고 소비됩니다. 수출과 수입을 통해 세금을 물리거나 물지도 않습니다.

세계적 축제에 취해 있을 때 누군가는 고민을 합니다. 비싼 비용을 주고 개최권한을 획득했지만, 과연 성공적으로 치르고 이익을 남길 수 있을까. 2019년 하반기 코로나19 바이러스 발현으로 2020년 도쿄 올림픽이 1년 미뤄지는 초유의 사태도 일어났습니다. 손실 중에서 역대급으로 막심한 피해가 불가피했습니다. 전쟁 외에 다른 여건으로 미뤄지거나 취소된 대회는 단 한 번도 없었습니다. 이러한 극단적인 사례를 예로 들지 않더라도 고민하는 주체는 있을 수밖에 없습니다. 과연 정부를 관할하는 사람들만의 고민일까요? 바로 우리 자신의 고민인 것입니다. 세금을 내는 입장에서의 고민일 수도 있고, 세계평화와 안녕을 기원하는 거창한 담론으로부터 고민이 생겨날 수도 있습니다.

총 13조 8천억 원으로 치러진 2018년 평창 동계올림픽은 우리에게 어떤 의미가 있을까요? 무엇보다 평화가 눈앞에 올 것만 같았던 대회였습니다. 앞으로도 평화를 목표로 갈 길이 멀다고 느꼈겠지만 많은 사람들의 뜨거운 열망이 있었습니다. 또한 정보기술(IT, Information Technology) 강국의 위상을 느끼게 한 왠지 모를 자랑스러운 대회이자 세계인을 초대한 축제였습니다.

국제올림픽위원회(IOC) 헌장엔 다음과 같은 문장이 있습니다. "올림픽 대회가 개최도시와 개최국에 긍정적인 유산(Legacy)을 남기도록 장려한다." 참으로 멋진 문구입니다. 냉정하게 바라봐야 할 뿐이죠. 국제올림픽위원회(IOC) 헌장이 우리의 고민을 대신해주기엔 부족함이 보인다는 것입니다. 과연 스포츠, 사회, 도시, 환경, 경제 등 다섯 가지 분야에 만족할만한 유산을 남기고 있을까요?

평창 동계올림픽만 놓고 바라봅시다. 스포츠, 사회, 도시 영역은 어느 정도 수긍이 갑니다. 스포츠 경기를 통해 사람들은 열광합니다. 이토록 단기간에 에너지를 분출할 수 있는 장도 딱히 없습니다. 우리 선수들은 쇼트트랙, 스피드스케이팅, 봅슬레이, 스켈레톤, 컬링, 스키 종목에서 메달을 획득하면서 많은 가능성을 보여주었습니다. 스포츠 과학 수준과 직결되는 종목의 성과는 그 자체가 국가 수준을 보여주는 것으로 선진국과 어깨를 나란히 겨룰 수 있다는 반증이 됩니다. 승패를 떠나 감동을 줍니다. 이 지점에서의 스포츠 유산은 인정할 만합니다.

사회 유산은 어떻습니까? 평화를 바라는 국민의 염원을 알게 했습니다. 비록 생각이 달라 많은 갈등과 진통이 있겠지만 전쟁을 바라는 국민은 몇이나 될까요? 정치적 야욕을 연장하려는 극소수의 정치세력 혹은 평화를 이루고 통일이 되면 불안한 사회가 될 것이라고 조장하는 세력이 있을 뿐입니다. 어느 사회나 마찬가지겠죠. 도시 유산 또한 꽤 긍정적으로 작용했습니다. 고속철도가 놓이고 기반시설이 확충됐습니다. 이러한 이벤트가 아니면 언제 이루어질지 모르는 사안이 됩니다.

문제는 환경과 경제유산입니다. 가리왕산, 앞으로 어떻게 할 것입니까. 알파인 경기장으로 활용하기 위해 천혜의 산을 무참히 훼손한 것입니다. 가뜩이나 기후위기로 해마다 공기 중에 머금은 수증기량이 폭증해 폭우로 이어질 가능성이 높아 걱정이 더 커졌습니다. 국내 다른 지역과의 공조를 통해 환경파괴를 최소화하자는 여론도 무시했습니다. 반드시 평창 인근에 시설을 위치해야 한다는 당위보다는 환경을 보존해야 하는 당위가 더 큰 힘을 발휘해야 정상적인 사회가 아닐까요? 경제

올림픽 전과 후의 가리왕산 모습

유산은 누구나 예측한 사실이지만 최대의 적자를 기록했습니다. 오롯이 국민의 몫이 된 것입니다. 조직위는 유례없는 흑자라고 발표했습니다. 기대 반, 의심 반으로 살펴본 결과 웃어야 할지 울어야 할지 애매한 표정을 짓게 만들었습니다.

총 투자예산 13조 8천억 원입니다. 분류해 보면 대회 운영비 2조 8천억 원, 경기장 건설비 2조 원, 고속철도 건설비 9조원입니다. 조직위는 13조 9,496억 원 이상 벌었다고 자평하는 인터뷰까지 했습니다. 물론 많은 사람들은 흑자 내역을 살펴보았습니다. 12조 원이란 항목이 있었는데, 국비와 지방비인 것입니다. 조직위 입장에선 이 돈도 들어온 것이니 흑자라고 할 수 있겠지만, 우리가 다 같이 세금으로 낸 돈인 것입니다.

새로운 이슈는 무엇일까?

제발 그러지 맙시다. 솔직해져야 합니다. 그 누구도 올림픽을 통해 돈을 벌 수 있다는 생각을 하지 않습니다. 모두가 아는 사실입니다. 올림픽이 돈 먹는 하마라고 인식한 지 꽤 됐습니다. 그렇다고 무조건 배척하자는 얘기가 아니지 않습니까. 맹목적인 수용과 무분별한 비판 모두 경계해야 합니다. 냉철하게 바라봐야 합니다. 그래서 새로운 이슈가 필요한 것입니다.

본서를 통해 소개되는 스포츠 마케팅은 기존의 전통적 마케팅 이론을 근간으로 이루어집니다. 수십 년 동안 축적된 이론을 실무에 적용하면서 효과를 기대하는 것이죠. 그렇다고 해서 한 치의 어긋남도 없이 이론과 실무를 매치하려고만 해서도 안 되는 것입니다. 수익이 나지 않는다고 해서 올림픽을 멀리 할 이유가 없듯이 말입니다. 우리가 전 세계인에게 던진 새로운 이슈는 무엇일까요? 바로 '평화'입니다. 서울 평양 공동하계올림픽 개최의사를 2019년 9월 19일 평양 공동선언을 통해 천명했습니다. 올림픽을 통해 평화가 안착된다면 국가 이미지가 상승합니다. 그것은 스포츠 마케팅을 뛰어넘는 것이죠. 즉, 스포츠를 통한 국가 마케팅(National Marketing through Sports)에 성공한 것이 됩니다.

"2018년 평창 동계올림픽은 평화의 출발점이었다면 2032년 서울-평양 하계올림픽을 평화의 종착점으로 만들자."라고 했다. 직시하자. 올림픽은 돈을 벌 수 있는 이벤트가 아니다. 돈을 남기는 주체는 국제올림픽위원회(IOC)와 스폰서 기업이다. 수입의 가장 큰 부분은 방송 중계권과 기업 스폰서 금액으로 국제올림픽위원회(IOC)가 가져간다. 기업은 소비자이면서도 올림픽을 적극 홍보하는 유통자 역할을 한다. 궁극적으로 자사 상품을 홍보하고 엄청난 판매량으로 직결된다. 개최지는 입장권 판매와 부대시설 운영 등에서만 수입을 기대할 수 있다. 아무리 기를 써도 한 나라와 도시가 투자한 비용 대비 수익을 창출할 수 없는 구조이다. 승화하자. 평화의 종착점으로 가는 길목을 잘 만들어야 한다. 올림픽을 통해서 돈을 남기지 말자. 국제올림픽위원회(IOC)도 새로운 100년 상품 기획을 하듯이 우리도 이슈를 최대로 키워 놀랄만한 효과를 거두자. 100년 그 이상의 평화를 이루어야 하기에.[8]

부풀었던 희망이 사라져버린 지금은 어떻게 해야 할까요? 한반도의 새로운 도약을 꿈꿨던 2032년 하계올림픽은 호주 브리즈번에서 개최하기로 결정됐습니다. 코로나19 위기 때 도쿄올림픽 강행에 따라 세계여론의 비판으로 얼룩진 국제올림픽위원회(IOC)도 내심 기대하지 않았을까요? 평화 이슈로 세계를 하나로 묶는 새로운 차원의 올림픽을 발판으로 향후 100년 역사를 쓸 수 있길 기대했을지도 모릅니다. 가장 중요한 것은 개최 희망국의 여건이라 할 수 있겠죠. 아무리 의지가 있다고 한들, 복잡다단한 국내외 정치사회적 환경과 강대국으로 둘러싸인 지정학적 위치의 우리 현실을 정확하게 직시해야 하지 않을까요? 현대 인류가 만들어 온 세계적 대형 스포츠 이벤트인 올림픽과 월드컵을 늘 주시하며 스포츠를 통한 국가 마케팅이 성공할 수 있길 기대해 봅니다.

Q & A

1. 근대 올림픽을 창시한 피에르 드 쿠베르탱이 제창한 초창기 올림픽 표어는 무엇일까요?

   (정답) '보다 빠르게, 보다 높게, 보다 강하게(Citius, Altius, Fortius)'

   (해설) '보다 빠르게, 보다 높게, 보다 강하게(Citius, Altius, Fortius)'라는 라틴어 올림픽 슬로건을 통해 오래 지속돼 왔지만, 2000년대 들어 다양한 종목이 추가됨에 따라 새로운 슬로건 논의가 시작됐습니다.

2. 비록 개최하는 데는 실패했지만 2019년 초에 남북한이 공동으로 유치하겠다고 공식적으로 국제올림픽위원회(IOC)에 신청한 대회는 무엇일까요?

   (정답) 2032년 서울 · 평양 하계올림픽

   (해설) 2018년 9월 19일 평양 공동선언을 통해 처음으로 표명했고, 2019년 2월 12일에 공동 유치 신청서를 제출할 도시로 서울이 확정되면서 본격화됐습니다. 하지만 남북미 관계가 경색되면서 추가적인 논의를 이어가지 못해 2032년 하계올림픽은 호주 브리즈번에서 개최하기로 결정됐습니다. 호주는 최다 개최지인 미국(1904년, 1932년, 1984년, 1996년, 2028년)에 이어 영국(1908년, 1948년, 2012년)과 프랑스(1900년, 1924년, 2024년)와 함께 세 번째(1956년, 2000년, 2032년)로 개최하는 국가로 기록될 것입니다.

직접인용 자료

1 문개성(2021). 스포마니타스: 사피엔스가 걸어온 몸의 길(하빌리스에서 검투사까지). 박영사. 198~199쪽.
2 서울특별시체육회(2019.3월). 직시하고, 승화하자. 평창 동계올림픽 이후! 월간 서울스포츠 341호. 칼럼 스포노믹스(문개성), 38쪽.
3 서울특별시체육회(2019.9월). 지상파 방송사가 아닌 JTBC의 올림픽 중계권 확보, 올림픽 이슈가 재점화되고 있는 시점에서. 월간 서울스포츠 347호. 칼럼 스포노믹스(문개성), 38쪽.
4 문개성(2023). 현대사회와 스포츠: 미래에도 무한한 인류 공통의 언어(개정2판). 박영사, 119쪽. Retrieved from 문개성(2022.3.2.). 자신을 낮추어야 할 때. 원대신문(제1406호), 사설.
5 정희준(2009). 스포츠 코리아 판타지. 개마고원, 25, 26쪽.
6 문개성(2023). 스포츠 경영: 21세기 비즈니스 미래전략(개정2판). 박영사, 173~174쪽.
7 문개성(2019). 보이콧 올림픽: 지독히 나쁜 사례를 통한 스포츠 마케팅 이해하기. 부크크, 46~47쪽.
8 서울특별시체육회(2019.3월). 직시하고, 승화하자. 평창 동계올림픽 이후! 월간 서울스포츠 341호. 칼럼 스포노믹스(문개성), 39쪽.

3부

스포츠 중계권, 아무나 찍나?

미디어, 나눠봅시다

마셜 매클루언(Marshall McLuhan, 1911~1980)은 유명한 미디어 학자입니다. 그가 '미디어'란 용어를 1954년에 처음 사용했습니다. 말 그대로 매체(Media)를 뜻합니다. 1960년대에 '매스 미디어'란 개념이 정립된 후 우린 현재 다양한 형태의 미디어를 목도하고 있습니다. 그는 미디어를 '인간의 연장(Extension of Man)'으로 이해했습니다. 지구상의 모든 도구는 인간의 감각을 연장하는 수단과 같다는 것이죠. 이 표현을 확장해 본다면 신문, TV 외에도 책, 옷, 자동차와 같이 신체에 접촉하는 모든 것을 미디어라고 할 수도 있습니다. 4차 산업혁명시대를 맞이하여 몸에 부착하거나 이식하는 통신수단 기술을 운운하는 것을 보면 미디어란 우리 감각을 연장하는 수단인 것만은 분명해 보입니다.

미디어를 크게 세 가지로 분류해서 이해할 수 있습니다. 첫째, 신문과 잡지로 대표되는 인쇄매체입니다. 오늘날 시대에 인쇄매체를 고리타분하게 생각할지도 모르지만, 꽤 큰 장점을 갖고 있습니다. 종이책이 사라지고 E북(e-book)으로 대체될 것이라고 장담했던 사람들도 있지만, 우리 인간이 아날로그적 감성을 쉽게 포기하진 않을 겁니다. 여전히 서재에 꽂혀 있는 풋풋한 책에 손이 갑니다. 눈에 보이지 않는 컴퓨터 클라우드 속에 방대한 도서관이 있다고 한들, 한 장 한 장 넘기며 지식여행을 만끽하는 감성과 비교할 순 없을 거라 생각합니다. 어쨌든 이 인쇄매체는 오랜 기간 동안 정보를 잡아둘 수 있는 특성이 있습니다. 아무래도 최근 인터넷 환경에서 즉시 사라지는 정보에 비해 일단 세상에 나오면 긴 시간 우리 주변에 존재할 수 있습니다. 또한 제작기간이 짧아 특정 주제에 대해 기사화할 수 있습니다.

둘째, 라디오와 텔레비전으로 대표되는 방송매체가 있습니다. 오늘날 스포츠를 세계화한 주도적 매개체입니다. 라디오로 처음 스포츠 중계를 하던 시절, 복싱선수의 몸놀림과 주먹을 뻗는 속도감을 아나운서가 생생하게 전달했던 것이죠. 텔레비전으로 스포츠를 중계할 때는 아마 경이로운 경험을 했을 겁니다. 눈앞에서 선수들이 움직이니까요. '하는 스포츠'에서 '보는 스포츠'로의 변화를 주도한 것은 바로 방송매체였습니다. 라디오는 텔레비전에 비해 제작비용이 저렴하고 청취자 별로 세분화할 수 있는 특성을 가졌습니다. 오늘날 '보이는 라디오'를 통해 오로지 듣는 행위와 보면서 듣는 행위의 구분이 모호해졌음을 인식하고 있죠. 텔레비전은 제작비용이 비싼 단점이 있습니다. 하지만 불특정 다수에게 전달되는 것이므로 개인별로 도달하는 가격을 놓고 따지면 저렴한 측면이 있죠. 반면 도달범위가 매우 넓기 때문에 소비자를 세분화하기 힘든 측면이 있습니다.

스마트폰 촬영 경기

마지막으로 컴퓨터 간 연결을 통해 커뮤니케이션이 이루어지는 인터넷 매체가 있습니다. 손에 들고 다니는 개인용 컴퓨터 시대입니다. 미디어가 항상 손 안에 있는 셈이죠. 앞에 언급한대로 각종 정보를 몸으로 인식하는 시대가 올지도 모릅니다. 몸 자체가 미디어인 것입니다. 최첨단 기술 도입으로 쌍방향 의사소통이 실시간으로 이루어지고 있습니다. 가짜뉴스(Fake News)가 횡행하기도 하지만, 양질의 정보도 넘쳐나는 시대가 된 것입니다. 기업의 투명성과 진정성이 강조하게 됐고, 소비자는 그 어느 때보다 영민한 수준이 됐죠. 직접 현장에 가지 않더라도 무슨 일이 일어났는지 매우 빠르게 접할 수 있게 됐습니다.

오늘날 저널리즘을 잠시 살펴보자면 꽤 복잡해졌습니다. 아날로그적 감성이 물씬 풍기던 시절엔 기자가 현장에 직접 가서 사실과 증언을 토대로 기사를 구성했습니다. 탐사보도는 보다 집중적으로 그 사실을 파헤치는 방식입니다. 요즘은 어떻습니까? 유명인의 누리소통망서비스(SNS)에 올린 각종 정보, 즉 검증되지 않은 단편적 정보를 여기저기서 긁어모아 기사화하는 경우가 넘쳐납니다.

좋게 표현하면 뉴저널리즘(New Journalism)으로 기존 저널리즘을 토대로 한 객관성의 관념을 거부하는 일종의 소설작가 기법을 적용한 것이 아닐까요? 한마디로 소설을 쓰고 있는 것이죠. 이 외에도 대중의 원시적 본능을 자극하려고 호기심을 발동하게 하는 옐로 저널리즘(Yellow Journalism)도 난무합니다. 하이에나 저널리즘 (Hyena Journalism)도 있습니다. 표현대로 맹수가 먹다 남긴 잔반을 처리하기 위해 떼로 몰려다니죠. 이슈가 터졌다고 하면 무작정 쓰고 보자는 식입니다. 최소한의 사실관계 파악은 그리 중요하지 않게 되는 것이죠. 참으로 무지막지한 보도형태입니다만, 절대 사라지지 않을 것입니다. 최소화하기 위한 장치를 마련하는 것이 급선무가 될 것입니다.

주요 미디어 종류의 특성[1]

매개체	장점	제한점
인터넷	소비자에 따른 메시지 수락, 특정 시장에 접근, 상호 작용 능력	어수선함, 고객 특성, 측정하기 힘든 효과
신문	유연성, 시기적절함, 지역 시장범위에 좋음, 넓은 수용성, 높은 믿음성	짧은 수명, 낮은 재생산 품질, 작은 회람 수
텔레비전	대중 시장 범위에 좋음, 노출에 비해 낮은 비용, 시청 청각 움직임 통합, 감각에 호소	절대적으로 높은 비용, 많이 어수선함, 신속한 노출, 적은 고객 선택력
직접 메일	높은 고객 선택력, 유연성, 같은 매체 내에서 광고 경쟁자가 없음, 개성 인정	노출에 따른 상대적으로 높은 비용, 스팸메일 이미지
라디오	지역 수용에 좋음, 높은 지리학적 인구학적 선택력, 낮은 비용	단지 소리로만, 신속한 노출, 낮은 집중력(절반만 듣는 매개체), 나누어진 고객들
잡지	높은 지리적 인구학적 선택력, 신뢰도와 특권, 높은 품질의 재생산, 긴 수명과 좋은 회람 수	긴 광고 구매 시간, 높은 비용, 위치에 대한 보장이 없음
야외	유연성, 높은 반복 노출, 낮은 비용, 낮은 메시지 경쟁, 좋은 위치 선택력	적은 고객 선택력, 독창적 제한점

미디어, 확장해 보자

미디어가 갖는 파급력은 나날로 커지고 있습니다. 연결혁신으로 이루어지는 지구촌의 풍경이라 할 수 있습니다. 스포츠 마케팅 시장에선 호재입니다. 이슈를 자꾸 양산해야 상품으로서 존재가치를 발휘하기 때문입니다. '하는 스포츠'에서 '보는 스포츠'로의 완전한 안착이 된 지금, 앞으로는 '하면서 보는 스포츠'로의 미디어 혁명이 눈앞에 있음을 감지합니다. 몸 자체가 미디어가 될 수 있는 첨단 기술을 통해 가상공간에서 선수와 맞짱뜨는 상상을 하는 것은 자유일 겁니다.

미국의 컴퓨터 과학자 조지프 리클라이더(Joseph Licklider, 1915~1990)는 오늘날의 '인터넷의 아버지'라고 불린다. 1968년에 발표한 논문에 기계를 매개로 커뮤니케이션할 것이라 예측했다. 사람끼리 대면하는 방식보다 효율적이라 생각했던 방식은 범지구적인 컴퓨터 네트워킹이 될 것으로 생각했다. 영국의 과학기술자인 팀 버너스리(Tim Berners-Lee, 1955~)는 1989년 전 세계 컴퓨터를 연결하는 월드와이드앱(World Wide Web) 기술을 개발했다. 구텐베르크의 활판 인쇄술에 비견될 만큼 평가받는 인터넷의 대중화의 시작이었다. 최초의 컴퓨터는 방 하나 전체를 차지하는 대용량이었다. 개인 컴퓨터 시대가 열렸고, 랩탑(노트북)으로 옮겨졌다. 이젠 손에서 들고 다니는 스마트폰 시대가 됐다. 앞으로 들고 다니기가 귀찮아 웨어러블(몸에 부착하는) 장비 형태가 될 수도 있다. 혹은 사물인터넷(IoT) 등과 연동돼 가정, 차량, 사무실 등에서 현재의 스마트 기능을 장소와 상관없이 이용할 수도 있다. 아예 1회용 자판기처럼 필요한 비용만 지불하고, 특정기능을 쓸 수도 있다. 가장 혁신적 차원인 사람들의 뇌(Brain)끼리 정보가 전달되고, 데이터가 축적될 수 있다면 어떻게 될까? 이처럼 급속하게 변하는 시대에 우린 살고 있다. 기업의 기술과 대중의 수요에 따라 생각지도 못한 방법이 개발될 것이다. 소셜 미디어는 커뮤니케이션의 강력한 수단으로 발전했다. 소통수단의 변화가 가장 눈에 띄는 대목일 것이다. 오프라인 상에서 입말로 전달되고 받았던 정보가 이젠 무색해졌다. 커뮤니케이션의 혁명은 가상공간에서 '놀이꾼'으로 활동하는 인터넷 세대가 주도한다. 일꾼이 아니라 그저 온라인상에서 부유하며 그들만의 공간 속 언어를 창출한다. 키보드에 익숙한 그들은 입말보다 글말에 능숙하기 때문에 나로부터 출발하는 '동정'과 남으로부터 유발되는 '공감'의 표현도 온라인상에 이루어진다. 이러한 강력한 연결 매개는 온라인 내의 플랫폼이다. 원론적 의미답게 기차 승강장의 수많은 사람들이 타고 내리고 이동하는 복잡함 속의 질서를 유지하듯이 온라인상에서도 마찬가지다. 스포츠 생산자(판매자)와 소비자(구매자)를 이어주는 중요한 연결혁신 매개자로서의 역할을 앞으로도 주목해야 한다.[2]

미디어 산업은 1990년대 급격히 발전했습니다. 복합기업이라 불리는 콘글로머리트(Conglomerate)의 등장은 그 대세를 막을 길이 없어졌습니다. 미디어 산업 발전의 견인차 역할을 했다는 긍정적 평가도 있습니다만, 획일적인 문화제국주의를 조장한다는 비판을 받기도 합니다. 어린이 방송으로 인식돼 온 월트디즈니(Walt Disney)는 모든 것을 흡수하는 초대형 기업이 됐습니다. 2019년 21세기 폭스의 영화 및 텔레비전 사업 부문도 인수가 완료됨에 따라 세계최고의 글로벌 엔터테인먼트사가 됐습니다. 이를 통해 21세기 폭스 소유의 내셔널지오그래픽, 폭스 스튜디오, 유럽 위성방송 스카이 지분, 인도 미디어 그룹 스타 인디아 등도 건네받게 됐습니다.

무엇보다 마블 슈퍼 히어로 자산을 한데 묶음으로써 하나의 영화에서 만날 수 없었던 히어로즈끼리 만날 수 있게 됐습니다. 마블 주인공이 죽는 스토리를 보고 꺼이꺼이 울었다는 어느 중년 아저씨의 이야기는 낯설지 않게 될 것입니다. 상상으로 만들어진 스토리는 재생산되면서 현실 이미지에 보다 가깝게 느끼게 하기 때문입니다. 이들 미디어 그룹은 산하에 텔레비전, 라디오, 영화, 출판, 인터넷 등의 다양한 분야 기업을 소유합니다. 각 분야에서 생산된 콘텐츠는 최첨단 기술로 무장된 미디어를 통해 전 세계 어디든지, 장소가 집밖인지 내부인지, 심지어 안방인지 화장실인지에 관계없이 전달될 수 있는 구조를 갖고 있습니다.

'트랜스 미디어 스토리'란 개념이 있다. 헨리 젠킨슨(Jenkins, H., 2006)의 저서 '융합문화(Convergence Culture)'에서 처음 소개된 개념이다. 우선 하나의 이야기를 잘 만들어야 한다. 성공하게 되면 독점권을 가진 생산자는 시장을 움직이는 힘이 생긴다. 수직적 힘이 아닌 수평적 힘이 강한 4.0 시장에서는 새로운 아이디어를 시장(소비자)으로부터 얻을 수 있다. 다양한 소비자로부터 얻은 경험을 첫 번째 이야기와 다시 엮어 새로운 이야기를 만들 수 있다. 이 과정을 통해 하나로 시작해서 다양한 형태로 재생산하게 된다. 통합적인 하나의 이야기가 여러 매체와 포맷을 통해 독립적인 이야기가 생겨나고, 각각의 이야기가 합쳐져서 새로운 이야기를 창출하게 된다. 새로운 이야기는 소비자의 입김도 들어가게 되면서 이야기를 끌어가는 힘이 더욱 강해진다. 다시 영화 얘기로 돌아가 여름만 되면 난리법석을 떠는 마블 시네마틱 유니버스(MCU)의 엄청난 성공이 그 예이다.[3]

위 사례처럼 예전의 영광을 찾지 못하는 마블이지만, 새로운 방식의 콘텐츠 시리즈물이 언제든지 창작될 것입니다. 미디어 산업은 콘텐츠 중심으로 이루어집니다. 창작 재능 중심의 개념을 교환하는 시장이지요. 그렇기 때문에 손으로 만질 수 있는 실체가 아닙니다. 그냥 나오자마자 사라지는 신기루와 같은 것입니다. 창작물이 시장에 나올 때까지는 그 품질에 대해 알 수도 없습니다. 즉, 경험재(Experiential Goods)의 특성이 있습니다. 대표적으로 뉴스가 그렇습니다. 영화와 TV 시리즈물도 마찬가지입니다. 무엇보다 스포츠도 강력한 경험재의 특성을 갖고 있습니다.

2019년 하반기에 발발한 코로나19 팬데믹 현상은 많은 것을 바꾸었습니다. 스포츠 마케팅 시장에선 오프라인 스포츠가 실종됐습니다. 2020년 도쿄 올림픽이 1년 연장이 될 정도면 할 말 다 한 것이죠. 이러한 결정으로 애가 타는 주체는 선수뿐만 아니라 국제올림픽위원회(IOC), 주관방송사, 스폰서십 기업들도 마찬가지입니다. 돈이 도는 시장 자체가 사라지는 것이니까요. 프로 스포츠 시장은 어떠했습니까. 따사한 햇살 만끽하며 경기장에 자리 깔고 앉아 경기를 봐야 하는데 할 수 없게 된 것이죠. 팝콘 씹으며 편안한 소파에 널브러져 경기를 봐야 하는데 순식간에 재미를 즐길 아이템이 사라진 것입니다. 직접 경험하지 않으면 소비한다는 느낌을 가질 수 없는 스포츠가 사라진 것입니다.

미국 자동차 경주대회로 유명한 나스카(NASCAR)가 있다. 현장의 굉음은 말할 것도 없지만 자동차에 덕지덕지 붙여진 기업 로고들을 보면 돈 냄새가 물씬 풍기는 곳이다. 팬데믹으로 인해 사라진 오프라인 상의 굉음을 온라인으로 옮겨왔다. 바로 나스카의 e-스포츠 대회인 'e나스카아이레이싱'을 통해서다. 코카콜라는 재빠르게 메인 스폰서로 참여했다. 정보기술(IT) 강국인 우리도 게임사 넥슨과 한국프로축구연맹이 합작해 지난 2020년 4월 중순 'K리그 랜선 토너먼트 TKL(Team K-LEAGUE)'를 개최했다. 개인용 컴퓨터(PC)를 기반으로 한 축구 경기다. 이틀 동안 누적 79만 명이 시청했다. 경기장 티켓을 끊었던 수요가 안방에서 접속을 늘리는 주체가 됐다. 넥슨은 '스포츠를 통한 마케팅(Marketing through Sports)'으로 이름을 날렸고, 연맹은 '스포츠의 마케팅(Marketing of Sports)' 주체로서 스포츠 콘텐츠를 살아 숨 쉬게 했다. 팬데믹으로 아곤(Agôn)이 멈춰 섰지만 e스포츠로 숨통을 열어줬다. 또한 무관중 야구와 축구로 가능성을 연장했다. 미국 ESPN의 국내 프로 야구 중계권 구매는 꽤 큰 반향을 일으켰다. 북미 외에도 유럽, 아시아, 중동, 아프리카의 130개가 넘는 국가에서 생중계되고 있다. 북미권에선 소파에 널브러지거나 초대형 경기장에서 팝콘과 함께 즐겨야 할 상품이 공중으로 증발된 현실을 어떻게 받아들였을까. 그들의 삶의 일부분이 통째로 사라져 아마 꽤 못 견뎠을 것이다. 그 빈 공간을 K-스포츠가 메운 셈이다. 이렇듯 스포츠는 생산과 동시에 소멸하는 강력한 경험재이다. 유튜브 통해 과거의 명장면을 보는 느낌과는 다른 것이다.[4]

미디어, 스포츠를 끼워보자

스포츠 미디어는 어떻게 발전했을까요? 연도별로 살펴보겠습니다. 미국의 보스턴 가제트(Boston Gazette)란 잡지에 1733년 스포츠 기사가 실렸습니다. 기록에 따르면 최초의 스포츠 미디어 역할을 한 셈입니다. 스포츠란 콘텐츠를 인쇄매체로 처음 접한 사람들은 어떤 느낌이었을까요? 별거를 다 싣고 있다고 항의를 했을 수도 있습니다. 대체로 낯설었을 겁니다. 1822년 설립된 벨즈 라이프 인 런던(Bell's Life in London)에 스포츠와 관련한 기획 기사가 실리면서 스포츠도 기사가 될 수 있음을 조금씩 알게 됩니다.

19세기 영국은 스포츠를 대서양 건너 북미에 수출하게 됩니다. 다양한 영역에 새판을 짜는 미국에서 스포츠 콘텐츠를 활용하려는 노력을 합니다. 1852년 뉴잉글랜드라는 철도회사가 회사 홍보를 위해 스포츠를 이용했습니다. 미국 하버드와 예일대학교 운동선수에게 무료로 교통편을 제공한 것이죠. 당시엔 스포츠 마케팅이란 용어가 존재하지 않았지만 협찬을 통해 도움이 된다는 것을 알았던 것입니다. 스포츠 마케팅 구조(6부)에서 다시 등장하겠지만, '**스포츠를 통한 마케팅**(Marketing through Sports)'의 시초가 된 것입니다. 기업이 스포츠를 이용하게 된 것이죠.

1858년에는 뉴욕의 롱아일랜드에서 개최된 야구경기가 있었습니다. 바로 여기서 50센트의 입장권을 받았다고 합니다. 이는 '**스포츠의 마케팅**(Marketing of Sports)'을 처음 시도한 사례가 됩니다. 경기 접근권한을 주겠으니 표를 끊고 들어가라는 것이었죠. 물론 재미가 담보돼야 소비자의 호주머니가 열렸을 겁니다. 또한 그 재미를 전달하기 위해 생산자는 끊임없는 노력을 했을 겁니다. 이 재미를 본격적으로 테마화하기 시작한 해는 1869년입니다. 이 해는 미국 최초의 프로 스포츠 산업의 첫 단추를 끼운 해이기도 합니다. 즉, 세계최초의 프로 구단인 신시내티 레드 스타킹스(Cincinnati Red Stockings)를 창단한 것입니다.

이러한 흐름을 통해 스포츠는 대중을 상대로 제품과 서비스를 판매할 만큼 성장을 기대하게 됩니다. 오늘날 미국의 피츠버그 KDKA – TV의 전신인 KDKA 라디오 방송사에서 최초의 복싱경기를 중계했습니다. 인쇄매체의 가능성에서 라디오로 옮겨간 사례입니다. 1921년도에 일어난 일로서 많은 사람들이 라디오를 듣기 위해 삼삼오오 모여 있는 모습을 과거로 돌아가 상상해 봅니다. 라디오의 인기는 텔레비전으로 넘어갑니다. 1939년 미국 방송사인 NBC가 야구경기 중계를 하게 됩니다. 프린스턴 대학교와 콜롬비아 대학교 간의 경기였습니다.

올림픽과 미디어 변천사를 잠깐 살펴보면 이렇습니다. 말도 많고 탈도 많았던 1936년 베를린 올림픽은 미디어사적으로는 의미를 남겼습니다. 최초의 텔레비전 중계를 한 것입니다. 독일 지역으로 국한된 것이었지만 그 시작이 중요한 것이죠. 1964년 도쿄 올림픽 때는 최초로 인공위성을 이용해 중계를 송출합니다. 지구 반대편에서도 스포츠 경기를 볼 수 있게 된 것입니다. 이후 1968년 멕시코시티 올림픽 때부터 국제올림픽위원회(IOC) 방송위원회가 설립되면서 본격적인 활동을 하게 됩니다. 아무래도 나날이 커져가는 방송시장을 체계적으로 관리할 필요가 있었을 겁니다.

하계 올림픽 광고/텔레비전 방송 변천사[5]

올림픽 개최지	연도	내용
파리	1924	· 최초로 광고 허용
암스테르담	1928	· 라디오 중계시작 / 코카콜라가 공식 스폰서로 참여 시작
베를린	1936	· 최초로 텔레비전 야외 실험방송
런던	1948	· 한 경기장에 3~4대의 카메라 설치
로마	1960	· 최초 텔레비전 방송중계권 판매
도쿄	1964	· 인공위성을 통한 텔레비전 중계방송
멕시코시티	1968	· IOC 방송위원회 설치 / 컬러 콘텐츠 제작
뮌헨	1972	· 국제 텔레비전 방송 시스템 도입
몬트리올	1976	· 대회 엠블럼 제작 사용

1988년 서울 하계올림픽은 스포츠와 정치사적으로 의미 있는 대회로 평가됩니다. 내부적으론 1970년대 개발독재와 압축근대로 대표되는 초고속의 산업화에 결부된 국내 정치용 이벤트란 평가가 있습니다. 섹스(Sex), 스크린(Screen), 스포츠(Sports)로 대변되는 3S 정책은 5공화국의 산물이란 사실도 익히 알려져 있습니다. 특히 스포츠 공화국이란 오묘한 타이틀을 거머쥔 정권이었습니다. 화려한 이면엔 1987년 국내 민주화 항쟁이 정점으로 가는 시기와 맞물려 매우 혼란한 격동기였다는 사실입니다. 아무래도 대형 국제 이벤트가 개최되면서 많은 시선이 이쪽으로 쏠렸을 것입니다. 외부적으론 구소련과 미국 서방이 모두 참여하게 되면서 화합을 상징하는 대회로 평가받고 있습니다. 방송사적으론 본격적인 광고 시장을 염두에 두어 국제올림픽위원회(IOC)에선 TOP(The Olympic Partners) 프로그램을 처음으로 시행했습니다. 본격적인 기업 스폰서십 환경을 갖추면서 160개국 이상 경기를 송출하게 됩니다.

초창기 프로 스포츠 경기의 텔레비전 중계의 매력은 드라마 제작비용을 대는 것보다 훨씬 저렴했던 이유가 큽니다. 경기는 생산하자마자 소비되는 특성을 감안하면 생중계로 봐야 의미를 찾을 수 있었기 때문에 시청률이 나날로 올라갔습니다. 인기가 치솟게 되면서 스포츠 조직들은 단가를 올리게 된 것입니다. 이에스피엔(ESPN)의 창립자인 빌 라스무센(Bill Rasmussen)은 미국 코네티컷 대학의 농구 경기를 중계할 방법을 찾던 중 인공위성기술을 발견했습니다. 그가 1979년 24시간 방송하는 스포츠 프로그래밍 채널을 개발함에 따라 사람들은 아무 때나 텔레비전을 틀면 스포츠가 등장하는 환경 속에 살게 된 것이죠. 생방송, 재방송, 편집방송을 비롯해 각종 신생 스포츠 종목을 소개하면서 스포츠 서비스의 생산과 소비를 손쉽게 이어가게 됐습니다.

누구나 쉽게 접근해 봅시다

'보편적 접근권'이란 명제는 1934년 미국 통신법을 토대로 알려져 있습니다. '적절한 비용으로 기본적 통신서비스를 모든 미국 국민들에게 널리 이용할 수 있도록 하는 것'으로 정의돼 있기 때문입니다. 1990년대엔 영국에서 스포츠 방송의 공익성에 대한 진지한 논의가 있었습니다. 많은 사람들이 스포츠 방송을 볼 수 있는 권리를 보장받을 수 있게 한 것이죠. 만약 소수의 독점 자본에 의해 모든 스포츠 경기중계를 유료화한다면 어떤 일이 일어날까요? 경기장에 티켓을 구매하고 들어가는 경기 접근권에 대한 개념을 모든 미디어에 적용한다면 말이죠. 텔레비전 채널을 돌리기만 해도 돈을 지불해야 한다는 사실을 받아들이기 힘들 겁니다. 이와 같이 정보권을 새로운 인권과 복지개념으로 인식하고, 누구나 쉽게 접근하고 이용할 수 있는 권리차원을 우리나라에서도 도입하게 됩니다.

대형 스포츠 이벤트를 소수 방송사가 고액 독점을 무기로 시청권한을 통제할 수 없도록 장치를 마련해야 한다는 목소리가 높아졌습니다. 2007년에 개정된 「방송법」에 제시되면서 보편적 시청권한의 인식을 갖추게 됐습니다. 방송사업자는 국민적 관심이 큰 체육경기대회를 일반국민이 시청할 수 있도록 해야 합니다. 또한 다른 방송사업자에게도 공정하고 합리적인 가격에 제공해야 합니다.

방송법 관련 조항°

> 제76조(방송프로그램의 공급 및 보편적 시청권 등) ① 방송사업자는 다른 방송사업자에게 방송 프로그램을 공급할 때에는 공정하고 합리적인 시장가격으로 차별 없이 제공해야 한다.
> ② 보편적 시청권 보장위원회의 심의를 거쳐 국민적 관심이 큰 체육경기 대회 및 그 밖의 주요행사를 고시해야 한다.
> ② 국민관심행사 등에 대한 중계방송권자 또는 그 대리인은 일반국민이 이를 시청할 수 있도록 중계방송권을 다른 방송사업자에게도 공정하고 합리적인 가격으로 차별 없이 제공해야 한다.

02 | 미디어, 경기규정과 일정도 바꾸는 힘

스포츠와 미디어, 공생하자

스포츠와 미디어의 관계는 서로 영향관계가 있기 때문에 두 가지로 구분할 수 있습니다. ① 스포츠가 미디어에 미치는 영향, ② 미디어가 스포츠에 미치는 영향입니다. 이와 같이 서로 영향을 주고받기 때문에 공생관계라 할 수 있습니다. 근대 스포츠가 도입된 이후 100여 년 동안 급속히 발전했다는 사실을 토대로 긍정적인 요인을 찾아보도록 하겠습니다.

우선 스포츠가 미디어에 어떤 영향을 미쳤을까요? 가장 크게 결과를 낳은 것은 광고수익을 증대시켰습니다. 스포츠가 흥행하자 많은 소비자들이 미디어에 몰렸습니다. 인쇄매체든 방송매체 더 나아가 인터넷 매체 어느 곳이든, 스포츠를 알고 싶어 하는 소비자가 몰린 것입니다. 이러한 현상을 통해 기업 광고를 할 만한 매우 매력적인 플랫폼을 찾게 된 것이죠. 광고료가 날로 비싸지는 이유는 방송사가 스포츠 중계권을 구매하기 위해 필요한 가격 상승 요인이 존재했기 때문입니다.

2018년 평창 동계올림픽은 주관방송사인 NBC가 15개의 모든 종목경기 및 선수 인터뷰, 특집 등을 포함해서 총 2,400시간의 중계를 했다. 동계올림픽임에도 불구하고, 인터넷 생방송이 늘어나 2014년 소치 동계올림픽(1,600시간)과 2010년 밴쿠버 올림픽(835시간) 중계 시간을 합한 것과 비슷한 규모다. 평창에 설치된 올림픽 국제방송센터(IBC)는 서울월드컵경기장 축구장 면적의 5배를 넘는 5만 1,024m^{2}로 NBC는 2,400명을 동원했다. IBC 상주인력 7,000명의 29%에 해당되는 규모로 주관방송사의 위상을 보여준다. 웬만한 국가의 국영방송사 수준으로 운영될 만큼 올림픽 중계의 규모는 나날이 커지고 있다. 이는 중계권료의 상승과도 무관하지 않다. NBC는 2018년 평창 동계올림픽 기간에 국제올림픽위원회(IOC)에 9억 6,300만 달러(약 1조 1,300억 원)의 중계료를 지급했다. 이를 바탕으로 기업광고 유치, 지역 방송사의 중계권 재판매 등 NBC의 수입은 11억 달러 이상으로 추산되고 있다.[7]

이 외에도 첨단기술을 개발하는 계기를 마련하게 됩니다. 선수의 표정과 몸짓, 어느 것 하나 놓칠 수 없는 장면을 잡아내야 하는 사명을 불어넣게 됐죠. 근대 스포츠 경기는 승패를 가르는 명확한 장치가 갈수록 필요하게 됩니다. 편집증적으로 발전한 스포츠의 기록화 현상은 앞으로도 더욱 치열하게 될 것입니다. 이를 공정하고 객관적인 시각으로 판명을 내리기 위해선 방송기술의 첨단화 속도는 앞으로도 더욱 빨라지겠죠. 무엇보다 현장감을 안방까지 전달하기 위해서도 생생한 장면은 현대 스포츠의 생명력을 자생적으로 진화시키는 핵심요소라 할 수 있습니다.

상업스포츠는 미디어에 매진되었는가? 많은 스포츠 경기 일정과 시작 시간은 텔레비전 프로그램 요구에 적합하도록 변경되었다. 텔레비전 시청자들이 경기를 계속 조정할 수 있도록 특정 스포츠에서의 중간 휴식시간이 줄어들었다. 가능한 많은 광고를 내보내기 위해 경기에 미리 예정된 타임아웃이 추가되었다. 팀,

리그, 그리고 토너먼트를 지역 미디어 시장을 이용하고 스포츠, 리그, 그리고 팀에 대한 국내 및 해외 팬 지원을 구축하기 위해 형성되었거나 재조정되었다.[8]

다음은 미디어가 스포츠에 미치는 영향을 살펴볼까요? 대표적으로 경기 규정과 스케줄을 바꿀 수 있는 막강한 힘을 발휘합니다. 앞서 언급한 광고시장의 확대로 광고주의 입김을 더욱 크게 만들었습니다. 돈을 내는 주체의 눈치를 봐야 하는 실정인 것이죠. 경기가 지루하면 소비자들은 더욱 재미있는 곳으로 향할 수 있기 때문입니다. 이미 축구 경기를 전반과 후반 각각 45분에서 벗어나 20분씩 4쿼터제로 운영해야 한다는 의견이 있지요. 중간 휴식 타임에 광고도 넣어야 하고, 이를 통해 기업광고를 하나라도 더 넣어야 한다는 방송사의 의견도 만만치 않은 상황입니다. 물론 광고를 끼어 넣기 위해 중간 휴식시간이 지나치게 길면 채널을 돌려버릴 수도 있습니다. 이러한 텔레비전 시청자들의 채널 고정을 고려하기 위한 적정한 휴식시간 혹은 타임아웃 시간비율을 연구할 수도 있을 겁니다.

2016년 리우 올림픽 때 우사인 볼트와 마이클 펠프스 선수가 현지 시간 밤 10시 넘어서 결승전을 치른 것은 잘 알려진 사례입니다. 하루 종일 최상의 컨디션을 유지하기 위해 선수들은 꽤 고생을 했을 겁니다. 거의 종일 몸만 풀어야했죠. 그러한 상황을 예상하며 몇 년 전부터 충분한 훈

우사인 볼트

련을 했을 수도 있겠지요. 그들이 예측을 할 수 있는 것은 주관방송사의 영향력에 따른 시간대 결정범위입니다. 물론 방송사는 광고주의 영향력을 피할 수 없을 것입니다. 북미 시청자들이 저녁 식사를 마치고 편안하게 결승전을 바라보기 위해선 밤 8시에 맞춰 현지 경기 일정을 정할 수 있게 된 것이죠. 황금 시간대는 선수입장이 아니라 시청자 입장인 것입니다. 그 뒤엔 광고주 입장인 것이죠. 이러한 배경 하에 미디어가 스포츠를 타락시켰다는 주장도 합니다. 앞서 언급했듯이 스포츠도 미디어에 영향을 미치고 있기 때문에 한쪽 방향의 영향력만을 놓고 결정을 지울 순

없을 겁니다.

　　미디어는 스포츠를 타락시켰는가? 스포츠는 원래 미디어에 의해 형성되지 않는다. 텔레비전이 어떻게든지 스포츠의 본질을 변형시켰다는 생각은 철저한 검토로 제시된 것이 아니다. 스포츠는 사회적 구성이고 상업 스포츠는 다양한 관심사를 갖고 있는 운동선수, 시설관리자, 구단주, 이벤트 프로모터, 미디어 대표자, 스폰서, 광고주, 에이전트, 그리고 관객들 사이의 상호작용을 통해 시간이 흐르면서 만들어진다. 이러한 상호작용의 역학관계는 권력관계에 기초하고 서로 다른 시간에 다른 사람들이 갖는 자원들로 형성된다. 미디어를 통제하는 사람들이 스포츠가 자신들의 관심사에 적합하게 만들 수 있다고 생각하는 것이 비현실적이지만 그와 동시에 그들의 힘을 무시하는 것 또한 비현실적이다.[9]

스포츠 대중화와 고도화

　　스포츠 마케팅 시장에서 광고주만을 인식하며 기획을 할 순 없습니다. 생산자, 유통자, 소비자 간의 유기적인 소통이 이루어지고, 서로 만족할 수 있는 환경을 만드는 것이 중요합니다. 특정 주체만을 위한 스포츠는 무의미해질 수 있단 얘기입니다. 아무리 광고주가 가장 큰 힘을 발휘한다고 해도 스포츠 대중화(大衆化)를 위해 재미와 스릴을 추구하는 것이 우선이겠죠. 미디어를 통해 대중은 스포츠 스타를 따라 하기도 합니다. 그들과 같이 운동을 잘 하고 싶은 욕구도 생기고, 그들이 즐겨 입는 옷과 음식을 선호하기도 합니다. 그들의 기록 외에도 가십을 좇기도 하고 입방아 대상의 제물로 삼기도 합니다.

　　선수는 어떻습니까? 미디어를 통해 '보는 스포츠'로의 확신에 찬 분위기는 기록을 맹신하게 됩니다. 바로 스포츠 고도화(高度化) 현상입니다. 선수 개인, 팀, 구단, 더 나아가 국가까지 나서면서 승자가 되기 위한 모든 조건을 활용하고자 합니다. 잘 사는 나라일수록 스포츠 과학에 투자합니다. 기록을 내는 것 자체가 승리라는 목표가 된 셈입니다. 프로 스포츠는 그렇다 쳐도 올림픽 헌장에도 명시된 국가 간 경쟁이 아니란 문구가 무색하게 국가의 자존심을 걸고 선수들이 뛰어듭니다. 이와 같이 미디어는 스포츠에 막대한 영향을 미칩니다.

03 | 방송중계권 구조

자기만 찍나, 어쩔 수 없다

스포츠가 인기를 얻으면서 방송중계권 가격은 천정부지로 높아지고 있습니다. 돈의 냄새가 물씬 풍기는 곳입니다. 이 곳에 다양한 이해관계자들이 생겨날 수밖에 없겠죠. 스포츠 마케팅 구조(6부)에서 자세하게 다루겠지만, 스포츠 중계권은 '스포츠의 마케팅(Marketing of Sports)' 주체인 스포츠 단체가 갖고 있는 권한입니다. 올림픽은 국제올림픽위원회(IOC)가 허락을 해야 하고, 월드컵은 국제축구연맹(FIFA)이 허락을 해야 스포츠 경기를 마음껏 찍고 배포할 수 있겠죠. 물론 독점적으로 말입니다.

그러면 방송사는 소비자이면서 유통자 역할을 합니다. 중계권을 돈을 주고 샀으니 소비자가 되고, 스포츠 중계를 통해 널리 알리는 역할을 하니 유통자가 되는 것입니다. 이 구조는 기업에게도 동일하게 나타납니다. 스폰서십 환경에 뛰어든 기업은 금액을 내고 스폰서 지위를 누리는 소비자가 됩니다. 또한 스포츠 이벤트의 노출현장에 본인들 상품을 끼워서 알리는 유통자가 되는 것이죠.

즉, 스포츠 중계권의 이해관계자는 세 가지 주체라 할 수 있습니다. ① 스포츠단체, ② 방송사, ③ 기업입니다. 스포츠 단체는 스포츠 이벤트 개최권한을 갖고 있기 때문에 주관방

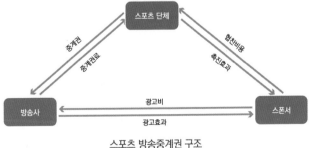

스포츠 방송중계권 구조

송사 선정을 할 수 있는 권한도 있습니다. 물론 검증받은 흥행 이벤트에만 방송사로부터 관심을 얻겠죠. 흥행 이벤트가 아니면 오히려 방송사에 돈을 주며 중계를 해달라고 해야 합니다. 이런 경우도 꽤 있습니다. 남들에게 잘 알려지지 않은 스포츠 이벤트를 알리기 위해선 이런 방식을 써야 됩니다. 이후 흥행하는 스포츠 이벤트가 되면 서로 중계하겠다고 방송사에서 찾아오겠죠.

올림픽, 월드컵 혹은 나라별 프로 스포츠 리그에서 주관방송사 선정은 중간의 가교역할을 하는 스포츠 마케팅 **전문 대행사**를 통해 성사됩니다. 1부에 다룬 **스포츠 에이전트**의 역할도 중간에서 업무를 담당합니다. 이와 같이 스포츠 마케팅 시장에서 마케터란 지위는 근본적으로 **유통자**의 역할을 하는 셈입니다. 물론 매우 중요한 역할이 되겠죠. 아무리 좋은 상품을 생산한다고 해도 소비자에게 전달되지 않으면 무의미하니까요. 어쨌든 가교역할을 담당한 스포츠 마케팅 전문 대행사는 중간에서 **수수료**를 통해 수익을 얻습니다. 스포츠 가격은 11부에서 자세히 다루겠습니다.

방송사는 어떤 위치에 있을까요? 방송사는 **스포츠 단체** 및 **광고주**(기업)와 직접적 관계에 있습니다. 값비싼 중계권한을 판매하고 이보다 큰 규모의 광고를 유치하는 것을 목표로 합니다. 스포츠는 방송편성을 할 때 예측할 수 있는 부분이 상대적으로 크기 때문에 유리한 조건입니다. 즉, 경기시간과 휴식시간 등이 정해져서 다양한 **프로그램 편성**을 하는 데 있어 괜찮은 환경을 마련할 수 있는 장점이 있습니다.

선점해야 할 스포츠 이슈

기업은 광고 플랫폼을 찾아다니는 주체입니다. 인쇄 매체, 방송 매체, 인터넷 매체 등에 가리지 않고 홍보 효과만 있다면 어디든지 뛰어들 준비를 합니다. 더군다나 잠재적인 소비자가 모이는 곳이면 사활을 걸겠죠. 바로 스포츠 빅 이벤트에 관심을 가질 수밖에 없는 것입니다. 기업(광고주)은 스포츠 단체와 직접적인 관계를 맺기 위해선 스폰서십 환경에 뛰어듭니다. 다만, 방송중계권 사업 내에선 TV 매체 등의 광고 삽입을 통해 간접적으로 스포츠 단체와 관계를 맺게 되는 것이죠. 스포츠 단체는 스포츠 이벤트를 잘 기획해서 반드시 흥행으로 이어지길 누구보다 바랄 것입니다.

프로 스포츠의 방송 중계권 규모는 나날이 확대되고 있다. 세계 중계권 규모는 2015년 352억 4,700만 달러(한화 42조 2,964억 원, 1달러 = 1,200원 적용) 추산된다. 특히 북미 중계권 규모는 최근 5년간 성장률이 5.3%가 넘어 전 세계 평균 3.5% 비해 가장 빠른 속도로 증가하고 있다. 동년도 유럽 프로 축구 리그의 방송 수익 비중은 잉글랜드 49%, 이탈리아 51%, 스페인 37%, 독일 25%, 프랑스 34%로 집계된다. 유럽 주요 프로 축구 리그의 중계권 수익 분배구조를 보면 조금씩 차이가 있다. 이피엘(EPL, 잉글리시 프리미어 리그, 영국)인 경우, 총 중계권 수익의 50%를 20개의 모든 구단에 균등 분배한다. 또한 25%는 성적에 따라 차등 분배하고, 나머지 25%는 각 팀 경기의 생중계 횟수(구장 시설 사용료 명목)에 따라 차등 분배한다. 리그 내 구단 간의 수익 격차가 심하지 않고, 전체 중계권 시장 규모를 유지한다. 세리에 에이(Serie A, 이탈리아)에서는 총중계권 수익의 40%를 균등 분배한다. 나머지 60%는 연고지 인구, 팬 규모, 최근 5시즌 성적 등의 지표를 활용해 차등 분배한다. 프리메라리가(Primera Liga, 스페인)는 총중계권 수익의 50%를 20개의 모든 구단에 균등 분배하고, 나머지 50%는 최근 5시즌 성적에 따라 차등 분배한다. 2014~2015 시즌에서 레알 마드리드와 에프시(FC) 바르셀로나가 20% 수준의 중계권료를 독식함에 따라 중소 클럽과의 격차가 심해지고 있다. 또한 2015~2016 시즌부터 잉글랜드, 이탈리아, 독일 리그와 같이 팀별 계약에서 리그 전체를 대상으로 중계권 계약방식으로 전환하여 총수입의 50%를 균등하게 분배하게 됐다. 분데스리가(Bundesliga, 독일)에서는 최근 4시즌 성적에 따라 차등 분배한다.[10]

2019년 6월경에 꽤 흥미진진한 사례가 나옵니다. 2018년까지는 남북미 간의 분위기가 한껏 고조돼 서울 평양 공동하계올림픽이 실제로 성사될 것만 같았습니다. 지금은 이럴 때도 있었나 할 정도로 스포츠를 매개로 한 교류도 요원해 보이지만 말입니다. 기억을 떠올려 보면 국제올림픽위원회(IOC)발 보도자료를 통해 전달된 내용은 올림픽 중계권에 관한 것이었습니다. 종합편성 케이블 방송국인 JTBC가 국제올림픽위원회(IOC)와 스위스 로잔에서 공식적인 중계권 조인식을 가진 것입니다.

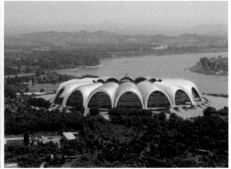

잠실 경기장과 능라도 경기장

계약의 주요내용은 2026년과 2030년의 동계올림픽을 비롯해 2028년과 2032년의 하계올림픽의 한반도 내 방송 중계권한입니다. 2026년 동계올림픽은 이탈리아 밀라노에서 개최되고, 2028년 하계올림픽은 미국 로스앤젤레스에서 개최되기로 확정됐습니다. 우린 2032년 하계올림픽을 서울 평양 공동으로 개최하겠다고 의지를 표명했지만, 관계가 악화되면서 물거품이 됐고 호주 브리즈번으로 결정됐습니다. 만약 성사됐다면 방송사는 어떤 이익을 예상할 수 있을까요? 아마 역사적이고 상징적인 이벤트를 독점하면서 얻는 것이겠지요. 텔레비전과 디지털에 대한 모든 권한을 갖게 되면서 한반도의 평화 이벤트를 독점적으로 찍고 배포하며 다시 판매할 수 있게 된 것입니다. 세기적 평화 이슈를 이어가지 못해 방송사 입장에선 안타깝겠지만, 앞으로 스포츠 중계권을 확보하는 시장은 더욱 치열해질 것입니다.

지상파가 독점해 온 스포츠중계권리를 어떻게 종합편성채널에서 획득했을까. 국내 지상파 3사(KBS, MBC, SBS)가 주요 국제경기 중계권한을 획득하기 위해 '코리아 풀(Korea Pool)'을 형성해서 참여해 왔다. 단일창구로 공동 협상한 다음 3사가 비용을 분배하여 지불하는 방식이다. 이번 협상에선 JTBC에 코리안풀 참여를 요청했지만, 단독으로 참여하겠다고 거부했다. 결론적으로 JTBC의 단독 참여로 중계권까지 거머쥐면서 지상파 방송사들은 대변단체인 한국방송협회를 통해 비판의 목소리를 높였다. 국부유출, 보편적 시청권 침해 등 온갖 부정적인 결과를 초래할 수 있는 프레임을 강조했다. 코리아 풀은 2006년 5월, 지상파 3사의 각 경영진들이 협의해서 만들어졌다. 스포츠 중계시장이 커지면서 방송사 간의 무리한 경쟁을 방지하고, 신의(信義, 믿음과 의리)를 토대로 각종 분쟁을 사전에 방지하자는 취지이다. 매우 합리적으로 보이는 이 제도가 만들어지기까지 어떤 일이 벌어졌을까. 1996년으로 거슬러 올라간다. 이 해에 AFC 아시안컵 대회를 KBS가 단독으로 방송하면서 신의(信疑, 믿음과 의심)란 상반된 감정을 교차하게 됐다. 이듬해인 1997년에는 MBC가 1998년 프랑스월드컵의 아시아 지역 최종예선을 단독으로 중계했다. 1999년에는 2019년 FIFA U-20으로 열광했던 바로 그 대회, 나이지리아 세계청소년 축구대회를 SBS가 단독으로 중계했다. 이후에도 한정된 지면에 모두 열거하지 못할 만큼 꽤 많은 선례를 돌아가면서 신의(信疑)를 교환했다.[11]

Q & A

1. 최근 미디어의 발달로 새로운 마케팅 시장으로 확장됨에 따라 접근 가능성, 이용가능성, 소비 즉시성, 영속성 등의 특성을 갖는 미디어는 무엇인가?

   (정답) 소셜 미디어

   (해설) 소셜 미디어는 서로 정보와 의견을 공유하면서 대인관계망을 넓힐 수 있는 플랫폼(페이스북, 트위터 등)과 같은 누리소통망서비스(SNS, Social Networking Service)에 가입한 이용자들이 이용하는 매체입니다.

2. 스포츠 미디어 산업의 주권자로서 가장 강력한 힘을 발휘하는 주체는 누구인가요?

   (정답) 광고주

   (해설) 보다 많은 시청자를 확보하기 위한 노력을 기울이기 때문에 소비자가 미디어 산업의 주권자 역할을 하고 있지만, 엄밀히 얘기하면 콘텐츠 생산까지 관여할 권한과 자본을 가진 광고주가 최고의 주권자 역할을 하고 있습니다.

직접인용 자료

1 Shank, M. D. (2009). Sports marketing: A strategic perspective(4th ed.). 오응수 · 신흥범 옮김 (2011). Shank's 스포츠 마케팅 전략적 관점. HS MEDIA, 378쪽. Retrieved from Kotler, P. & Armstrong, G. (1997). Marketing: An Introduction(4th eds.). Upper Saddle River, NJ: Prentice Hall.

2 문개성(2022). 스포츠 마케팅 4.0: 4차 산업혁명 미래비전(개정2판). 박영사, 60~62쪽.

3 서울특별시체육회(2019.11월). 우주는 최대의 광고판. 익스트림의 가치, 스포츠가 놓칠 리 없다. 월간 서울스포츠 349호. 칼럼 스포노믹스(문개성), 39쪽.

4 현대오일뱅크 Monthly Magazine(2020.7.). 격한 공감을 이끌어내라! 스포츠 마케팅의 세계. 특집 전문가 칼럼(문개성). 9쪽.

5 문개성(2022). 스포츠 마케팅 4.0: 4차 산업혁명 미래비전(개정2판). 박영사, 354쪽.

6 법제처(n. d.). 방송법. Retrieved from http://www.moleg.go.kr.

7 문개성(2022). 스포츠 마케팅 4.0: 4차 산업혁명 미래비전(개정2판). 박영사, 353쪽.

8 Coakley, J. (2009). Sports in Society: Issues and Controversies(10th ed.). 구창모, 권순용 옮김 (2011). 현대 스포츠 사회학(10판). 대한미디어, 436쪽.

9 Coakley, J. (2009). Sports in Society: Issues and Controversies(10th ed.). 구창모, 권순용 옮김 (2011). 현대 스포츠 사회학(10판). 대한미디어, 439쪽.

10 문개성(2023). 스포츠 경영: 21세기 비즈니스 미래전략(개정2판). 박영사, 48~49쪽. Retrieved from 정은정, 김상훈(2017). 국내외 프로스포츠 방송 중계권 시장 동향 분석(SI 포커스). 한국스포츠 개발원.

11 서울특별시체육회(2019.9월). 지상파 방송사가 아닌 JTBC의 올림픽 중계권 확보, 올림픽 이슈가 재점화되고 있는 시점에서. 월간 서울스포츠 347호. 칼럼 스포노믹스(문개성), 38쪽.

4부

스포츠 스폰서십, 아무도 모르는 내막

01 | 스포츠 스폰서십

스폰서십은 언제부터?

나이키의 이점은 문화변화에 대한 명확한 이해를 지니고 있었다는 점이었다. 문화변화 중 가장 주요한 것은 소비주의로의 전환이었다. 다른 기업들이 이용되기를 기다리고 있는 시장을 그리고 있을 때 나이키는 만들어지기를 기다리고 있는 새로운 시장을 보았다. 그것은 착용하는 것에서 그치는 것이 아니라 전시될 제품이었고, 상품의 가치가 상품 자체보다는 누가 그것을 착용하는가에 달려 있는 상품이었다.[1]

올림픽이나 월드컵과 같은 대형 스포츠 이벤트에 협찬사로 참여하면서 기업홍보 효과를 노리는 기업이 있는 반면, **나이키**(Nike)와 같이 다른 행보를 잇는 기업도 많습니다. 오리곤 대학교 육상 선수 출신인 나이키 창업자 **필 나이트**(Phill Knight)가 애용하는 모토 중 하나가 '고객들을 깨우는 것'이라고 합니다. 나이키는 빅 이벤트의 공식적인 스폰서로 활동하진 않지만, 다른 브랜드에 비해 매우 잘 알려져 있습니다. 이들은 스포츠 스타를 활용한 마케팅에 주안점을 둡니다. 이와 같이 기업의 가치를 높이기 위해서 대형 스포츠 이벤트를 이용하거나, 스포츠 스타를 이용할 수 있듯이 기업 스폰서십 환경은 다양합니다.

스포츠 분야의 스폰서십의 기원을 찾아볼까요? 1852년 뉴잉글랜드라는 철도회사는 미국 하버드와 예일대학교 운동선수에게 교통편을 무료로 제공했습니다. 선수로 구성된 팀을 활용해서 이익을 보려는 것이었습니다. 홍보가 실제로 잘 됐는지 파악하기 힘들지만 투자대비 효과를 보았을 겁니다. 특정 매개를 통해 정해진 기간 동안 협찬을 하기도 하지만, 연중 내내 선수 혹은 단체에 후원함으로써 좋은 이미지를 오래 유지하려고 노력합니다. 물론 회사 입장에선 단기간 계약을 원할 것입니다. 선수에게 계약 기간 중 불미스러운 일이 발생했을 때 과감한 조치를 취해야 하기 때문입니다. 부정적 이미지를 신속하게 끊어내는 일만큼 중요한 일이 없겠지요.

최초의 근대 올림픽은 1896년 그리스 아테네에서 시작됐습니다. 1880년에 설립된 **코닥**(Kodak)이 협찬사로 참여했습니다. 오늘날 사업 특성이 유사하거나 같은 영역에서 어떤 협찬사가 있을까요? 왜 이 질문을 하냐면 코닥이 스폰서십 환경에 뛰어들 의사가 없거나 밀려나면 바로 경쟁사가 그 위치를 차지할 수 있기 때문입니다. 세계 최초로 감광필름을 만들어냈던 코닥은 2000년 이후 기술의 시대 트렌드를 인지하지 못해 심각한 재정난에 봉착합니다. 결국 2013년 파산 보호 신청을 하기에 이릅니다. 오랜 기간 동안 올림픽을 통해 홍보효과를 누렸지만, 내부의 혁신 문제를 해결하지 못했던 것이죠. 올림픽에 참여할 때는 스폰서십 지위를 보장하기 위해 국제올림픽위원회(IOC)도 각별히 신경을 써 줍니다. 돈을 더 낸다고 해도 코닥의 경쟁사인 후지필름이 참여할 수 없는 것입니다.

기업이 투자하는 여러 분야에서 스포츠는 이미 가장 선호하는 영역으로 자리매김했습니다. 앞으로 코로나 팬데믹 여파로 조정이 될 순 있지만, 2015년 한 연구에서 **스포츠**에 투자하는 비중이 70%를 차지한 것으로 보면 압도적입니다. 그 다음이 **엔터테인먼트**(10%) 분야입니다. 세계적 병원균 전파에 따른 오프라인 스포츠가 오랜 기간 동안 실종한다면, 사람들이 선호하는 방식의 스포츠 세계가 이어질 가능성이 큽니다. 예를 들어 온라인 스포츠도 얼마든지 가능할 것입니다. 무관중 경기장 곳곳에 설치된 여러 대 카메라를 선택해 보고 싶은 지점에서 시청할 수 있는 상품이 등장한다면 어떨까요? 카메라를 많이 선택할수록 비용을 더 내는 방식으로 말이죠. 물론 최첨단 기술에 의한 현장의 생생함을 보여주어야 할 것입니다. 바로 옆에서 응원하는 목소리도 들릴 정도로 말이죠. 그래야 경기장에 티켓을 끊는 것처럼 돈을 지불할 것이기 때문입니다.

1988년 서울 하계올림픽부터 도입된 TOP(The Olympic Partners) 프로그램에는 10여 개 기업만이 공식 협찬사로 참여합니다. 매년 미국 경제전문지 포춘(Fortune)에서 500대 기업을 선정하지 않습니까. 즉, 규모가 크고 잘 나가는 많은 기업들이 있습니다. 모든 기업이 올림픽 스폰서십 환경에 뛰어들진 않지만, 10여 개에 불과

한 기업에 포함되기 위해선 아무도 모르는 내막으로 합의돼야 가능하겠죠. 협찬 비용 자체가 공식적으로 공개된 적이 없기 때문입니다. 최소 한화로 몇 천억 단위는 되지 않을까요? 올림픽을 연속으로 참여하는 조건으로 조(兆) 단위를 넘어서기도 합니다.

세계적인 스포츠 이벤트인 올림픽과 월드컵에 우리나라 기업이 공식적인 협찬사로 참여하고 있습니다. 바로 삼성전자와 현대기아자동차입니다. 삼성전자가 올림픽 협찬사이기 때문에 애플이나 엘지(LG)는 참여하고 싶어도 못합니다. 현대기아자동차도 마찬가지죠. 동종업체 참여를 제한하는 이유는 스폰서 권리를 최대한 보장하기 위함입니다. 올림픽과 월드컵 개최 횟수가 늘어난다는 것은 흥행을 하기 때문에 자연스러운 현상이죠. 그렇기 때문에 스폰서 참여비용은 나날이 올라갈 것입니다. 가격은 판매자와 소비자 간의 치열한 심리게임입니다. 값이 싸다고 해서 좋은 것 같지만, 꼭 그렇게만 되는 것은 아닙니다. 항공권 프리미엄 좌석이 텅텅 비어도 떨이로 팔지 않는 이유와 같은 것입니다. 어렵게 올린 가치를 유지하기 위함인 것이죠.

삼성전자는 국제올림픽위원회(IOC)와 2028년까지 올림픽 공식 스폰서 계약기간을 연장한다고 발표했다. 원래 2020년 도쿄 하계올림픽에서 마감하기로 했던 기간을 연상한 것이다. 이를 통해 2022년 베이징 동계올림픽, 2024년 파리 하계올림픽, 2028년 로스앤젤레스 하계올림픽까지 공식협찬 활동을 하게 됐다. 삼성전자는 1988년 서울 하계올림픽의 지역 협찬사로 메가 스포츠 이벤트의 스폰서십 환경에 첫 발을 내딛은 후, 1997년 국제올림픽위원회(IOC)와 올림픽 스폰서십 프로그램인 TOP 계약을 체결했다. 이듬해 1998년 나가노 동계올림픽부터 무선통신·컴퓨팅 분야의 공식 스폰서로 활동해 왔다. 자세한 스폰서십 규모의 내막은 알 수 없다. 하지만 천문학적 금액을 지불하고서라도 당초 계약보다 8년 연장을 하게 된 이유는 무엇일까. 아마 4차 산업혁명시대를 맞이하여 제조와 정보통신기술(ICT)에 강한 삼성전자가 글로벌 광고홍보 시장에서 빠질 수 없었을 것이다. 스포츠 제전 자체가 ICT 기술과의 필연적 관계로 발전하고 있다. 더욱

이 이번 연장계약에 5G, VR(가상현실), AR(증강현실), AI(인공지능) 기술의 권리까지 확보하게 됨으로써 글로벌 시장의 주도권을 놓치지 않겠다는 의지가 담겨 있다. 현대 · 기아 자동차는 월드컵의 공식 스폰서로 활동하고 있다. 1999년부터 국제축구연맹(FIFA) 주관의 모든 대회에서 공식 파트너로 참여하고 있다. 2018년 러시아 월드컵 이후 보도 자료에 따르면 1,000억(현대차 600억, 기아차 400억) 정도 투자해 10조 원 이상의 가치를 창출했다고 한다. 2010년 남아공 월드컵에선 8조 6000억 원, 2014년 브라질 월드컵에선 무려 30조 이상의 광고효과를 거둔 것으로 추산될 만큼 투자 대비 효과가 매우 크다. 역동적으로 굴러가는 바퀴와 강인한 선수가 발로 차서 굴러가는 공의 이미지가 일치하는 이미지를 경기장 내 디지털 광고보드를 통해 연출한다. 7개 기업만이 등록돼 있는 국제축구연맹(FIFA) 파트너에 대표적인 스포츠 용품기업 아디다스와 음료기업 코카콜라 등이 있다. 현대자동차는 2012년 브라질 피라시카바(Piracicaba)시의 사탕수수 밭에 연 15만 대를 생산할 수 있는 공장 준공식을 열었다. 2014년 브라질 월드컵, 2016년 리우 올림픽을 앞두고 현대자동차는 현지에서 매우 발 빠른 행보를 보인 것이다.[2]

현대기아자동차 스폰서십

스포츠 스폰서십, 뛰어들자

스포츠의 상업화는 전 세계적인 현상이며 다음과 같은 이유로 세계화가 촉진되고 있다. 첫째, 스포츠를 통제하고 후원하는 사람들이 시장을 확대하고 이익을 최대화하기 위함이다. 둘째, 다국적 기업이 생산품과 서비스를 소개하기 위한 방법으로 스포츠를 이용하기 위함이다. 이러한 이유로 인해 스포츠를 다른 상품들처럼 수출되고 수입되는 세계적 문화 무역의 형태로 만들게 되었다.[3]

오늘날 상업 스포츠는 금전적 가치를 최고의 가치로 여기는 20세기 시장경제에서 만연하게 된 것입니다. 인구 밀도가 높은 도시에서 성행할 수밖에 없겠죠. 또한 스포츠 경기를 관전할 시간과 자금의 여력이 되는 곳에서 번성하기 마련입니다. 대중교통이 발전한 곳, 사람들의 이동이 편리한 곳, 통신 기술이 충만한 곳 등에서 상업 스포츠가 발전할 수 있는 요인이 됩니다. 국내 프로 야구 리그도 1군은 대도시, 2군은 중소도시에 분포된 이유와도 같습니다.

기업은 여력이 되면 스포츠 스폰서에 참여하고자 합니다. 물론 흥행하는 스포츠 이벤트이어야만 합니다. 또한 유명한 개인과 팀이 포함된 프로 스포츠 리그에 참여하고 싶어 합니다. 그렇다면 왜 참여하고자 할까요? 단순한 의미의 광고 시장에 뛰어들기 위해서일까요? 스포츠 스폰서십의 목적은 여러 가지가 있지만 여섯 가지 정도로 분류할 수 있습니다. ① 인지도 향상, ② 이미지 제고, ③ 판매 촉진, ④ 환대 서비스, ⑤ 표적시장 접근, ⑥ 관계 마케팅 유지가 있습니다.

우선 인지도 향상을 살펴보겠습니다. 인지도를 높일 수 있는 장치는 많습니다. 스포츠 프로모션 부분에서 다루겠지만, 대표적으로 광고가 있습니다. 하지만 광고 자체는 값이 매우 비싸기도 하지만, 도달범위가 넓어 특정한 소비자 층을 겨냥하기엔 한계가 있습니다. 모든 사람들이 TV를 볼 수 있으니까요. 하지만 **스포츠 스폰서십**의 참여는 스포츠 소비자를 특정할 수 있습니다. 스포츠에 관심이 많은 소비자 층인 것이죠. 강렬한 임팩트를 남길 만한 상품을 구성할 수 있고 짧은 기간에 인지도를 높일 수 있게 됩니다.

이에 부흥해 이미지도 올라갑니다. 만약 언젠가 서울 평양 하계공동 올림픽이 개최된다면 평화 분위기가 물씬 풍길 것입니다. 이에 발을 맞춰 공익연계마케팅 (Cause-related Marketing)을 추진할 수 있습니다. 전쟁의 역사로 점철된 20세기를 완전히 벗어던질 큰 화두를 내세울 수 있는 것이죠. 강대국이나 정치 지도자가 아닌 기업이 목소리를 내게 됩니다. 기업이 돈만 버는 집단이 아니라 세계평화에 관심이 높다는 인식으로 유도할 수 있으면 기업 입장에서도 손해날 것이 없을 겁니다. 사실 불우이웃 돕기, 실종아동 찾기, 수해지역 지원, 독거노인 복지, 기타 공공 캠페인 등에 이르기까지 기업이 사회공헌활동에 많은 관심을 두고 있습니다. 스포츠 이벤트 자체도 대중과 함께 하는 공익적 활동으로 적극 확장하기 위한 노력을 기울이지 않을 이유가 없겠죠. 좋은 이미지가 올라가니까요.

기업은 인지도와 이미지를 높이는 추상적 영역 외에도 실질적 판매에 도움이 되길 기대합니다. 기업 이미지가 올라갔다고 해서 반드시 상품 판매에 직결된다는 보장은 없습니다. 그럼에도 상품 판매를 촉진하기 위해 스포츠 스폰서십 환경에 적극 참여합니다. 특정한 시기에 많은 사람들의 관심을 집중시킴으로써 판매를 유도하는 것이죠.

환대(Hospitality) 서비스는 우리말로 접대입니다. 다소 부정적 뉘앙스를 지니고 있어 환대란 표현으로 사용하기도 합니다. 이 부분은 스폰서로 참여한 입장에선 매우 중요한 요인입니다. 커피숍 가서 차 한 잔을 마셔도 좋은 서비스를 받길 원합니다. 협찬금액을 놓고 보자면 대접을 받지 않을 이유가 없겠죠. 일반 고객이 접근하기 힘든 특별한 장소에서 스폰서 기업만이 누릴 수 있는 권리를 갖게 됩니다. 프리미엄 이상의 객실에서 스포츠 이벤트를 관람하는 것은 기본이겠. 쾌적한 공간, 전용 화장실, 주차 공간, 전용 엘리베이터, 편의시설 등 차별화된 서비스일수록 환대 서비스는 특화될 것입니다. 이 장소에서 새로운 비즈니스가 이뤄지기도 합니다. 협력회사 중역과의 미팅을 주선하고 협상을 이어갈 수도 있을 겁니다.

기업은 스폰서십에 참여함으로써 표적시장을 선점하기 위한 과정으로 삼고자 합니다. 앞서 언급한 삼성전자는 최첨단 기술을 올림픽 기간 동안 독점적으로 사용할 것입니다. 기존의 충성도(Loyalty) 높은 고객층을 계속 유지하면서 새로운 고객을 유치하기 위한 타깃 마케팅(Target Marketing) 전략을 구사하는 것입니다.

올림픽과 월드컵뿐만 아니라 프로 스포츠 리그의 협찬사는 다음번에도 우선 협상권을 갖게 됩니다. 전임 협찬사에 대한 권리로서 보장하는 것이죠. 이러한 방식으로 관계를 유지할 수 있게 됩니다. 기업의 스폰서십 참여 연장은 소비자와의 관계를 유지하는 것입니다. 표적 시장 내의 인지도 향상이 가능했다면, 계약이 연장되는 시점에 다시 협찬사로 참여하기 위해 노력하지 않을 이유가 없을 겁니다. 물론 협찬금액에 대한 이견(異見)이 생기면 얘기가 달라지겠죠.

02 | 스포츠 스폰서십, 성공방법

스포츠 스폰서십, 분류해 보자

나스카(NASCA) 자동차 경주는 기업의 브랜드화를 보여주는 가장 대표적인 실례이다. 사람들은 Crown Royal 400, Lipton Tea 250, Pep boys Auto 500, Kobalt Tools 500, Coca-Cola 600, Coke Zero 400, Pepsi 500, Bank of America 500, Dickies 500, Sharpie

자동차경주대회

500, Dodge Challenger 500 그리고 UAW-Dodge 400으로 명명된 Nextel 컵 경주를 시청한다. 여기에 출전한 경주용 차량은 기업의 광고로 뒤덮여진다. 특히 네트워크 텔레비전에서는 광고할 수 없는 상품인 담배나 술 광고가 주를 이룬다. 이것이 바로 나스카가 전국적으로 중계 방송되는 가장 중요한 이유이다. 즉, 술과 담배 회사는 자동차가 운동장을 250번에서 600번 정도 돌 동안 시청자들이 자신의 광고를 주목하기를 원한다.[4]

위에서 언급한 것처럼 지상파 방송을 통해 노골적인 광고에 한계를 가졌던 영역을 스포츠 스폰서십이 커버하기도 합니다. 정해진 기간 동안의 대회이지만, 한 번 노출된 광고는 지금 이 순간에도 온라인상에서 존재하기 때문에 효과가 매우 큽니다.

스포츠 스폰서십은 크게 세 가지로 분류할 수 있습니다. ① 재화제공 형태에 따른 분류, ② 명칭사용에 따른 분류, ③ 스폰서 대상에 따른 분류입니다. 스폰서, 협찬사, 후원사, 파트너 등의 다양한 명칭으로 표기합니다.

첫째, 제화제공 형태에 따른 분류는 Ⓐ 공식스폰서, Ⓑ 공식 공급업자, Ⓒ 공식 상품화권자가 있다. 우선 공식 스폰서(Official Sponsor)는 기업이 재화나 서비스를 제공하는 대가로 이벤트 주최기관의 각종 상표를 이용할 수 있는 스폰서다. 공식 공급업자(Official Supplier)는 기업이 선수에게 필요한 스포츠 용품, 음료 및 기타 제품을 제공하는 대가로 마케팅 권리를 획득한 스폰서다. 특정 스포츠 용품업체가 국가대표의 유니폼을 지원하거나 선수 인터뷰 및 기자 간담회 자리에서 테이블 위에 놓인 스포츠 음료까지 다양한 장소에 배치를 하게 된다. 또한 공식 상품화권자(Official Licensee)는 경제적 가치를 지닌 지적 재산권(로고, 엠블럼의 상표권 등)을 보유한 라이선서(Licensor)로 부터 사용허가를 받고, 판촉 활동에 활용할 수 있는 권리를 가진 스폰서다. 자사의 특정 제품에 올림픽의 오륜기, 월드컵의 우승컵, 프로 스포츠 팀과 구단의 로고 및 엠블럼 등을 부착, 판매할 수 있다. 둘째, 명칭사용에 따른 분류는 (a) 타이틀 스폰서, (b) 일반 스폰서가 있다. 타이틀 스폰서(Title Sponsor)는 프로 스포츠 리그, 스포츠 이벤트 공식 명칭에 주최 기관에서 기준으로 정한 비용을 협찬한 경우 대회 타이틀 자체의 사용권리를 가진 스폰서다. 기업 및 상품명을 대회 명칭에 혼용하여 사용함으로써 대중들의 인식도를 극대화하기 위한 목표를 갖고 있다. 셋째, 스폰서 대상에 따른 분류는 ⓐ 선수 스폰서, ⓑ 팀 및 구단 스폰서, ⓒ 스포츠 단체 스폰서, ⓓ 스포츠 이벤트 스폰서가 있다. 선수 스폰서는 유명한 선수를 협찬하는 선수보증광고(Athlete Endorsement)가 있다. 또한 유명하진 않지만 잠재적으로 성장 가능성이 있거나 큰 금액을 들이지 않고 기업의 스포츠 용품을 직·간접적으로 홍보하기 위한 일반적인 선수 스폰서십(Athlete Sponsorship) 활동이 있다.[5]

특히 기업은 시즌별로 개최되는 프로 스포츠 리그와 연례적으로 열리는 유명한 국제 스포츠 이벤트에 기업 혹은 상품명칭을 함께 부착해 사용하려고 노력합니다. 즉, 타이틀 스폰서로 지위를 부여받아 언론 노출을 독점함으로써 최대의 효과를 기대하는 것이죠. 일반 스폰서는 메인 스폰서(Main Sponsor), 프리젠팅 스폰서(Presenting Sponsor), 서브 스폰서(Sub Sponsor), 파트너(Partner) 등과 같이 다양하게 스폰서 명칭을 부여해 사용하고 있습니다.

성공적 스폰서십, 여섯 가지 방법이 있다고?

기업이 스폰서십 환경에 참여하면서 성공을 바라지 않는 경우는 없을 겁니다. 그렇다면 성공적인 커뮤니케이션 수단으로서 스폰서십을 활용하기 위한 조건은 어떤 것이 있을까요? 다이아나 그레이(D. Gray, 1996)가 흥미 있는 여섯 가지 요건을 제시했습니다. ① 플랫폼(Platform), ② 동업(Partnership), ③ 편재(遍在, Presence), ④ 선호(Preference), ⑤ 구매(Purchase), ⑥ 보호(Protection)가 있습니다.

첫째, 플랫폼은 무엇일까요? 국제올림픽위원회(IOC)가 만든 올림픽이란 플랫폼을 잘 활용한 기업은 많이 있습니다. 대표적으로 코카콜라(Coca-Cola)가 있습니다. 1928년 암스테르담 올림픽 때부터 공식 공급업체로 지금까지도 활약하고 있죠. 1896년에 첫 근대 올림픽이 개최됐으니 올림픽과 한 배를 탔다고 해도 무방할 정도로 역사를 함께 하고 있습니다. '코카-식민화(Coca-colonization)'란 말이 있습니다. 20세기 중반에 무력으로 지배했던 제국주의는 종식됐습니다. 하지만 코카콜라 브랜드는 세계를 점령하기 시작했죠. 지금은 미국과 정반대의 이념을 가진 나라에서도 코카콜라를 판매하고 있습니다. 전 세계에서 원료를 얻고 공장을 세우고 현지인을 고용하죠. 이 불멸의 브랜드 상품가치는 앞서거니 뒤서거니 하겠지만 부동의 1위를 기록하고 있습니다. 코카콜라는 올림픽이란 플랫폼을 활용한 것이죠.

기차 승강장이란 원론적 의미처럼 생산자, 유통자 그리고 소비자가 분주하게 움직이고 하차하기도 하고 다시 이동하는 곳입니다. 올림픽의 공식 협찬사는 올림픽이란 상품을 구매한 소비자입니다. 또한 올림픽을 널리 알리는 유통자 역할을 하면서 스폰서십 목적을 달성하려고 합니다. 스포츠 단체와의 협상과 계약을 통해 이루어지는 정교한 과정이 필요합니다. 즉, 이해 당사자 간의 목적을 달성하기 위한 커뮤니케이션 토대를 잘 갖추어야 하는 플랫폼 속성을 부각해야 합니다.

둘째, 동업은 말 그대로 동업자 역할을 잘 수행해야 하는 요인입니다. 공식 스폰서로 지정된 후, 상호 간의 동반자적 관계형성을 잘 유지해야 하겠죠. 국제올림픽위원회(IOC)는 TOP 프로그램을 시행하면서 동업자의 관계를 더욱 공고히 하는 시스템을 만들었습니다. 겉으로는 동업을 외치면서 이면에는 다른 기업홍보에 도움을 준다는 것은 있을 수 없는 일이겠죠. 뒤쪽에서 보겠지만 경쟁기업 스스로 전략을 짜서 접근하는 가짜 스폰서 방식이 있습니다. 소셜 미디어 상에만 가짜뉴스(Fake News)가 있는 것이 아닙니다. 올림픽과 월드컵과 같은 대형 스포츠 이벤트에도 버젓이 가짜 스폰서가 활개를 칩니다. 흥행하는 스포츠 이벤트 언저리엔 어김없이 진짜처럼 위장한 스폰서가 있습니다. 주관단체는 이들을 막기 위한 방안을 고민하면서 동업자 관계를 더욱 다져나가야 되겠죠.

셋째, 편재(遍在)는 제품과 서비스를 찾기가 쉬워야 된다는 의미로 이해하면 됩니다. 소비자가 구매하고 싶은데 주변에서 찾기 어렵거나 살 수 없는 환경이라면 난감할 것입니다. 제품과 서비스에 대해 언제 어디서든 찾기가 쉽고 이용하기 편리한 속성이라 할 수 있습니다. 스포츠 이벤트가 열리는 동안은 다른 기간보다 제품의 인식도가 높은 상태가 됩니다. 이 시기에 협찬사 상품을 구매할 수 없다면 다른 경쟁사의 상품으로 눈을 돌릴 수도 있게 됩니다. 마케터는 소비자가 무슨 생각을 하는지 알 길이 없습니다. 이는 7부에서 블랙박스 이론을 통해 자세히 다루겠습니다. 조금만이라도 기분이 어그러지면 다른 곳으로 갈아타는 것은 시간문제인 셈이죠. 공식 스폰서의 제품과 서비스를 마음만 먹으면 찾기 쉽게 접근성을 상당히 끌어올려줘야 합니다.

넷째, 선호란 스포츠 스폰서십을 통해 나타나는 좋아하는 성향이라 할 수 있습니다. 소비자 인식을 높이기 위해 선호도를 강화하는 수단을 제공해야 하는 속성입니다. 스폰서 기업의 제품과 서비스를 제공하는 환경을 독점적으로 수행할 수 있도록 보호받고 있습니다. 보호 장치만 했다고 주관단체의 역할을 다하는 것은 아닐 겁니다. 기본적으로 스포츠 이벤트의 흥행을 담보할 수 있을 만큼 철저한 기획과 준비를 해야 합니다. 일단 사람들이 좋아하게끔 만들어야 합니다. 올림픽 기간만큼은 삼성전자 상품이 애플보다 선호도를 높게 만들어야겠죠. 월드컵 기간만큼은 현대기아자동차 상품이 독일산 차량보다 좋은 이미지를 선사하게 될 것입니다. 기업 스스로도 많은 노력을 기울이는 것은 당연하겠지만, 주관단체가 해야 할 영역이 광범위하다는 것을 알 수 있습니다.

다섯째, 구매는 소비자의 구매를 유도할 수 있게 하는 속성입니다. 스폰서 입장에선 짧은 기간 동안 최대의 효과를 보고자 합니다. 즉, 대회종료가 된 후에도 많이 팔아야 하는 궁극적인 목표를 갖고 있다고 하더라도 스포츠 이벤트 기간 내에 최대의 성과를 달성해야 합니다. 단기간의 판매성과가 후속적으로 이어질 수도 있어 1년 농사의 승부처가 될 수 있기 때문입니다. 앞으로 최첨단 기술이 보다 발전하게 된다면 경기장에 직접 가지 않더라도 현장감을 생생하게 즐길 수 있을지도 모릅니다. 꽤 진전된 가상현실(VR, Virtual Reality)만 보더라도 말입니다. 고글 하나 끼고 올림픽 개막식을 보게 된다면 어떨까요? 물론 그 열기는 현장과 크게 다르지 않을 수준으로 발전하겠죠. 2020년 팬데믹을 겪은 사람들의 심리로 이러한 관람패턴을 선호하는 소비자층이 많이 생겨났을 수도 있습니다. 앞으로 새로운 감염병의 발발주기는 짧아질 게 분명하기 때문에 기업도 앞다투어 개발하고자 할 것입니다. 고글은 공식 스폰서 홍보부스에도 방문하게 하는 장치가 됩니다. 시연현장을 바라볼 수 있고, 심지어 촉각을 느끼게 할 수도 있죠. 어쨌든 소비자로 하여금 구매로 이어질 수 있도록 상상 가능한 연출을 해야 합니다.

마지막으로 보호는 말 그대로 스폰서 권리를 보호하는 장치가 됩니다. 앞서 언급한 진짜인 것처럼 가장한 가짜 스폰서를 퇴출시키는 방안을 고민해야 합니다. 하지만 결론은 녹록치 않습니다. 매우 교묘하게 기승을 부리기 때문입니다. 법과 제도망을 비껴나가기 때문에 어찌할 도리가 없어 보이기도 합니다. 그럼에도 강력한 보호를 하고 있다는 인상을 갖게 해야 되겠죠. 허술한 스폰서 권리 프로그램에 참여할 기업은 없을 것입니다. 2012년에 충격적인 거리 테러가 있었습니다. 1897년부터 매년 4월, 어김없이 개최됐던 보스턴 마라톤 대회 때 발생했습니다. 이 난감한 상황을 빨리 수습하고 세계 최대 마라톤 대회로 다시 끌어올리기 위한 노력이 불가피했겠죠. 스폰서 홍보의 독점적 환경 마련, 매복 마케팅 기업으로 일컫는 가짜 마케팅으로부터의 보호 등을 유지하기 위해선 테러에 대한 경계도 늦출 수 없게 됐습니다. 이 끔찍한 일에서도 극복했던 대회가 코로나19로 인해 2020년 대회는 취소됐습니다. 어찌 보면 자연의 섭리가 더 무서운 것입니다.

03 | 매복 마케팅, 날로 교묘해지는 수법

게릴라처럼 몸을 숨긴다

매복(埋伏)이란 숨어 있다가 불시에 적을 공격한다는 의미입니다. 군대에서 많이 쓰는 용어입니다. 마케팅에도 이 개념이 있습니다. 영어로는 앰부시 마케팅(Ambush Marketing)입니다. 웬만한 전술과 전략이 군에서 개발됐기 때문에 마케팅에서도 이 용어를 사용한다는 것이 이해가 됩니다. 남들이 힘겹게 경쟁을 뚫고 공식 스폰서가 된 자리를 노리는 것입니다. 힘겨운 경쟁이 돈을 가장 많이 낸 기업의 순위일 수도 있지만, 스포츠 이벤트의 성격과 맞지가 않아 동참을 하지 못하는 경우도 있을 것입니다. 또는 공식 스폰서 지위를 획득할 만한 자금력이 부족할 수도 있겠죠. 어쨌든 여러 가지의 이유로 공식 스폰서에 참여하지 않은 기업입장에선 효과를 노릴 경쟁자에게 피해를 주면서 자신들은 이익을 보는 매우 효과적인 장치가 됐습니다. 남의 마케팅 기법에 무임승차한다는 사실을 알면서도 하는 것이죠. 이유는 공식 스폰서 못지않게 효과가 있기 때문입니다.

매복 마케팅은 기생(寄生) 마케팅, 꼼수 마케팅 등으로도 불립니다. 가짜 스폰서를 자청한 기업들은 노골적으로 접근합니다. 다만, 법과 제도에 어긋남이 없게 접근하기 때문에 도덕적 비판 정도에 그치는 경우가 많습니다. 상도(商道)를 지키자고 아무리 주장해도 허공의 메아리와 같습니다. 오히려 치열한 두뇌싸움을 하는 것이라고 반문할 수도 있겠죠. 미디어는 갈수록 정교해지고 있습니다. 이 가공할 만한 전파력에 세계적인 기업도 매복 마케팅 시장에 뛰어드는 것을 주저하지 않습니다. 상업 활동에서 지켜야 할 도의든, 그 무엇이든 상관하지 않겠다는 것입니다. 그 자체도 **마케팅 기법** 중 하나라고 인지하기 때문입니다.

미국 프로 미식축구 경기인 슈퍼볼(Super Ball)은 전미미식축구연맹(NFL, National Football League)의 허가 없이는 사용할 수 없는 등록상표다. 하지만 영민한 마케터들은 '큰 게임(Big Game)', '게임의 날(Game Day)', '초대형 파티(Super Party)' 등의 문구를 사용하며 슈퍼볼 기간 동안 기업의 광고효과를 배가시킨다. 즉 비(非)스포츠 상품을 홍보하기 위해 소비자들에게 슈퍼볼을 연상하게끔 한다. 기생 마케팅(Parasite Marketing)이라고도 불릴 정도로 매복 마케팅은 수치스럽게 여겨지지만 가공할 만한 영향력으로 더욱 기승을 부리는 게 현실이다. 특히 실시간으로 전송되는 누리소통망서비스(SNS, Social Network Service)의 파급력은 더더욱 매복 마케팅을 활성화시킨다. 대부분의 매복 마케팅은 꼼수를 부리는 방식이지만 합법적으로 실행되기 때문에 매복 마케팅으로 인한 피해를 최소화하기 위한 방안이 필요하다. 풀러턴(S. Fullerton, 2009)은 매복 마케팅을 방지하기 위한 노력으로 '레버리징(Leveraging) 프로그램'을 강화해야 한다고 했다. 올림픽과 월드컵의 예를 들어 보면 개최 기간은 각각 17일과 대략 1개월 남짓이다. 실제 행사는 이 기간 동안에만 지속된다. 공식 스폰서의 권리를 보장하기 위해선 대회 기간에만 집중적으로 브랜드 노출을 시키는 것이 아니라 실제 대회가 개최되기 몇 개월 전부터 협찬 받는 이벤트 범위와 스폰서 대상을 대중에게 알리는 것이 중요하다. 이로써 공식 스폰서인 코카콜라(올림픽)와 아디다스(월드컵)의 권리를 보장하고, 매복 마케팅을 구사할 수 있는 펩시콜라와 나이키 같은 동종업계의 활동 효과를 최소화시키는 방법을 의미한다.[6]

게릴라처럼 기습적이다

　　톰 크루즈 아저씨 눈앞에 펼쳐졌던 광고를 기억하시나요? 2002년 스티븐 스필버그 감독의 SF 영화 '마이너리티 리포트(Minority Report, 소수의견)'에서 주인공인 톰 크루즈가 쇼핑센터에 걸어갈 때 증강현실(AR, Augmented Reality) 광고가 눈앞에서 펼쳐지는 장면입니다. 앞으로 개인적인 구매패턴과 선호도를 파악해 맞춤형 광고가 이어질 수 있음을 보여줍니다. 지금 시각으로는 걷기에 방해될 만큼 현란한 것처럼 보이지만 사람들은 결국 그 환경에 맞춰 생활하게 되겠죠. 갈수록 진화하는 소셜 미디어 내의 새로운 광고 환경에 익숙해지듯이 말입니다.

　　매복 마케팅도 일견 이런 방식입니다. 생산자(IOC)의 규정을 벗어난 범주에서 교묘히 혹은 노골적으로 홍보활동을 하는 것이죠. 2028년 개최될 미국 로스앤젤레스 하계올림픽를 예로 들어볼까요. 우선 국제올림픽위원회(IOC)가 로스앤젤레스시 전체를 공식 스폰서 활동의 권리공간으로 커버할 수 있는 권한은 없습니다. 예를 들어 메인스타디움 주변보다 외곽의 특정장소에서 최첨단 기술로 소비자를 유혹한다면 어떻게 되겠습니까? 매우 저렴하면서도 현란한 재미를 부여하는 서비스를 제공한다면 어떻게 될까요? 올림픽 정식 종목이 아닌 다른 스포츠 종목을 내세우면서 올림픽 오륜기와 같이 상징적 이미지만 빼고 고객이 원하는 문양을 즉시 삽입해 주는 맞춤별 상품을 출시한다면 제재할 수 있을까요?

　　국제올림픽위원회(IOC)는 소비자가 양분되는 현상을 막을 방안을 연구해야 하겠죠? 소비자 정보는 최첨단 기술로 인해 막무가내로 빼앗길 수도 있습니다. 안면인식 기술을 통해 손님들의 사진을 찍고 온라인 소셜 네트워크를 통해 정보를 교환하게 됩니다. 고객의 이름은 물론 소비성향까지 파악해 할인방법과 친구에게 줄 선물까지 알아서 골라주게 됩니다.

　　구글이 최초로 나왔을 때 굉장히 낯설었습니다. 동물원을 둘러보듯 쉽게 선택할 수 있었던 야후, 네이버 같은 카테고리 방식 대신 검색창 하나만 있었기 때문입니다. 더욱이 과거에 검색했던 데이터 분석으로 새롭게 검색할 때마다 맞춤형 검색 사이트와 광고가 하나둘씩 나타날 때부터 심상치 않았습니다. 돌이켜 보면 우린 맞춤형 광고를 수신하기로 동의함으로써 무료로 소셜 미디어에 가입하게 된 것이죠. 6부에서 자세히 다룰 '스포츠의 마케팅(Marketing of Sports)'의 주체인 스포츠 단체는 고객의 선호도를 미리 파악해 풍부한 경기 정보를 무료로 제공하게 됩니다. 경기 정보에는 고객이 선망하는 선수 정보를 보다 더 추가할 수도 있습니다. 일상의 에피소드, 근황, 가십 등도 편집해 보여 줄 수도 있습니다. 고객에겐 클릭 혹은 다른 형태의 동의 패턴이 적용돼 자동 결제 서비스가 이루어지기도 하겠죠.

경기장 발매 창구 앞에 길게 줄을 서는 행위는 이미 낯선 광경이 됐습니다. 야구 경기장에서 시행되고 있는 비컨(Beacon)을 통해 예약 좌석을 찾아가고 있습니다. 부대시설 내에서 부가적으로 구매하는 맥주, 음료 등의 편의품이 진열된 위치를 쉽게 파악하고, 집어 들고 매장을 나오면 자동 결제될 것입니다. 사람 몸에 칩을 삽입하는 일도 머지않아 당연하게 받아들이는 편리성 기술로 생각할 수도 있습니다. 전통적인 관람 스포츠 문화에서 4차 산업혁명 시대에는 보다 더 진화된 모습으로 나타나겠죠. 이와 같이 소비자의 모든 행동은 기록이 쌓여 맞춤형 소비패턴을 유도하는 데 사용될 것입니다. 이미 확보한 고객들 대상으로 어떻게 다시 세분화하느냐는 매우 중요한 요인이 됐습니다. 소비자 입장에서는 '어떻게 가는 곳마다 나의 마음을 이렇게 잘 알아줄까'라는 인식을 한다면, 판매자에게 마음을 뺏기는 순간이 되겠죠. 한 차례 구매는 어떤 식으로든 이어질 가능성이 높지만, 다시 구매를 하거나 다른 사람들에게 좋은 평을 해주는 구매 후 행동은 소비자의 마음을 얻어야 실현됩니다.

2016년 리우 올림픽 공식 스폰서에 포함될 만한 규모의 기업, 특히 무선통신·컴퓨팅 분야에서는 대표적으로 애플이 있다. 물론 동종업계로서 공식 스폰서는 삼성전자이다. 애플은 2007년 세계 최초의 스마트폰을 출시한 선도적 기업이다. 그리고 몇 해 전 타계한 '스티브 잡스' 자체가 브랜드가 될 만큼 상징적인 기업이다. 애플은 리우 올림픽을 기념하여 한정판 애플워치 밴드 14종을 공개했다. 손목 밴드의 문양이 미국, 영국, 중국, 네덜란드, 멕시코, 자메이카, 캐나다, 브라질, 독일, 프랑스, 호주, 일본, 뉴질랜드, 남아프리카공화국의 국기를 차용했다. 정보통신기술(ICT) 제조와 소비강국인 우리나라가 빠져 많은 사람들이 아쉬워했다. 애플은 리우 올림픽 기간 리우데자네이루 빌리지몰에 애플 스토어 한 곳에서만 독점적으로 한정판 애플워치 밴드를 판매했다. 올림픽 경기장과는 10km 정도 떨어진 곳에 위치한 곳이다. 한정판 애플워치 밴드의 판촉행사에 올림픽 오륜기 이미지를 집어넣을 수는 없지만, 마치 올림픽과 연관된 것처럼 사전에 홍보를 하고 성공을 걷는 사례가 됐다. 아마 태극기 문양이 없는 이유도 한국 내에 버젓한 애플 스토어가 없다는 이유도 작용했겠지만, 삼성전자의 공식 스폰서 활동을 보란 듯이 방해하는 의도도 작용했을 것이다.[7]

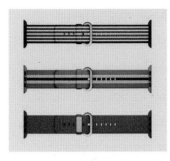
애플워치 디자인

이와 같이 매복 마케팅 기업은 몸을 숨겼다가 갑자기 나타나 기습적으로 공격합니다. 마냥 당할 수만은 없는 노릇입니다. 샘 플러턴(S. Fullerton, 2009)이 제시한 매복 마케팅을 방지하기 위한 레버리징(Leveraging) 방식을 몇 가지 살펴보면 다음과 같습니다. 우선 테마를 기반으로 한 광고가 필요합니다. 이는 스폰서 대상과 이벤트 특징을 최대한 반영시키는 것입니다. 올림픽 스폰서십일 경우는 올림픽 스타를 활용하고, 축구 지향적인 스폰서십이라면 축구 선수들을 활용하는 것입니다. 물론 매복 마케팅 기업도 이와 유사하게 얼마든지 광고를 노출시킬 수 있겠죠.

스포츠 이벤트 방송시간과 프로그램 안에서의 광고를 보장해 주는 방식도 있습니다. 경기 시작 전, 중간 휴식 시간, 경기 시작 후까지 연속적 광고를 노출할 수 있게 하는 것이죠. 또한 오랜 기간 동안 스폰서 상품에 이벤트 로고를 삽입하게 하는 것입니다. 코카콜라와 올림픽 오륜기의 오묘한 조합을 이룬 상품 판매는 훨씬 이전부터 한다는 점을 감안하면 효과가 있습니다. 물론 동종업계의 기업인 펩시콜라가 어떤 지점에서든 고객의 관심을 유도할 비장의 카드가 있을 수도 있죠. 이 외에도 무료 경품 지급, 전시회 개최, 공감 마케팅 연계, 온라인 공동 광고 도입, 환대 서비스 제공 등 많은 아이디어가 있습니다. 그럼에도 효과가 보장되는 매복 마케팅 기법을 뛰어넘어야 하는 숙제를 안고 있는 셈이죠.

매복 마케터들에 대항하는 예방 조치들[8]

1. 어떻게 매복 마케팅이 수행될 수 있는지 학습한다.
2. 스폰서십을 레버리징한다.
3. 광고할 수 있는 비스폰서들의 능력을 제한한다.
4. 후원 받는 이벤트를 방송하는 동안 광고하는 것에 대한 통제를 확립한다.
5. 시간 구매를 한다.
6. 광고 시간을 팔 수 있는 방송사들의 능력을 제한한다.
7. 가상 광고를 금지한다.
8. 비스폰서들의 브랜드를 보증 광고하는 참가자들의 능력을 제한한다.
9. 소비자들에게 알린다.
10. 스폰서들을 위한 긍정적인 PR을 제공한다.
11. 매복 마케터들을 당혹시키기 위한 부정적인 PR을 제공한다.
12. 시장 감시 프로그램들을 시행한다.
13. 관리 가능한 숫자로 스폰서십들의 숫자를 제한한다.
14. 스폰서십 권리를 전가시키는 전략을 금지한다.
15. 자산(또는 이벤트)의 이름에 스폰서들의 이름을 도입한다.
16. 법안을 제정한다.

스포츠 이벤트 기획, 보다 정교해진다

스포츠 단체, 스폰서 기업, 미디어, 대행사의 협업구조가 선수, 팀 및 구단, 스포츠 단체, 스폰서 기업, 대행사, 소비자 혜택으로 돌아갑니다. 특히 소비자에게 그 혜택이 가장 많이 돌아가며 상품을 판매할 수 있는 시장이 넓어집니다. 스포츠 이벤트를 설계한다고 가정합시다. 스포츠 이벤트를 개발, 설계, 유치를 할 때 고려 사항을 살펴보면 다음과 같습니다. 우선 스포츠 개발을 위해선 지역의 특성, 이벤트와 지역 간의 적합성을 고려해야 합니다. 지역규모에 비해 지나치게 큰 이벤트 유치를 통해 재정적 부담으로 갈 수도 있고, 지역이미지와 어울리지 않은 단체장의 공약에 맞춰 무리하게 추진되기도 합니다. 이는 지역경제에 악영향을 불러올 수도 있습니다.

또한 철저한 고객 인식도 조사를 통해 수요가 충분할 것인지, 이벤트를 통해 경제적 파급효과가 있는지 등을 고려해야 합니다. 스포츠 이벤트 설계를 위해 고려해야 할 요인은 우선 선수와 시설이 고려할 대상입니다. 관람 스포츠이면 직접 경기를 치르는 선수가 중요합니다. 즉, 국제 대회에서 해외 선수단의 초청 문제가 원활하게 해결되는지의 문제는 해당종목 연맹 혹은 협회 역량을 미리 고려해야 합니다. 참여 스포츠이면 프로그램을 소화할 강사를 섭외하고 관리하는 문제에 대해 살펴봐야 합니다. 또한 해당 시설과 장비를 갖춘 경기장 혹은 교육장소는 스포츠 이벤트 설계에 매우 중요한 요소가 됩니다. 더불어 관람 스포츠나 참여 스포츠를 소비할 고객의 선호도를 미리 살펴보면 좋습니다. 고객 인식도를 알게 되면 시행착오를 줄이고, 고객이 원하는 요인을 이벤트 기간 동안 제시할 수 있습니다. 이를 통해 단편적인 이벤트가 아니라 지속적으로 개최가 가능한 이벤트의 생명력을 연장할 수 있습니다.

더불어 기업 스폰서가 참여할 수 있을지도 고려해야 합니다. 스포츠 이벤트의 흥행요소는 선수, 미디어, 스폰서라 할 수 있습니다. 즉, 스폰서의 참여는 미디어가 관건입니다. 직접 중계가 어려운 행사라 할지라도 다채로운 홍보방식에 대해 공감을 이룰 수 있다면 기업의 관심을 유도할 수 있습니다. 마지막으로 스포츠 이벤트의 유치단계를 검토합니다. 이를 요약하자면, 계획의 적합성, 재무적 건전성, 사회적 공감성이라 할 수 있습니다.

첫째, 계획은 기본계획, 실행계획, 관리계획으로 분류할 수 있습니다. 기본계획을 통해 전반적인 사항을 제대로 점검을 하고, 가능성이 있는지를 살펴봐야 합니다. 실행계획을 통해 구체적인 인적구성, 예산집행, 행사 매뉴얼 등이 도출되어야 합니다. 관리계획을 통해 사후 앞으로 어떻게 운영 및 관리할지, 안전사고에 대해선 대처방안이 잘 수립됐는지 등을 정리해야 합니다. 둘째, 무엇보다 민감한 이슈인 예산집행의 계획과 실제 집행 간의 괴리가 있는지 등을 꼼꼼하게 살펴봐야 합니다. 예산수립 계획이 잘못되면 이벤트 준비 기간 중에 뜻하지 않은 예산이 소모될 수 있습니다. 셋째, 프로그램은 다수가 공감할 수 있는 영역으로 확대돼야 합니다. 특정인 혹은 단체만 선호하는 스포츠 이벤트는 흥행을 담보할 수 없기 때문입니다. 다시 말해 많은 사람들이 이해하기 쉽고, 동참할 수 있는 프로그램으로 시장 (Market)이 형성될 때 스포츠 이벤트의 확장성을 기대할 수 있습니다. 중요한 점은 지속 가능한 이벤트가 될 수 있느냐의 문제는 매우 중요한 과제입니다.

Q & A

1. 스폰서십이 광고에 비해 우위에 있는 사항에는 어떤 것이 있을까요?

(정답) 첫째, 스폰서십은 광고에 비해 소비자로 하여금 신뢰성(Credibility)을 확립시킵니다. 둘째, 스폰서십은 광고에 비해 기업과 상품 이미지(Image) 형성에 효과적입니다. 셋째, 스폰서십은 광고에 비해 기업의 명성(Prestige)을 향상시키는 역할을 합니다. 넷째, 스폰서십은 광고에 비해 내부 구성원의 사기 진작(Internal Morale)에 기여할 수 있습니다. 다섯째, 스폰서십은 광고에 비해 판매 기회(Sale Opportunities)와 권리를 우선적으로 갖게 합니다.

(추가해설) 반면, 광고가 스폰서십에 비해 우위에 있는 사항은 다음과 같습니다. 첫째, 광고는 스폰서십에 비해 소비자를 설득하는 메시지(Persuasive Message)가 강합니다. 둘째, 광고는 스폰서십에 비해 기업의 제품과 서비스를 전달하는 메시지가 표준화(Standardized Message)돼 있습니다. 셋째, 광고는 스폰서십에 비해 정해진 범위 내에서 노출효과를 보장(Guarantee Reach) 받을 수 있습니다. 넷째, 광고는 스폰서십에 비해 광고에 대해 평가(Evaluation)하는 것이 쉽습니다. 마지막으로 광고는 스폰서십에 비해 마케팅 개념의 턴키체계(Turn-key System)에 가깝습니다. 즉, 제대로 작동할 것이라는 보장을 토대로 즉시 작동될 수 있는 시스템 가동이 가능합니다.

2. 국제올림픽위원회(IOC)가 TOP 프로그램에 참여한 공식 스폰서를 보호하기 위해 2012년에 규정한 조치는 무엇일까요?

(정답) Rule 40

(해설) 2012년 국제올림픽위원회(IOC)는 '규정 40(Rule 40)'을 만들어 TOP 프로그램에 참여한 공식 스폰서로 보호하기 위한 조치를 취했습니다.

3. 플러턴(Fullerton, S.)은 매복 마케팅을 보호하기 위해서 법과 제도적 규제와 더불어 전략적인 방법을 병행하여 스폰서 권리를 보호해야 한다고 했습니다. 특히 공식 스폰서와 상품 이미지 노출을 최대한 오랫동안 대중에게 노출시키는 방법을 제시했는데 무엇일까요?

(정답) 레버리징(Leveraging) 프로그램

(해설) 예를 들어 17일 간 개최되는 올림픽과 1개월 남짓 개최되는 월드컵의 기간 전후로 한정지어 스폰서를 노출시키고 있지만, 레버리징 프로그램을 통해 공식 스폰서와 상품 이미지 노출을 수개월 전부터 대중에게 알리게 되면 일반인은 오랜 기간 동안 공식 스폰서로 인지할 수 있습니다.

직접인용 자료

1 Cashmore, E. (2000). Marketing Sense of Sports. 정준영 옮김(2001). 스포츠, 그 열광의 사회학. 한울아카데미, 411쪽.

2 문개성(2019). 보이콧 올림픽: 지독히 나쁜 사례를 통한 스포츠 마케팅 이해하기. 부크크, 143~145쪽.

3 Coakley, J. (2009). Sports in Society: Issues and Controversies(10th ed.). 구창모, 권순용 옮김 (2011). 현대 스포츠 사회학(10판). 대한미디어, 388쪽.

4 Coakley, J. (2009). Sports in Society: Issues and Controversies(10th ed.). 구창모, 권순용 옮김 (2011). 현대 스포츠 사회학(10판). 대한미디어, 392~394쪽.

5 문개성(2022). 스포츠 마케팅 4.0: 4차 산업혁명 미래비전(개정2판). 박영사, 401~403쪽.

6 문개성(2016). 스포츠 마케팅. 커뮤니케이션북스. 85~87쪽.

7 문개성(2019). 보이콧 올림픽: 지독히 나쁜 사례를 통한 스포츠 마케팅 이해하기. 부크크, 154, 155쪽.

8 Fullerton, S. (2009). Sports marketing(2th ed.). HS MEDIA 번역팀 옮김(2011). 스포츠 마케팅. HS MEDIA, 281쪽.

5부

스포츠 프로모션,
상상을 뛰어넘는 커뮤니케이션

글로벌 스포츠 기업, 날로 진화한다

기업은 모든 수단을 동원하여 소비자와 커뮤니케이션을 하고자 합니다. 말 그대로 모든 수단입니다. 불법적인 것 말고는 자신들을 알리기 위해 최적화한 수단을 찾습니다. 전통적인 프로모션(Promotion, 촉진) 수단으론 광고, 홍보, 공중관계 (PR), 인적판매, 판매촉진 등이 있습니다. 이 외에도 최근 각광받는 수단이 스포츠 스폰서십입니다. 미디어의 발달과 혁신적인 창안 아이템으로 단기간에 큰 효과를 얻는다는 것을 그 누구보다 기업이 잘 알고 있기 때문이죠.

소셜 미디어는 급성장하고 있습니다. 기업이 주도했던 시장의 변화를 가져다 주었습니다. 소셜 미디어를 사용하는 주체가 개인이기 때문에 당연히 소비자가 주체가 된 것이죠. 기업이 만들어 놓은 홈페이지에 방문해서 정보를 탐색하는 것이 아니라, 개인이 직접 정보를 찾아다닙니다. 소셜 미디어 플랫폼 자체는 기업이 만들지만, 그 안에서 얻을 수 있는 아이디어, 품질 등과 같은 각종 정보는 소비자가 만들어갑니다.

이러한 홍보의 장에 대한 성격이 바뀌고 규모가 엄청나게 확장되다보니 몇 가지 부작용도 있습니다. 가짜 뉴스(Fake News)가 횡행하게 된 것이죠. 기업 스폰서십 환경에서 마치 공식 협찬사인 것처럼 행동하는 가짜 스폰서(매복 마케팅 기업)가 있듯이 말이죠. 어딜 가나 가짜는 있는 법입니다. 의도적인 가짜 뉴스를 배포하는 부류는 꼭 있습니다. 부정적으로 작용할 수 있는 사회 작용도 만만치 않습니다. 이럴수록 정확한 판단 기준을 세우는 것만이 유일한 해결책이라 할 수 있죠.

사람들은 게임을 좋아합니다. 허구적이면서 경쟁적인 것을 좋아하기 때문입니다. 불확실성에 기반을 한 확률에 기대하며 사람들이 자꾸 빠져듭니다. 독일어 가만 (Gaman)에서 유래된 용어로 놀이가 발전된 형태라고 볼 수 있지요. 자발적으로 재미를 추구하는 개념의 놀이와는 달리, 규칙성까지 가미됐으니 게임에선 스릴을 보다 더 느끼게 된 것입니다. 가짜란 개념이 살짝 버무려져 게임이 아닌 것이 게임인 듯 등장한 프로모션이 있습니다. 바로 '게이미피케이션(Gamification)'입니다. 게임(Game)과 피케이션(-fication)을 조합한 신조어로 '게임화'란 개념으로 이해하면 됩니다.

예를 들어 자신이 만들어놓은 허상의 캐릭터와 운동을 한다고 합시다. 자신이 목표한 거리를 걷고 뛰면서 건강을 관리하는 과정에서 혼자서 하는 것보다 누군가 함께 하면 좋겠지요. 덜 외롭고 말이죠. 무엇보다 허상의 캐릭터와 경쟁을 하게 한다면 그 자체가 게임과 같게 됩니다. 물론 그 게임을 통해 누군가로부터 칭찬과 상을 받는 것은 아니지만, 기본적으로 재미를 추구하면서 경쟁심리도 얻는 방식이 됩니다. 이런 측면에선 '가짜'가 꼭 나쁜 이미지만 있는 것은 아니겠지요. 누군가에게 피해를 주지 않으면서 소기의 목적을 달성하는 것이죠.

백투더퓨처

1980년대 후반, 지금의 40~50대에 설렘을 안겨다 주었던 SF 영화 '백투더퓨처(Back to the Future)'를 기억할 겁니다. 지금은 워낙 컴퓨터 그래픽스와 영화적 촬영기술이 뛰어나 진짜 같은 공상과학세계에 쉽게 빠져들지만, 그 당시에 보여줬던 날아다니는 차를 이용해 과거, 미래로 가는 여정은 그야말로 판타지였죠. 날아다니는 차 말고도 쓰레기를 재활용하는 자동차 연료, 초단위로 알려주는 일기예보 시스템, 자동으로 젖은 옷을 말려주는 재킷, 자동 사이즈로 조절되는 신발 등 재미있는 아이템이 등장합니다. 지금과 비교해 보면, 주인공이 공중전화 박스에 전화하는 장면도 나오는데 스마트폰 시대까진 예측을 못했나 봅니다. 지금 주위를 돌아보면 차가 날기는커녕 출퇴근 도로 전쟁을 합니다. 플라스틱의 세계 오염을 비롯해 여전히 유가(油價)에 신경 쓰면서 살죠. 슈퍼컴퓨터로 날씨 예측도 꽤 잘 하지만 변수가 많아 우산 챙기지 않는 날에 비가 쏟아지는 현실에 삽니다.

영화에 등장했던 미래는 2015년이었는데 어언 몇 년 전 과거를 돌아보는 입장이 됐습니다. 진기 명기한 물건을 선보인 것 중에 실현이 된 스포츠 용품이 나옵니다. 브랜드도 나이키로 등장합니다. 당시 나이키가 영화 제작에 필요한 협찬을 많이 했나 봅니다. 2015년 나이키에서 이 영화의 아이템을 언급하며 유사 상품을 내놓은 후, 2019년 어댑트 비비(Adapt BB)란 상품을 선보였습니다. 운동을 하는 도중엔 발 모양이 수시로 바뀐다는 것을 고려해 만든 상품입니다. 버튼을 누르면 자동 조임 기능도 됩니다. 이와 같이 혁신적 테마를 놓치지 않는 나이키는 프로모션을 다양하게 펼칩니다.

이미 2012년 스포츠와 무관한 상품인 퓨얼밴드(Fuel Band)를 출시했습니다. 운동을 하면서 자신의 건강을 관리할 수 있는 융·복합적 상품이죠. 앞서 언급한 재미화를 추구했던 대표적인 제품입니다. 이젠 여기저기서 따라하는 일상용품이 됐습니다. 나이키의 대표적인 프로모션 방식은 스포츠 스타를 내세워 선망하는 대상을 앞세웁니다. 소비자로 하여금 그들을 모방하도록 유도하는 방식입니다. 또한 사회적 정의와 약자를 대변하는 이슈를 놓치지 않습니다.

혁신과 공감

2020년, 트위터 CEO 잭 도시는 '당신의 권리 알기 캠프(Know Your Rights Camp)'란 유색 인종 지원단체에 기부한다고 했다. 이곳은 전 미국프로풋볼(NFL) 선수 콜린 캐퍼닉이 세운 단체다. 그는 누구인가. 2018년 하반기에 나이키 광고 '드림 크레이지(Dream Crazy)'에 출연한 장본인이다. 유명한 슬로건 '저스트 두 잇(Just Do it)'의 30주년 캠페인의 주인공이 됐다. 미국 보수층에선 그를 출연시키면 불매 운동을 벌이겠다고 했지만 풋볼리그에서 쫓겨난 그를 낙점한 것이다. 2016년에 경찰이 벌인 인종차별 행동에 항의해 국가 연주 시에 일어나는 것을 거부하고 무릎을 꿇는 모습을 보였던 그다. 물론 나이키는 4천 3백만 달러 이상의 홍보효과를 거뒀다. 지금 미국 사회에서 '무릎 꿇기'는 상징적 행위로 부활했다. 누구 못지않게 돈 냄새에 강한 나이키도 동참했다. '돈 두 잇(Don't Do it)'을 내세워 인종차별 반대를 외쳤다. 나이키는 스포츠 소비자들의 강렬한 열망인 공감 냄새를 맡는 데 연타석을 날린 셈이다. 퍼스트 무버로서 부동의 1위의 자리를 지키는 여러 요인 중에 하나인 것만은 분명해 보인다.[1]

하지만 나이키가 매번 프로모션을 잘 하면 얼마나 좋겠습니까. 2019년 7월, 생뚱맞은 신발을 선보였습니다. 노예제 시대의 미국 초기 국기인 13개의 별을 형상화한 신발을 출시한 것이죠. 물론 뭇매를 맞고 회수했습니다. 누군가의 번뜩이는 아이디어로 크게 공감하며 마케팅 시장을 뒤흔들 수도 있습니다. 또한 기발하다고 생각했던 기법으로 자칫 혼돈에 빠뜨릴 수도 있습니다. 남을 자극하는 것으로부터 공감을 유발한다고 착각한 사례입니다.

세계 스포츠 용품시장의 1위 주자는 미국의 나이키(Nike)입니다. 2위는 독일의 아디다스(Adidas)입니다. 아디다스도 혁신적인 방식으로 프로모션을 추구하는 데 주저함이 없습니다. 4차 산업혁명 시대를 맞이하여 여러 가지 아이템 중에 3D 프린팅 기술을 들어본 적이 있을 겁니다. 아디다스는 한 땀 한 땀 손이 가는 신발제작 방식에서 벗어나 기계로 뚝딱 찍어내겠다는 발상을 했습니다. 사람 대신 기계가 대량으로 찍어내다 보니 생산하는 지역이 곧 소비하는 지역으로 될 수 있는 가능성을 열었습니다. 저가의 노동력을 바탕으로 동남아시아 등지에서 생산 공장을 운영하는 20세기 방식과는 확연히 다른 것입니다.

2015년 말, 독일의 아디다스는 로봇을 활용하여 신발을 만들겠다는 계획을 발표했다. 2016년 중반, 안스바흐(Ansbach) 근처에 있는 일명 스피드 팩토리(Speed factory)에서 아디다스 퓨처크래프트 M.F.G(Made for Germany)라는 첫 생산품을 공개했다. 운동화를 사람이 만들지 않고 3D 프린팅 기술이 보편화된다면 제조와 유통비용이 현격히 줄어들게 되고, 값싼 노동시장을 찾아 공장을 지을 이유가 없어질 것이다. 동남아 등지에서 제조된 상품이 바다를 통해 건너오기까지의 시간, 공간, 비용을 바라보는 관점이 바뀌고, 생산지가 곧 소비지가 될 수 있는 여건이 된다. 또한 소비자가 어느 나라에서든 인터넷상으로 몇 번의 클릭으로 원하는 제품과 서비스를 받아볼 수 있을 것이다. 전통적인 생산방식이 혁신적으로 바뀌게 되면서 20세기의 불변했던 제조업 분야의 가치, 즉 표준화란 개념이 모호해질 것이다. 미래학자 리프킨은 3D 프린터를 대량생산에서 대중생산을 이끄는 제조 민주화 수단이라고 표현했다. 2D 프린팅은 출력을 명령해야 시행된다.

3D 프린팅으로 대표되는 디지털 제조 기술은 복잡한 프로세스를 거치지 않고 원하는 시간, 방식, 장소에서 눈에 보이는 물체를 디자인하고 생산하게 했다. 부품을 조립하거나 원단을 꿰맬 필요가 없이 제품자체가 서비스가 가미된 생산품이 될 수 있으니 대량에서 대중적 개념으로 자리 잡힐 날이 멀지 않았다. 한 때 최대 시장인 북미에서 미국발 신생 스포츠 브랜드 언더아머에 따라 잡힐 위기에 처했던 아디다스의 절치부심하는 노력이 엿보인다. 최근 러닝, 농구, 스타일리쉬한 일상복인 오리지널(Originals) 비즈니스에 집중한 미션은 성공하고 있다. NBA 스타 제임스 하든과의 협찬 외에도 래퍼인 카니예 웨스트와의 콜라보 디자인, 새로운 직물에 대한 투자, 혁신 기술과 디자인의 조합 등을 통해 브랜드 가치를 높이고 있다. 결국 지속적인 소비자와의 커뮤니케이션을 강조한다.[2]

아디다스는 2019년 말, 돌연 3D 프린팅 기술에 따른 신발 제작을 중단한다고 발표했습니다. 혁신(Innovation)을 좋아하는 사람들에겐 실망을 안겨다 주었습니다. 그럼에도 시도를 해 봤기 때문에 그 경험치가 공중으로 홀연히 사라진다고 생각하진 않습니다. 혁신이란 늘 기회와 위기를 안고 과감한 결정으로 추진하는 것이어서 실패할 확률도 있는 것이죠. 어쨌든 세계 1, 2를 다투는 기업들의 혁신 행보에 주목하지 않을 수 없습니다. 이들이 내건 큰 걸음 그 자체가 생각지도 못한 프로모션의 토대가 되기 때문입니다.

02 | 전통적 프로모션 수단

가상광고, 점점 영리해진다고?

마케팅에서 프로모션(Promotion)은 커뮤니케이션(Communication)과 동일한 의미로 이해하면 됩니다. 전통적인 프로모션에는 광고와 홍보가 있습니다. 광고홍보라는 식으로 용어를 붙여 쓰다 보니 헷갈리기도 합니다. 가장 큰 차이점으로 광고는 비쌉니다. 반면 홍보는 돈이 적게 들거나 거의 무료인 영역입니다. 전자는 인쇄 매체(신문, 잡지), 방송 매체(TV, 라디오), 인터넷 매체에 돈을 내고 광고를 합니다. 전체 비용은 매우 크지만 불특정한 다수에게 전달되는 것이므로 1인당 비용은 매우 저렴하게 됩니다. 광고방식은 여전히 가장 강한 힘을 발휘합니다. 사람들은 유튜브 프리미엄을 선택한 이유가 툭툭 튀어나오는 광고환경에서 벗어나고 싶어 신청하는 경우가 많습니다. 월 일정액을 내고 광고가 드러나지 않게 설정을 하고 유튜브를 즐기는 것이죠. 다시 말해 유튜브는 광고란 수단을 통해 기업으로부터 돈을 받고, 소비자로부터 광고를 없애주는 대가로 돈을 받는 구조를 갖게 됩니다. 기업은 효과적인 광고 플랫폼을 찾아다니고, 소비자는 그걸 피하려고 노력하지만 결국 비용을 냅니다.

스포츠 가상광고

광고는 지속적으로 발전합니다. 즉, 법을 만들면서라도 사람들 눈에 띌 수 있게 노력을 합니다. 이젠 사람들이 흔하게 여기지만 가상광고(Virtual Advertisement)는 어떻습니까. 현장에선 보이지 않는 광고이지만 시청자에겐 어김없이 노출될 수 있는 광고의 형태입니다. 그래픽으로 구성된 광고가 TV 전체를 잠식하면 안 되기 때문에 크기 등을 법으로 규정하고 있습니다.

방송법 관련 조항[3]

법 제73조(방송광고 등)
6. 가상광고: 방송프로그램에 컴퓨터 그래픽을 이용하여 만든 가상의 이미지를 삽입하는 형태의 광고

시행령 제59조 2(가상광고) 가상광고는 다음 각 호의 방송프로그램에만 허용된다.

1. 운동경기를 중계하는 방송프로그램
2. 스포츠 분야의 보도에 관한 방송프로그램
3. 가상광고의 시간은 다음 각 호의 기준에 따른다. 다만, 운동경기를 중계하는 방송프로 그램의 가상광고의 경우 경기장에 설치되어 있는 광고판을 대체하는 방식이거나 우천으로 인한 운동경기 중단 등 불가피한 사유로 해당 방송프로그램 시간이 변경되는 경우에는 가상광고의 시간에 제한을 두지 아니한다.
   1) 지상파방송사업자 및 지상파방송채널사용사업자의 텔레비전방송채널의 경우: 해당 방송프로그램 시간의 100분의 5 이내
   2) 지상파이동멀티미디어방송사업자·종합유선방송사업자·위성방송사업자 및 방송채널사용사업자의 텔레비전방송채널의 경우: 해당 방송프로그램 시간의 100분의 7 이내
4. 가상광고의 방법은 다음 각 호의 기준에 따른다.
   1) 가상광고의 크기는 화면의 4분의 1을 초과하지 아니할 것. 다만, 이동멀티미디어방송의 경우에는 화면의 3분의 1을 초과할 수 없다.
   2) 방송프로그램에 가상광고가 포함되는 경우 해당 방송프로그램 시작 전에 가상광고가 포함되어 있음을 자막으로 표기하여 시청자가 명확하게 알 수 있도록 할 것
   3) 운동경기를 중계하는 방송프로그램의 경우
      가. 경기 장소, 관중석 등에 있는 선수, 심판 또는 관중 위에 가상광고를 하지 아니할 것. 다만, 개인의 얼굴을 식별하기 어렵고, 경기흐름 또는 시청자의 시청흐름에 방해되지 아니하는 경우에는 관중 위에 가상광고를 할 수 있다.
      나. 방송사업자는 가상광고를 하려는 경우 해당 경기 주관단체 또는 중계방송권을 보유하고 있는 자 등 이해관계자와 사전에 협의할 것
5. 오락에 관한 방송프로그램 또는 스포츠 분야의 보도에 관한 방송프로그램의 경우
   1) 가상광고가 해당 방송프로그램의 내용이나 구성에 영향을 미치지 아니할 것
   2) 해당 방송프로그램에서 가상광고의 이미지 외에 음성 또는 음향 등의 방법으로 가상광고를 하는 상품 등을 언급하거나 구매·이용을 권유하지 아니할 것
   3) 가상광고로 인하여 시청자의 시청흐름이 방해되지 아니하도록 할 것

프로모션, 결국 사람이 한다

홍보는 입소문만 잘 탄다면 비용을 치르지 않더라도 효과를 얻을 수 있습니다. 특히 소셜 미디어를 통해 자신이 사용했던 제품(Product)과 서비스(Service)에 대한

긍정적인 후기는 모든 사람들이 공유할 수 있습니다. 매체들이 협조적이지 않을 때는 긍정적인 상품이란 이미지가 순식간에 좋지 않은 이미지로 바뀔 수도 있습니다. 광고는 비용을 내는 만큼 상품을 널리 알려주지만, 홍보는 매체들에 대해 항상 예의주시해야 하므로 이 또한 새로운 에너지(돈, 인력 등)를 투입하는 것이죠.

공중관계(公衆關係)는 줄여서 PR(Public Relations)이라고 합니다. 홍보와 공중관계(PR)를 혼용해서 사용하지만, 공중관계(PR)가 좀 더 큰 의미를 가졌습니다. 홍보가 대언론 관계에 국한된다면, 공중관계(PR)는 모든 수단을 동원해 제품과 서비스를 알리는 총체적인 활동을 뜻합니다. 정치인을 통해 합법적인 입법 활동에 관여할 수도 있고, 관료사회에 타진해 규제를 푸는 일까지 고려하며 활동하게 됩니다.

인적판매는 매우 전통적인 프로모션 방법입니다. 판매자가 소비자를 직접 만나는 것이죠. 병원균 팬데믹으로 예전처럼 대면이 어려워져 비대면이 활성화될 수도 있습니다. 이는 기술발달에 따른 양질의 미디어 소통으로 얼굴을 마주하며 품질이 더 높은 인적판매가 가능하겠죠. 어쨌든 인적판매는 일대일의 개념으로 제품과 서비스의 장점을 전달하는 것입니다. 이로써 고객에게 주의를 집중할 수 있습니다. 고객은 궁금한 점에 대해 바로 물어볼 수도 있어 쌍방향 커뮤니케이션의 장점이 큽니다. 복잡한 메시지가 있어도 묻고 답하는 과정을 통해 해소하기도 합니다. 단점은 비용이 비쌉니다. 한 명의 판매원 활동이 여러 사람을 대상으로 하지 않기 때문에 모든 활동에 대한 비용이 추가되겠죠.

판매촉진은 앞서 언급한 광고, 홍보, 인적판매에 포함되지 않은 다른 촉진활동의 모든 것이 해당됩니다. 마트에 가면 사고 싶지 않지만 다른 상품과 묶여 파는 패키지 판매가 있습니다. 어차피 가격이 동일하거나 저렴하므로 그냥 삽니다. 얼떨결에 딸려 온 상품에 대해 인식을 하게 되고, 사용해서 마음에 들면 별도로 구매할 수도 있겠죠. 이 외에도 가격 할인, 무료 샘플, 쿠폰 제공, 시연회 개최, 박람회 참가를 통한 촉진 등 매우 다양합니다.

스폰서십은 전통적 프로모션에 포함시키진 않습니다. 다만 기업이 흥행하는 이벤트에 관심을 갖기 때문에 스포츠란 콘텐츠는 매우 중요한 매개가 됐습니다. 스포츠 단체는 흥행요소를 가미하고자 하고, 기업은 스포츠를 통한 마케팅을 하기 위해 협찬환경에 뛰어들게 됩니다. 공중관계(PR)의 일종이라 할 수 있습니다. 기업은 기본적으로 광고와 홍보비용을 책정하게 됩니다. 여기서 스포츠 이벤트의 협찬 비용을 내느냐, 마느냐는 흥행요소가 있느냐 혹은 없느냐에 따라 결정됩니다. 즉, 연례적으로 행했던 다른 프로모션에 비해 유동성이 있는 분야이기도 합니다.

왜 유통업체가 프로구단에 관심을 가질까? 코로나19로 침체됐던 한국 프로야구가 2021년에 새로운 기대를 안겨다 주었다. 유통회사가 야구단을 인수하면서 SSG 랜더스로 새롭게 출범했다. 더군다나 메이저리그에서 활약했던 세계적인 스타 추신수 선수도 영입하면서 이슈를 이어갔다. 선수의 일거수일투족이 보도되면서 자연스럽게 구단의 언론노출 빈도가 높아졌다. 왜 유통업체가 프로구단에 관심을 가졌을까? 스포츠 마케팅 4.0 시장은 온라인과 오프라인의 결합이 특성이다. 어느 것 하나 중요하지 않는 영역이란 없게 됐다. 통합적 시장에서 잠재적인 소비자에게 접근을 할 수 있는 다양한 장치를 효과적으로 구사한다. 즉, 온라인 유통과 오프라인 프로구단이 하나로 결합되면서 유통의 확장성을 갖게 된 것이다.[4]

프로모션/커뮤니케이션 방법[5]

구분	내용
광고	• 가장 많이 차지하는 유료 방식 - 장점: 짧은 시간, 다수 소비자에게 전달, 대중성, 소비자와의 커뮤니케이션 강함, 1인당 소요비용 저렴 - 단점: 목표 소비자 대상의 광고가 어렵고, 일방적인 정보전달, 고비용
홍보	• 광고와 비슷하게 생각할 수 있으나 비용을 지불하지 않거나 저렴하다는 점이 다름 - 장점: 총 비용이 저렴하고 신뢰적임 - 단점: 매체들이 비협조적일 가능성, 매체의 관심을 유발하는 경쟁이 심화
공중관계	• 줄여서 PR이라고 함. 홍보와 거의 유사한 개념이지만, PR이 보다 넓은 의미가 있음. • 홍보는 대언론 관계, PR은 긍정적인 이미지를 구축하기 위한 조직의 총체적인 모든 활동

인적판매	• 판매원이 소비자를 직접 대면해 정보를 제공하고 구매를 유도하는 방식(=대면 판매, face to face)
	  - 장점: 고객에게 주의가 집중, 고객과의 쌍방향 커뮤니케이션 가능, 복잡한 메시지의 정확한 전달, 신속한 반응을 유도하고 결정
	  - 단점: 고비용, 판매원 모집의 어려움, 판매원 간의 제시기술의 차이

판매촉진	• 광고, 홍보, 인적 판매에 포함되지 않은 다양한 촉진 활동으로, 짧은 기간 내에 소비자의 마음을 움직이기 위한 목적 - 제품 전시, 박람회 참가 등의 행사와 가격 할인, 무료 샘플, 쿠폰 제공, 경품, 리베이트 등의 소비자 판촉 수단
스폰서십	• PR의 일부분. 스포츠 스폰서십은 전통적인 촉진방식에 속하진 않지만, 전 세계 스포츠 산업의 괄목할 만한 성장에 힘입어 현재는 매우 중요한 소비자와의 커뮤니케이션 방식

03 | 소셜 미디어 커뮤니케이션

게임처럼 즐기게 하자

앞서 언급한 재미화는 2000년 초반 영국의 정보기술(IT) 컨설턴트 닉 펠링(Nick Pelling)에 의해 처음 소개된 것으로 알려졌습니다. 스포츠와 정보기술(IT)은 이러한 재미화 현상을 가속화시킬 것입니다. 축구화에 공을 찰 때 강도, 궤적, 거리, 정확도 등을 측정하는 센서가 부착되면 그 자체가 재미화를 추구하게 됩니다. 강도를 줄이고 자세를 바꾸었을 때 정확도를 높일 수 있다고 스마트폰 애플리케이션을 통해 정보를 준다면 어떨까요. 그걸 실현해보면서 자신의 기록을 누적시킬 때마다 재미를 느끼게 되겠죠. 스포츠 용품회사에서 선수 수준의 목표를 달성한 소비자를 대상으로 축구화 신상품을 배송해주는 프로모션을 한다면 흥미진진할 것입니다.

스포츠 용품의 재미화는 게임이 아닌 것을 게임으로 인식하게 하는 장치라고 한다면, 스포츠 경기 현장에선 말 그대로 게임이기 때문에 재미를 느끼게 해야 합니다. '보는 스포츠'의 최적화를 구현하기 위해 모든 사안을 검토한다면 가장 확실한 영역은 규정을 바꾸는 것입니다. 전통적인 스포츠 규칙이 소비자에게 호기심을 주지 못한다면 바꿔야 한다는 목소리가 올라갑니다. 또한 3부 스포츠 미디어 부분에서 다뤘듯이 광고주의 눈치를 더욱 볼 것입니다. 광고주는 소비자를 끌어들이기 위한 모든 수단을 강구하기 때문에 스포츠 규정을 신성시해야 할 의무는 상대적으로 미약합니다.

1863년 축구협회(FA, The Football Association)가 발표한 축구 규칙이 있기 전까지 손으로 잡아도 됐습니다. 이 시기에 스포츠 조직이 생기면서 규정도 확립된 것이죠. 그 시기를 거쳐 20세기 중반, 미디어란 강력한 프로모션 장치가 도입되면서 모든 판도는 흥행에 초점을 두게 됐습니다. 첨단 기술도 한 몫을 하고 있습니다. 몇 년 전 출시한 구글 글래스는 대중화의 한계, 사생활 침해 등의 논란으로 본격 시판이 되지 않았습니다. 하지만 의사들의 수술 현장에선 전문적 장치로 활용되고 있습니다. 이렇듯 일반 대중상품으로 출시했다가 전문적인 영역으로 흡수되는 경우도 있습니다. 물론 얼마 지나지 않아 스마트 안경의 수요가 많아져 대중화될 것입니다. 예를 들어 안경 내에 거리센서를 부착해 보고자 하는 목표를 순식간에 선명하게 할 장치개발은 얼마든지 가능하겠죠.

스포츠 영역에서 스마트 안경의 활용도를 상상해 봅시다. 예를 들면 심판이 착용하는 영역으로 말입니다. 심판 입장에서 경기 장면을 보는 것도 새로운 각도의 경기 관람이 될 수 있을 것입니다. 선수가 1루 주자에게 송구하는 동시에 슬라이딩을 하는 장면이 수미터 앞에서 관람할 수 있다면 그 어떤 종목보다 재미를 느낄 수 있겠죠. 이와 같이 미디어의 안방 침입, 미디어를 통해 바라보는 관점의 확장 등이 기술의 힘에 덧입혀져 대중화된다면 스포츠 규칙의 개편은 보다 급물살을 탈 수도 있을 겁니다. 그 자체가 곧 프로모션이기 때문에 스포츠 단체도 그 흐름을 놓칠 이유가 없겠죠. 물론 전통적인 스포츠 종목을 해롭게 한다는 반대 의견도 만만치 않겠지만, 마케팅에선 다수가 만족하는 방향으로 흘러가기 때문에 반대만 할 수도 없을 겁니다.

보는 스포츠로서의 흥행이 된다면 모든 것을 바꿀 수 있을까? 모든 사물과 기계, 산업이 연결되고 융합되는 '메가 컨버전스(Mega Convergence)' 시대다. 화학적인 개념의 융합이든, 물리적인 개념의 복합이든 모든 장르를 망라한다. '스포츠의 마케팅(Marketing of Sports)'의 주체와 '스포츠를 통한 마케팅(Marketing through Sports)' 간의 융·복합도 일어난다. 각각의 특성을 지닌 두 조직이 합쳐진다는 의미가 아니다. 상호 윈윈(Win-Win)하기 위해 이해관계에 따라 촉진과 커뮤니케이션 방식의 변화가 생길 수 있다. 최근 국제축구연맹(FIFA)은 미국 프로 농구와 배구의 제도처럼 쿼터제를 적극 검토하겠다고 했다. 마르코 판 바스턴 국제축구연맹(FIFA) 기술개발위원장은 쿼터제 도입, 교체선수 확대, 10분간 퇴장 제도, 오프사이드제 폐지 등 변혁적인 안을 발표했다. 특히 축구만의 전술에 필요하다고 그간 주장돼 온 전·후반 각각 45분의 제도를 바꾼다는 사실이 이슈가 됐다. 이는 방송중계권과 스폰서십과 관련한 방송사, 기업의 요구사항이 관철된 측면도 있다. 미디어를 통해 노출이 많이 되고, 방송사 입장에선 많은 광고가 유치돼야 수익이 나는 구조이기 때문이다. 국제축구연맹(FIFA)도 전통적인 룰을 수정하면서라도 수익구조를 확장하고 싶을 것이다. 새로운 차원의 촉진과 커뮤니케이션의 논의를 위해 스포츠 단체의 규정과 기업의 요구사항이 과감히 섞일 수 있다는 얘기다. 오랜 기간 동안 정해진 범주에서 훈련을 하고, 기량을 향상시켰던 선수, 코치, 감독 등의 구성원으로부터 경청을 듣는 것은 요원해 보일지도 모른다. 흥행이 돼야 서로가 좋다는 입장으로 쉽게 정리될 수도 있을 것이다. 이처럼 전통적으로 흥행이 보장됐던 스포츠도 시대상황에 따라 얼마든지 변할 수 있고, 새로운 형태의 뉴스포츠가 탄생할 것이다. '보는 스포츠'로서 흥행이 된다면 제도의 융·복합은 그리 어려운 일이 아니다. 정보통신기술(ICT)과 관련이 없어 마치 4차 산업혁명시대의 흐름과는 무관하게 보일지 모르나 종목 간의 규정과 제도의 융·복합이 이뤄짐에 따라 새로운 차원의 장르를 만드는 점에서 맥을 같이 한다고 볼 수 있다.[6]

관람 스포츠 문화를 바꿀 만한 혁신적 기술은 이미 가동됐습니다. 대중적인 확산으로 무료이거나 저렴한 서비스가 나오게 되면 안방 혹은 개인으로까지 가깝게 다가올 것입니다. 가상현실, 사물 인터넷, 360도 카메라 등에 따라 고객은 보고 싶은 것만 골라 볼 수 있습니다. 기업은 경기장 내 다양한 형태의 보드 광고, 경기를 생산하는 주체인 선수의 유니폼 광고와 같은 전통적인 광고방식에서 지능적인 가상광고 전략으로 선회할 것입니다. 이와 같이 광고 홍보시장에 응용할 수 있는 기술 발달을 계속 지켜보게 되겠죠. 또한 새로운 제품과 서비스를 환영하는 소비자도 많아질 겁니다.

반면, 인공지능이 이 시장을 교란하게 된다면 어떻게 될까요? 가짜 뉴스인지, 진짜 뉴스인지 구분이 가지 않을 정도의 정교함을 어떻게 극복해야 할까요? 가짜 뉴스(Fake News)와 사실 확인(Fact Check)은 이 시대의 이슈를 펼쳐놓고 생겨난 새로운 아이콘(Icon)으로 등장했습니다. 이미지를 뜻하는 고대 그리스어 에이콘(εἰκών)에서 유래된 용어인 아이콘은 어떤 속성을 강화하는 상징적 모티브를 확보한다는 의미로 사용됩니다. 소셜 미디어 커뮤니티 내에서 형성된 신뢰 관계는 생각보다 무척 공고해졌습니다. 지식의 경계가 허물게 되는 이 지점에서 과잉 지식이 대중들에게 침투하고 있습니다.

지식을 찾기도 쉽고 응용하기도 쉽게 됐습니다. 앉아서 삼만 리, 서서 십만 리를 본다는 전설적인 혜안은 곧 책을 통해서 얻는 세상의 이치입니다. 이는 고민할 시간이 주어지기 때문입니다. 즉시성으로 대표되는 이 시대의 현상은 터치 하나만으로 지구 반대편의 현상을 봅니다. 문제는 보기만 하는데 있습니다. 남의 지식이 곧 자신의 지식이란 착각을 하기가 쉬워졌습니다. 궁금하면 모바일 통해서 바로 찾으면 되지만, 그 조차도 옳은 방향을 제시한 지식인지 분석하는 것이 만만치 않게 됐습니다. 그래서 맹목적으로 이 시대의 지식을 추종할 가능성은 보다 커졌습니다. 그래서 더욱 공고해진 우물 안의 개구리 현상이 도처에 있습니다. 남의 지식을 바탕삼아 본인만의 지식으로 승화시켜야 합니다. 이를 위해서는 현실에서 부딪히며 내공을 길러야 합니다. 아무도 가르쳐줄 수 없는 체득된 지식이 곧 나의 지식이 되고, 제대로 문제를 바라볼 수 있지 않을까요?

기술발달로 도전과 도발을 하자

우주에 대해 도전과 도발하는 사람들이 있습니다. 반드시 나사(NASA)와 같은 관료 조직을 의미하진 않습니다. 상상을 뛰어넘는 프로모션의 일환으로 우주로 눈을 돌리는 경우가 생겨나고 있습니다. 컴퓨터 그래픽스 기술이 워낙 발달돼 우주를 그리는 광고와 영화는 흔합니다. 대중들은 그 정도 수준에선 재미를 못 느끼게 된 것입니다. 가짜 우주 말고 진짜 우주를 보길 원합니다. 나사(NASA)가 보낸 여러 대의 무인 화성 탐사선이 보내온 사진과 이미지가 유튜브에 버젓이 걸려 있는 시대에 가짜를 좋아할 리 없습니다. 광고와 영화시장도 점차 우주로 눈을 돌리게 될 것입니다. 그 경외감을 바라보고 느끼는 것 자체가 재미를 뛰어넘는 감동으로 전달될 것이기에 기술과 자본이 되는 한 도전과 도발을 멈추진 않겠죠. 이를 실현하고자 하는 사람들은 아마 그 누구보다 재미를 느끼고 있을 것입니다.

1969년 군사적 목적으로 캘리포니아 대학과 스탠퍼드 대학 간 컴퓨터가 연결됐다. 640km 거리를 뚫고 두 컴퓨터를 통해 소통이 시작된 것이다. 2대에서 시작해 지금은 120억 대 기기가 인터넷에 연결된 초연결 지구가 됐다. 2012년 10월 4일, 유튜브를 통해 한 우주인이 생중계를 했다. 외계인 출연과 정부 은폐장소의 상징적 장소를 일부러 고른 것 같다. 미국 뉴멕시코주 로즈웰에서 헬륨 가스 기구에 달린 작은 캡슐이 우주를 향해 비행했다. 라이브를 보기위해 동시에 접속한 사람이 800만 명을 넘었다. 지상 39,000미터 상공에서 오스트리아 출신 스카이다이버 펠릭스 바움가르트너는 우주복을 입고 지구를 향해 몸을 던졌다. 마하 1.25 속도로 낙하하며 지면에 닿기까지의 시간은 4분 19초. 총 3시간짜리 세계인을 향한 이벤트를 위해 5년간 690억 원을 투자하고, 47조 원의 광고효과를 거뒀다. 익스트림 마케팅 철학을 실천한 기업은 레드불(Red Bull)이다. 일명 레드불 스트라토스(Stratos) 프로젝트로 불린다. 이로써 지구 반대편에서도 극한의 대리만족 체험이 가능해졌다. 초(超)공유 미디어를 통해 공학적 가치가 더해진 결과물이다. 영화공장에서처럼 얼마든지 스튜디오 안에서 상상력을 자극할 만한 광고를 찍을 수 있었을 것이다. 하지만 스포츠 가치란 미지의 세계를 향한 도전정신과 맞닿아 있기 때문에 진짜 우주를 광고현장으로 선택했다. 유튜브 최다 동시 조회수를 기록한 레드불에 이어 두 번째 기록한 프로젝트는 우주발사선 '팰컨 헤비(Falcon Heavy)'를 2018년 초에 쏘아올린 장면이다. 관료조직(NASA)이 아닌 민간 우주기업 스페이스 엑스의 작품이다. 테슬라 최고 경영자 일론 머스크가 몰던 빨간 전기 자동차를 실어 보내는 장면이 생중계되면서 전 세계의 시선을 단숨에 붙잡았다. 누구나 한 번쯤은 상상했던 낭만적인 꿈을 실현했고, 우주광고 마케팅도 성공했다.[7]

레드불 스트라토스 프로젝트

마케팅 측면에서는 프로모션(촉진)과 커뮤니케이션은 유사한 용어입니다. 사람과 사람 사이의 소통에 대한 의미로 해석하자면 조직 내 커뮤니케이션에 관한 문제와 맞닿아 있습니다. 조직 내에서 최고 경영층이 '아'라고 메시지를 보냈는데 '어'라고 해석하면 문제가 커지겠죠. 당장 수행해야 할 미션의 차질이 생기는 것입니다. 마찬가지로 기업이 전달하고자 하는 메시지와 소비자가 받아들이는 메시지의 인식 차이로 인해 효과를 보지 못하는 경우가 많습니다.

이를 극복하기 위해선 커뮤니케이션의 활성화 방안을 잘 이해해야 합니다. 첫째, 수신자 입장을 고려해야 합니다. 메시지를 전달하는 송신자와 메시지를 받는 수신자 사이에는 간극이 있게 마련입니다. 조직 내부에서 행정 기안문도 읽는 사람의 입장에서 작성해야 합니다. 마케팅의 메시지도 그걸 받아들이는 소비자 입장에서 기획해야 되겠죠.

아무리 뛰어난 기획이라 할지라도 소비자가 이해하기 어렵다면 좋은 프로모션이 아닙니다. 난해한 메시지가 종종 번뜩이게 보일 때도 있지만, 부호화(Encoding) 상태인 메시지를 특정 매체를 통해 해독화(Decoding)를 하는 과정에서 엉뚱한 방향으로 흐를 수 있습니다. 사회적 약자, 정치 사회적 이슈 등을 다룰 때 특히 유념해야 할 부분입니다.

둘째, 적절한 기호 사용이 중요합니다. 이 역시 메시지를 받아들이는 입장에서 생각해야 합니다. 축구가 전 지구촌에서 흥행하는 이유는 기호가 단순하기 때문입니다. 무심코 생각해 보면, 배트로 공을 치는 것보다 발로 차는 것이 쉽지 않을까요? 장비도 둥그런 공 하나만 있으면 됩니다. 보내는 사람만 이해할 수 있는 기호가 자리 잡기엔 시간이 많이 걸릴뿐더러 소수가 좋아할 영역으로 축소될 수 있습니다.

Q & A

1. 미디어 변혁을 통해 스포츠 프로모션이 더욱 다양해졌습니다. 스포츠가 사회 전반의 대중에게 널리 보급되어 그들이 스포츠에 관심을 갖고 즐기고 행하는 것을 스포츠의 대중화(大衆化)라고 합니다. 선수의 경기 기록과 수준을 높이기 위한 과정과 결과를 무엇이라고 할까요?

(정답) 스포츠의 고도화

(해설) 스포츠의 고도화(高度化)는 궁극적으로 우승을 위해 수준을 높여야 하는 경기의 기술적 측면 외에도 제도, 규범, 시설, 용구, 장비 등과 관련된 여러 가지의 측면이 포함됩니다. 스포츠 과학 기술의 발달과 환경 조성은 긍정적인 효과가 있습니다. 반면에 사회 혹은 국가 간의 고도화 경쟁은 자칫 정치 개입과 지나친 상업주의를 불러일으킬 수 있습니다.

직접인용 자료

1 현대오일뱅크 Monthly Magazine(2020.7.). 격한 공감을 이끌어내라! 스포츠 마케팅의 세계. 전문가 칼럼(문개성), 9쪽.

2 서울특별시체육회(2019.7월). 이노베이션, 나이키·아디다스가 걷는 위기와 기회의 길. 월간 서울스포츠 345호. 칼럼 스포노믹스(문개성), 39쪽.

3 법제처(n. d.). 방송법. Retrieved from http://www.moleg.go.kr

4 문개성(2022). 스포츠 마케팅 4.0: 4차 산업혁명 미래비전(개정2판). 박영사, 336쪽.

5 문개성(2022). 스포츠 마케팅 4.0: 4차 산업혁명 미래비전(개정2판). 박영사, 329~330쪽.

6 문개성(2022). 스포츠 마케팅 4.0: 4차 산업혁명 미래비전(개정2판). 박영사, 334쪽.

7 서울특별시체육회(2019.11월). 우주는 최대의 광고판, 익스트림의 가치, 스포츠가 놓칠 리 없다. 월간 서울스포츠 349호. 칼럼 스포노믹스(문개성), 39쪽.

6부

스포츠 마케팅의 구조

01 | 스포츠 마케팅의 용어와 속성

스포츠 마케팅 용어는 언제부터?

코틀러(P. Kotler)는 마케팅 영역에서 가장 유명한 학자입니다. 앞서 설명한 바 대로 실무에서 검증된 다양한 마케팅 이론을 체계화해서 소개한 사람이죠. 주변에 흩어져있던 이론을 한 곳으로 모아 마케팅을 대중화했다고 볼 수 있습니다. 남들 이 세상에 내놓은 수많은 이론과 이론이 될 만한 내용들을 일목요연하게 정리하는 것이 중요하단 사실도 알게 해주었습니다. 이를 토대로 본인만의 독창적인 마케팅 이론을 선보였다고 해도 과언이 아닙니다.

스포츠 마케팅이라고 하는 특화된 영역으로 들어오면 세 학자가 등장합니다. 버나드 멀린(B. Mullin), 스티븐 하디(S. Hardy), 윌리엄 수튼(W. Sutton)입니다. 이들이 '스포츠 마케팅'이란 용어를 언제부터 사용했는지를 찾아본 결과, 1978년 미국의 '광고세대(Advertising Age)'란 잡지에서 처음 등장했다고 합니다. 언제 시작했고 사용했느냐가 뭐 그리 중요할까라고 반문할 수도 있지만, 시대적 트렌드의 변화와 당시 사람들의 인식을 간접적으로 이해하는 데 도움이 됩니다. 이 시기에 마케터 들이 스포츠란 매개를 통해 홍보와 촉진을 이어갔다는 것이 되지요.

1960년대 맹활약했던 골프 선수인 아널드 파머(Arnold Palmer, 1929~2016)가 있습니다. 몇 해 전 타계한 파머를 세계 시장에 서 상업적 가치를 폭넓게 끌어올린 장본인이 있습니다. 클리 블랜드의 변호사였던 마크 맥코맥(Mark McCormack, 1930~2003) 입니다. 그는 1960년에 스포츠 스타인 파머와 계약을 맺으면서 오늘날 세계적인 스포츠 마케팅 기업으로 성장한 아이엠지 (IMG, International Management Group)를 창립하게 됩니다. 현재 3천 명 이상의 직원과 10억 달러가 넘는 매출을 기록하는 다 국적 스포츠 마케팅 기업으로 키운 것이죠.

마크 맥코맥

그가 선수 스스로의 뛰어난 기량을 바탕으로 선수 가치를 드높일 수 있던 것은 스포츠 에이전시 산업을 통해서였죠. 체계적인 선수 관리, 스케줄 조정, 광고 출연, 용품 협찬 등에 이르는 과정은 지속적으로 이어졌습니다. 스포츠 마케팅이란 용어가 본격적으로 등장하게 한 역할을 했습니다. 이론적 마케팅을 코틀러가 체계화시켰다면, 실무적 스포츠 마케팅 산업을 세계화시켰다고 해도 과언이 아닙니다. 그는 1969년 일본 도쿄에 아시아 지역 사무실을 열어 북미를 벗어난 행보를 이어갑니다. 아시아, 유럽, 중동지역 시장에도 진출했죠. 그는 스포츠 프로그램 제작회사인 티더블유아이(TWI, Trans World International)를 설립하여 2000년 초반에 이미 전 세계 약 80개국에서 3억 명이 넘게 시청하는 프로그램을 창안합니다. 스포츠 프로그램을 제작하는 것 외에 선수들을 대변하고, 아이엠지(IMG)의 정상급 선수들이 사용하는 훈련시설을 활용해 스포츠 아카데미도 운영하면서 파생상품의 확장을 이어갔던 것입니다.

스포츠 마케팅의 열 가지의 속성이란?

마케팅의 핵심은 무엇일까요? 바로 '교환'입니다. 교환을 위해선 두 명 이상의 당사자가 있어야 합니다. 서로 주고받는 과정에서 만족이 생기면 성공한 것이겠죠. 월드컵이 4년에 한 번 어김없이 찾아오기 위해선 재미있는 이벤트를 끊임없이 제공해야 합니다. 그것을 받고 흥행을 만들어가는 주체들이 있지요. 국제축구연맹(FIFA)은 월드컵 상품을 제공하고 각 나라는 그걸 받아서 경쟁에 뛰어듭니다. 국제축구연맹(FIFA)과 각 나라, 국제축구연맹(FIFA)과 기업, 국제축구연맹(FIFA)과 전 세계 시청자, 나라와 국민, 기업과 소비자 등에 이르기까지 두 명 이상의 당사자가 포진돼 있어 마케팅을 형성하기에 무척 좋은 환경인 것이죠.

이러한 과정을 통해 상대방에서 가치를 제공해야 합니다. 월드컵이 가치 없는 일이라면 마케팅이 될 수 없을 겁니다. 지역예선에서 다수가 탈락하게 함으로써 본선에 진출을 못하게 해야 가치가 생기겠죠. 탈락한 당사자들은 무척 속상하겠지만, 사람들은 월드컵을 외면하기는커녕 더욱 열광합니다. 그만큼 가치 있는 무언가를 느끼기 때문입니다. 국제축구연맹(FIFA) 혼자서 흥행 유무를 주도할 순 없습니다. 월드컵을 소비하는 주체가 있어야 합니다. 국제축구연맹(FIFA)이 소비자에게 가치를 주듯, 소비자도 국제축구연맹(FIFA)에게 가치를 전달하는 것입니다.

국제축구연맹(FIFA)은 흥행을 이어가면서 월드컵이란 상품의 가치를 축적하게 되고 엄청난 이윤을 얻습니다. 기업은 협찬환경에 뛰어듦으로써 단기간 동안 신상품을 널리 알리고 판매합니다. 국가는 본선에 진출하게 되면서 국민 간 단합을 기대하고 국가 경쟁력으로 삼습니다. 소비자는 월드컵을 통해 일상을 탈피할 만큼 재미를 느끼고 월드컵 특수 때 새로운 상품과 접하게 됩니다. 서로 가치를 주고받는 과정을 통해 성공적인 마케팅으로 갈 것으로 기대할 수 있게 되지요.

교환을 잘 성사시키기 위해선 의사소통을 하고 전달을 할 수 있어야 합니다. 아무리 재미있어도 그걸 주변에 알리지 못하면 아무 소용이 없겠지요. 미디어는 곧 의사소통과 전달에 최적화된 환경을 구현했습니다. 또한 상대방이 제공한 것을 승낙할 수 있거나 거절할 수 있어야 진정한 교환에 해당됩니다. 다시 말해 일방적으로 상품을 제공하며 판매할 순 없기 때문입니다. 마케팅 시장에서 교환을 위해 성립될 가장 기본인 것이죠. 이는 곧 상대방과 거래하는 것이 적절하다거나 바람직하다고 생각해야 하는 이유가 됩니다. 좀 더 확장해서 마케팅의 속성을 살펴보면 다음과 같습니다.

코틀러와 암스트롱(Kotler & Armstrong, 2001)이 정의한 마케팅의 핵심용어를 중심으로 스포츠 마케팅의 속성을 필요, 욕구, 수요, 제품, 교환, 거래, 가치 및 만족, 시장으로 구분할 수 있다(김용만, 2010, 재인용). ① 필요(Needs), ② 욕구(Wants), ③ 수요(Demands), ④ 제품(Product), ⑤ 교환(Exchange), ⑥ 거래(Transactions), ⑦ 가치 및 만족(Value and Satisfaction), ⑧ 시장(Market)이다. 첫째, 필요는 스포츠 참여, 스포츠 관람 등 다양한 스포츠 활동을 통해 인간의 욕구를 충족시키기 위한 표현의 영역이다. 둘째, 욕구는 인간이 스포츠 활동의 필요를 느낄 때 경제적 수준과 시간 등의 여건을 고려하는 단계이다. 즉, 구매를 하기 위한 의사결정 단계라 할 수 있다. 셋째, 수요는 인간의 욕구가 구매력이 가능한 수준이 될 때 나타나는 단계이다. 스포츠 센터 프로그램을 찾고 경제적으로 가능하다고 판단되면 구매를 고려하게 된다. 넷째, 제품은 소비자의 필요와 욕구를 충족시켜줄 수 있도록 시장에서 제공하는 모든 것을 의미한다. 스포츠 용품과 같은 유형의 제품과 생활체육 프로그램, 전문가의 경험, 정보와 같은 무형의 제품이 있다. 다섯째, 교환은 마케팅의 핵심 개념으로 서로 필요한 것을 주고받는 행위를 뜻한다. 기본적으로 둘 이상의 상대가 있어야 하고, 상대에게 필요한 것을 갖고 있어야 한다. 자유의사에 의해 결정할 수 있어야 하고, 원활한 의사소통과 일정기간 보증해 줄 수 있어야 한다. 여섯째, 거래는 상호 간의 거래 시 이루어지는 측정단위를 의미한다. 스포츠 센터의 프로그램을 얻고자 할 때, 경기장에 입장해서 관람하고자 할 때, 구단의 선수와 계약할 때 등의 다양한 방식의 거래가 이뤄지고 있다. 일곱째, 가치 및 만족은 거래를 통해 소비자가 가치와 만족을 획득하는 영역이다. 품질 높은 참여 스포츠의 프로그램과 관람 스포츠의 경기 서비스는 소비자로 하여금 가치 있는 제품으로 인식하게 되고 만족을 얻는다. 마지막으로 시장은 생산, 유통, 소비가 이루어지는 주체의 집합이다. 다양한 제품을 선택하고 구매하기 위한 능력, 관심, 의지 등의 요구를 갖는 사람들의 집합이다.[1]

02 | 스포츠의 마케팅과 스포츠를 통한 마케팅

스포츠 자체를 소비자와 교환한다고?

멀린, 하디, 그리고 수튼(Mullin, B., Hardy, S., & Sutton, W.)은 1990년대 초에 스포츠 마케팅을 분류했습니다. 단순한 구분인 것처럼 보이지만 여태껏 이 영역 안에서 스포츠 마케팅 시장을 이해했습니다. ① 스포츠의 마케팅(Marketing of Sports), ② 스포츠를 통한 마케팅(Marketing through Sports)입니다. 앞으로 4차 산업혁명 시대가 본격화되면서 전통적인 개념의 스포츠 형태가 바뀐다면 세 학자가 분류한 경계가 모호해질 수도 있습니다. 어쨌든 30여 년 간 전통이론처럼 돼 버린 두 가지 분류를 살펴보겠습니다.

스포츠의 마케팅(Marketing of Sports)은 말 그대로 스포츠 자체를 생산, 유통, 소비하게 하는 마케팅입니다. 스포츠 자체란 무엇일까요? 올림픽과 월드컵도 스포츠 자체에 해당됩니다. 프로 스포츠 리그도 마찬가지입니다. 각각의 종목도 스포츠 자체에 해당되지요. 그렇다면 스포츠 자체를 생산한다는 것은 어떤 의미일까요? 올림픽, 월드컵과 같은 대형스포츠 이벤트가 있고, 프로 야구, 프로 축구, 프로 농구, 프로 배구와 같은 프로 스포츠가 있습니다. 이는 관람 스포츠 종목입니다. 또한 헬스, 요가와 같이 참여 스포츠 종목도 있습니다.

이러한 이벤트, 리그, 배우기 종목을 잘 판매하고자 하는 영역이 **스포츠의 마케팅**입니다. 이를 잘하고자 하는 주체는 스포츠 단체가 있습니다. 국제올림픽위원회(IOC), 국제축구연맹(FIFA), 종목별 연맹에 해당됩니다. 또한 스포츠 센터도 주체로서 참여 스포츠를 활성화하고자 합니다. 즉, 스포츠의 마케팅 주체들은 흥행을 위한 노력을 합니다. 어떻게 하면 관람객을 유도할 수 있을까? 어떻게 하면 수강회원을 유도할 수 있을까? 또한 어떻게 하면 오랜 기간 고객으로 유지할 수 있을까? 이런 점을 고민하는 것이죠.

올림픽은 1896년 **쿠베르탱**(Pierre Coubertin, 1863~1937)에 의해 다시 시작됐습니다. 고대와 현대 스포츠 간의 연속성을 부여하기 위해 올림픽 경기를 부활시켰습니다. 탁월함을 향한 끊임없는 노력의 과정(Arete)을 통해 공정한 경쟁의 장을 만들고자 했습니다. 이러한 이념 자체가 관람객을 유도하기 위한 여러 가지 서비스(Services)의 시작인 것이죠. 즉, **제품**(Product)에 **서비스**(Services)가 가미돼 **상품**(Goods)이 됐음을 알 수 있습니다.

평범할 수 있는 종목별 경기를 전 세계인들이 열망하는 가치를 심어 넣어 세련된 상품이 된 것입니다. **신체성, 규칙성, 경쟁성**을 통해 **사회 문화적**인 행태를 구현할만한 다양한 요인을 찾은 것이죠. 비록 최근 개최희망 국가와 도시들이 줄어들고 있지만, 그래도 여전히 인류가 만들어낸 공통된 유산으로서 막강한 영향력을 갖고 있습니다. 국가 간 경쟁, 본선 경쟁, 미디어 송출, 기업 스폰서십 활동 외에도 국가 내에서 국가대표 선발, 응원단 지원 등에 이르기까지 다양한 서비스가 덧입혀지는 것이라 할 수 있습니다.

월드컵은 어떨까요? 단순한 공놀이가 세계적인 이벤트가 됐습니다. 프로 스포츠가 안방까지 전달되는 매력적인 이벤트로 자리 잡게 된 것입니다. 사시사철 텔레비전만 틀면 스포츠를 보게 된 것이죠. 이러한 노력은 스포츠의 마케팅 주체들이 집중해야 할 시장에서 활발하게 '교환'이 이뤄지고 있기 때문입니다. 텔레비전 등 각종 미디어로 눈이 충혈이 될 정도로 스포츠를 보다가 집 밖에 나가면 몸짱을 만들어준다는 각종 광고를 접하게 됩니다. 이들 또한 스포츠의 마케팅 주체로서 체육관으로 유도하고 있는 것입니다. 이를 잘 하기 위해선 서비스 품질이 좋아야 할 것입니다. 기본적으로 스포츠 센터가 고객을 위해 신경을 써야 할 내용을 충분히 이해해야 합니다. 물론 동네 스포츠 센터뿐만 아니라 국제올림픽위원회(IOC), 국제축구연맹(FIFA)과 같은 거대 조직도 해당되는 내용입니다.

> 파라수라만, 자이사믈, 베리(Parsu A. Parasuraman, Valarie Zeithaml, & Leonard L. Berry, 1988)는 서비스 품질 척도를 5개로 정의했다. 피지비(PZB)의 서브퀄(SERVQUAL) 모형이라 일컫는 유형성, 신뢰성, 확신성, 응답성, 공감성이다. 첫째, 유형성(Tangibles)은 외형적 우수함과 연관된다. 둘째, 신뢰성(Reliability)은 약속된 서비스의 이행과 관련돼 있다. 셋째, 확신성(Assurance)은 전문적인 지식과 태도와 관련한다. 넷째, 응답성(Responsiveness)은 고객에게 서비스를 제공하는 의지를 담고 있다. 마지막으로 공감성(Empathy)은 고객별로 개별화된 주의와 관심을 제공하려는 노력을 뜻한다. 스포츠 센터의 서비스 품질 척도를 다음과 같이 설명할 수 있다. ① 유형성은 스포츠 센터의 외형과 시설의 우수함이다. ② 신뢰성은 스포츠 센터의 약속된 서비스의 이행이다. ③ 확신성은 스포츠 센터 구성원의 전문적인 지식과 태도에 관한 서비스 품질이다. ④ 응답성은 고객에게 서비스를 즉각적으로 제공하려는 의지이다. ⑤ 공감성은 고객별로 개별화된 주의와 관심을 제공하기 위한 노력이다.[2]

스포츠를 통해 소비자와 친해지려고?

두 번째 분류인 스포츠를 통한 마케팅(Marketing through Sports)의 주체는 누구일 까요? 스포츠를 통해 성공적인 마케팅을 기대하는 기업이 되겠죠. 기업의 궁극적 인 목적이란 이윤을 창출하는 것이므로 매력적인 스포츠가 있다면 그걸 마다할 리 가 없을 겁니다. 기업은 스포츠를 매개로 고객과 친해지려고 하는 것이겠죠. 스포 츠 스폰서십과 프로모션 부분에서도 지속적으로 제시된 개념입니다.

시장엔 생산자, 유통자, 소비자가 있습니다. 올림픽과 월드컵 같은 초대형 이벤 트를 만들어낸 생산자(IOC, FIFA)는 누구에겐가 판매를 해야 되겠죠. 그걸 구매하 는 주체는 기업입니다. 즉, 기업은 소비자가 됩니다. 또한 스포츠를 통해 마케팅을 하는 순간부터 유통자 역할을 합니다. 일반인을 대상으로 올림픽과 월드컵을 적극 적으로 알리는 주체가 됩니다. 국제올림픽위원회(IOC), 국제축구연맹(FIFA)도 본 인들이 만들어 놓은 상품이므로 적극 홍보를 하겠지만, 이에 못지않게 협찬을 하 는 기업들이 앞을 다투며 홍보를 합니다. 자사의 상품을 판매해야 되기 때문이죠.

국내는 한국야구위원회(KBO, Korea Baseball Organization), 한국프로축구연맹(K- League, Korea Professional Football League), 한국농구연맹(KBL, Korean Basketball League), 한국배구연맹(KOVO, Korea Volleyball Federation)은 스포츠의 마케팅(Marketing of Sports) 주체로서 좋은 기업과 협약을 맺기를 원합니다. 기업은 나이키, 아디다스, 언더아머와 같은 스포츠와 관련된 업종 외에도 자동차, 타이어, 금융, 카드회사 등 매우 다양합니다. 주최기관 못지않게 스포츠 이벤트를 적극 홍보할 역량이 되는 기업이면 좋겠지요. 코카콜라도 1928년 암스테르담 올림픽 때부터 지금도 공식 협 찬사로 참여하고 있습니다. 시커먼 설탕물이 고매한 이상을 지닌 올림픽과 역사를 같이 하면서 품질 높은 이미지를 만든 것입니다. 코카콜라와 올림픽의 오륜 마크 는 묘하게 조합돼 마치 한 몸처럼 움직이는 수준까지 왔지요. 지역적 기업이 오늘 날 세계적 기업으로 발전했습니다.

스포츠 마케팅의 구조[3]

구분		내용
스포츠의 마케팅	주체	• 스포츠 기관, 단체, 센터 등(IOC, FIFA, 프로 스포츠 연맹, 스포츠센터 등)
	의미	• 스포츠 기관 및 단체가 스포츠 자체를 소비자와 교환하는 활동
	예시	• 올림픽 주최기관 국제올림픽위원회(IOC), 월드컵 주최기관 국제축구연맹(FIFA), 프로 스포츠 주최기관(야구위원회, 한국프로축구연맹, 한국농구연맹, 한국배구 연맹 등)은 올림픽, 월드컵, 프로 스포츠 리그란 상품을 소비자와 거래한다.
	범위	• 입장권 판매, 경기관중 동원, 스포츠 시설 회원확보, 스포츠 용품 판매활동 등
스포츠를 통한 마케팅	주체	• 기업
	의미	• 기업이 고객과의 커뮤니케이션을 극대화하고자 하는 마케팅 활동
	예시	• 올림픽은 TOP(The Olympic Partner) 프로그램으로 10여 개의 세계 기업과 공식 스폰서를 운영한다. 올림픽의 공식스폰서인 삼성전자, 월드컵의 공식스폰서인 현대 자동차는 스포츠를 통해 마케팅을 하고 있다.
	범위	• 스폰서십, 선수보증광고, 라이선싱(Licensing), 머천다이징(Merchandising) 등

시장을 움직이는 힘이 변했다고?

코틀러와 그의 동료들은 시장을 끊임없이 연구합니다. 마케팅이란 자체가 마켓(Market)에 현재진행형(~ing)을 조합한 개념이므로 멈춰 서 있는 게 아닙니다. 계속 꿈틀거리는 시장에서 **생산자, 유통자, 소비자** 모두가 만족하기 위한 여정을 걷는 것입니다. 생산자만 만족한다면 그것은 마케팅이 아니라 판매에 불과합니다.

2010년 쯤, 코틀러는 마켓 3.0이란 개념을 제시합니다. 생산자가 제품과 서비스를 출시했는데 다른 경쟁자가 없으면 독점 시장에서 지위를 누리게 됩니다. 이 세상에 아디다스란 브랜드만 있다고 가정한다면 어떤 일이 벌어질까요? 신발을 구매하자마자 헐거나 구멍이 나도 수선해줄 이유가 없겠죠. 소비자에게 일방적으로 생산품을 사든 말든 결정하라고만 할 겁니다. 이런 특성의 시장은 1.0 시장입니다.

2.0 시장에선 나이키가 등장하고 양강구도가 형성되면서 아디다스의 일방성이 사라집니다. 대신 양방향의 커뮤니케이션이 자리 잡겠죠. 즉, 소비자의 목소리에 귀를 기울이게 됩니다. 코틀러가 제시한 3.0 시장은 어떤 의미일까요? 일방향 혹은 양방향 말고 다른 방향이 있을까요? 바로 감동을 주어야 소비자가 움직인다는 것입니다. '스토리텔링(Story-telling)'이란 개념이 있습니다. 바로 3.0 시장에 적합한 마케팅 전략입니다. 뜻깊은 스토리가 있으면 소비자가 그것을 이해하고 따라가기 위해 관심을 갖게 된다는 것입니다.

7년 정도 흘렀을까요? 코틀러와 그의 동료들은 4.0 시장의 개념을 제시합니다. 우린 3.0 시장의 개념을 막 도입하고 뭔가 자리를 잡으려고 할 무렵, 한 단계 높은 시장이 도래했다고 한 것이죠. 마케팅의 본고장, 북미에선 이미 3.0 시장을 7년 정도 했으니 그쪽 입장에선 새로운 시장의 개념이 나올 무렵이기도 했겠죠.

4.0 시장은 무엇일까요? 우선 온라인과 오프라인이 통합된 시장을 의미합니다. 온라인과 오프라인을 분리해서 따로 노는 제품과 서비스가 있을까요? 최근 온라인이든, 오프라인이든 가격과 품질의 차이를 느끼지 않는 경우가 부쩍 늘고 있습니다. 아직까지도 온라인으로 구매한 상품이 다소 저렴합니다. 유통비용을 줄였기 때문입니다. 그럼에도 불구하고 소위 잘 나가는 기업의 상품은 동일한 가격과 서비스 기준으로 소비자에게 제공되는 경우가 많아졌습니다.

이와 같이 온라인 시장이 늘 가까이 있기 때문에 시장을 움직이는 힘도 바뀌고 있습니다. 기업이 TV를 통해 멋진 광고를 한다고 합시다. 소비자는 스마트폰으로 클릭에 클릭을 거치며 사실을 파악하는 노력을 합니다. 장점과 단점을 쉽게 알 수 있게 됐습니다. 신상품이 나오자마자 사용했던 소비자의 의견을 참고하게 됩니다. 본인도 자신의 의견을 올려 공유하고자 노력합니다. 이런 과정이 쌓이고 쌓여 깊고 넓게 축적된 지식이 돌아다닙니다. 앞서 언급한 것처럼 가짜 뉴스도 판을 치지만, 양질의 정보도 넘쳐납니다.

4.0 시장을 움직이는 힘은 바로 소비자의 힘인 것이죠. 수직적, 배타적, 개별적 힘으로 상징되는 기업으로부터 나오지 않습니다. 아이디어는 기업에서 나오지 않고 시장에서 나옵니다. 기업은 콘텐츠를 선별하거나 검열하지 않고, 소비자가 원

하는 방향으로 흘러갑니다. 온라인에서 넘쳐나는 고객의 목소리를 경청하지 않거나, 의견을 수용하지 않으면 외면을 받는 시장이 되는 것이죠.

이러한 시장의 변화는 스포츠 마케팅 시장에서도 예외가 아닙니다. 재미있는 프리미어 리그에 빠져든다는 것은 국내 축구 시장에서 관심이 멀어질 수도 있습니다. 올림픽이나 월드컵이 개최 취지에 부흥하지 못하면 소비자는 다른 이벤트에 관심을 가질 수도 있습니다. 첨단 기술의 발달로 가상공간에서 보다 재미있는 스포츠 이벤트가 생긴다면 어떤 일이 벌

가상공간 스포츠 이벤트

어질까요?

스포츠의 마케팅(Marketing of Sports)과 스포츠를 통한 마케팅(Marketing through Sports)의 경계가 모호해질 수도 있지요. 전통 시장에선 아무리 돈이 많은 삼성전자라도 올림픽 개최권한이 없기 때문에 협찬 환경에서 협업할 수밖에 없습니다. 하지만 미래 시장에선 스포츠를 매개로 한 가상공간 스포츠 이벤트가 사람들의 마음을 사로잡는다면 그곳에서 소비할 수도 있겠죠. 이때는 돈 많은 기업이 북치고 장구를 칠 수 있는 환경이 될 수도 있습니다. 개최 권한도 있고 기업을 유치하는 환경을 만들 수도 있죠. 그 기업은 그 이벤트 자체를 통해 마케팅을 하면 됩니다. 제재하거나 못하게 막을 길이 있을까요?

2019년 12월부터 발발한 코로나19는 3년여간 전 세계를 강타하며 감염병에 대한 두려움을 남겼습니다. 코틀러와 그의 동료들은 이 시기에 5.0 시장이 도래했다고 진단합니다. 기술발달로 언젠가 시장을 잠식할 특성이 더 일찍 찾아왔다고 본 것이죠. 인간 중심의 3.0 시장과 온 · 오프라인 통합의 4.0 시장을 거쳐 휴머니티 기술 중심의 5.0 시장을 예의주시하게 됩니다.

온 · 오프라인을 통합한 4.0 시장이다. 대표적으로 옴니채널(Omni-Channel) 마케팅이 있다. 이곳에선 온라인과 오프라인에서 가격과 서비스의 동일함을 추

구한다. 소셜미디어를 통해 스토리두잉(Story-doing)을 한다. 소비자뿐만 아니라 구단주도 자기표현을 거침없이 한다. 유통회사가 야구단을 인수(2021년 SSG 랜더스 출범)하면서 온ㆍ오프라인 시장으로 확장해 멀티채널을 가동하는 전략을 보여준 사례가 있다. 5.0 시장은 어떨까. 고객이 필요한 구성 요건을 기술 혹은 기계에 의해 해결하고자 하는 개념이 코로나19로 침체됐다가 극복하는 과정(2021년)에서 자리가 잡혀가고 있다. 소비자의 행동 패턴을 AI, 빅데이터 등의 기계ㆍ기술에 의해 찾고 분석하는 수준까지 다다른 것이다. 그럼에도 불구하고 소비자 행동의 기본적인 동기와 태도, 가치 등을 읽는 능력은 오직 인간만이 다른 인간을 이해할 수 있다고 여겨진다. 이러한 이유로 생산자와 유통자 내에서 전략을 구상하는 마케터의 영역은 그 중요함을 잃지 않을 것이다. 디지털 시장에서의 경험은 실제 세계인 오프라인 공간에서 접목될 때 그 진가가 발휘될 수 있다. 물론 고객 의견을 듣는 것, 즉각 응대하는 것, 이야기를 만들고 함께 행동하는 것, 공동 창조(Co-creation)란 개념이 중요해졌다.[4]

시장을 움직이는 힘의 변화[5]

기존시장을 움직이는 힘		현재시장을 움직이는 힘	
요인	특성	요인	특성
수직적 힘	• 아이디어와 상품은 기업이 만든다. • 고객은 마케팅 광고를 신뢰한다.	수평적 힘	• 시장은 아이디어를 공급하고, 기업은 아이디어를 상품으로 만든다. • 고객은 친구, 가족, 페이스북 팬, 트위터 팔로우를 더 신뢰한다.
배타적 힘	• 기업은 콘텐츠를 검열한다.	포용적 힘	• 소셜 미디어는 전 세계 사람들이 서로 연결하고 소통하게 한다. • 기업은 고객과의 협업이 필수다.
개별적 힘	• 기업은 마케팅 커뮤니케이션을 통제하고, 고객불만을 개별적으로 해결한다.	사회적 힘	• 고객은 결정할 때 다른 사람의 의견에 더 신경을 쓰게 됐다. • 자신의 의견을 적극적으로 공유한다.

한 번쯤은 들어봄직한 PEST와 SWOT 분석이란?

우리나라가 1950년 중반부터 1970년 중반까지 20여 년 동안 유지했던 연 신생아 100만 명 시대는 언제쯤 반 토막이 났을까요? 점차 줄어들더니 월드컵으로 환호하던 2002년 49만 여명을 기점으로 15년 동안 40만 명대로 유지했습니다. 2016년 40만 6천 명이 된 후 절치부심했지만, 이마저 무너집니다. 15년 동안 40만 명대를 유지했지만, 2017년 35만 8천 명, 2018년 32만 6천 명, 2019년 30만 3천 명으로 불과 3년 만에 30만 명대가 무너졌습니다. 이민정책과 같이 외부 인구를 유입시키지 않는 한, 한 자리수도 머지않아 보입니다.

2020년 이후는 한 나라의 신생아 수가 작은 도시 인구 정도로 유지되면 다행인 수준입니다. 하락추세는 계속되고 있는 심각한 상황입니다. 오늘날 스포츠 강국이란 타이틀은 엘리트 체육을 양성했던 정책적 결과를 더해 기본적으로 운동수행이 가능한 인구가 많았기 때문입니다. 하지만 앞으로 저출산 현상이 가속화되면 엘리트 체육을 이끌어갈 인재군(群)이 확률적으로 줄어듭니다. 소비시장도 마찬가지입니다. 잠재적인 소비시장의 위축은 새로운 시장을 찾을 수밖에 없는 현실입니다. 업무를 효율적, 효과적으로 추진하기 위해서는 자신을 둘러싼 환경을 잘 파악해야 합니다. 내부에서 가장 강력한 환경요인은 조직 내 구성원입니다. 구성원과 원활하게 지내는 것만이 일을 수월하게 추진할 수 있습니다. 외부에서 가장 강력한 환경요인은 고객의 마음입니다. 마음을 붙잡기 위한 노력을 할 수밖에 없습니다.

이러한 외부환경을 마음대로 조절할 수도 없는 노릇입니다. 그래서 환경을 최대한 객관적으로 분석해야 합니다. 페스트(PEST)와 스왓(SWOT) 분석 모두 영어 앞 글자 이니셜을 차용한 것입니다. 페스트(PEST) 분석 먼저 살펴보면 다음과 같습니다. ① 정치적 환경 분석(Political Environment), ② 경제적 환경 분석(Economic Environment), ③ 사회문화적 환경 분석(Sociocultural Environment), ④ 기술적 환경 분석(Technical Environment)입니다.

정치적 환경은 우리 삶에 무척 영향을 주는 법률적인 문제, 정당정책, 정부조직이 추진하는 정책 등과 관련돼 있습니다. 경제적 환경은 물가, 산업구조, 경제정책, 환율, 통화정책 등에 이르기까지 전체를 망라한 분야입니다. 사회문화적 환경은 사회 구성원의 문화, 가치관, 전통, 관습 등에 해당되는 요인으로 시대에 따라 다르게 나타납니다. 기술적 환경은 기업에 영향을 미치는 산업기술로 기업조직의 구조와 작업환경 등으로 다양합니다. 이러한 거시적 관점의 페스트(PEST) 요인에 대해선 완벽한 예측을 할 수 없지만, 최대한의 예측을 하고자 노력해야 합니다.

2019년 하반기부터 창궐한 코로나19 바이러스로 인해 사회 곳곳에 마비가 될 요인으로 가득했습니다. 페스트(PEST)의 네 가지 환경을 뛰어넘으면서 전혀 예측하지 못했던 요인이 됐죠. 인간이 벌이는 사냥, 도축, 교통혁명이란 세 가지의 큰 요인으로 인해 병원균은 항상 우리 사회에 존재합니다. 어떤 일이 벌어질지에 대한 완벽한 이해를 구하기가 쉽지 않죠. 이를 통해 위의 네 가지 요인 모두에 큰 영향을 미쳤습니다. 오프라인 상에서 이뤄졌던 스포츠가 실종되기 직전까지 갔습니다. 이를 극복하기 위한 냉철한 내·외부 분석은 앞으로 나가는 데 매우 중요한 사안입니다.

스왓(SWOT) 분석은 이와 같이 피부에 와 닿는 수준의 요인을 점검해 보는 것입니다. 분석 순서는 외부요인을 먼저 하고, 내부요인으로 분석하는 것이 좋습니다. 아무리 내부요인이 뛰어난다 하더라도 외부요인 자체에서 불가능한 수준의 결과가 나올 수 있기 때문입니다. 외부요인은 기회(Opportunity)와 위기(Threat)가 있습니다. 이는 변화의 정도(Degree of Change)와 복잡성의 정도(Degree of Complexity)로서 두 차원에서 분석할 수 있습니다.

완벽한 예측은 불가능하지만 최대치를 찾아가 보는 것이죠. 앞으로 펼쳐질 외부 환경이 급변할지, 금세 안정을 되찾을지, 오랜 기간 동안 침체될지 등을 객관적인 관점을 갖고 결과를 도출해 봅니다. 또한 외부환경의 변화가 단순한 수준인지, 적정한 수준인지 혹은 복잡하게 얽힐지 등 따져 볼 수 있습니다. 이를 통해 작금의 상황이 기회인지, 위기인지를 가늠해 볼 수 있는 것이죠.

팬데믹으로 모든 게 멈췄을 때 무관중 프로 스포츠 경기라고 하는 새로운 방식의 이벤트는 이를 잘 보여주었습니다. 관중을 받을 수는 없었지만 방송 중계권 판매로 130여 개국에서 우리의 프로 야구가 중계됐습니다. 단숨에 K-스포츠를 보여준 셈입니다. 사람들에게 브랜드를 인지(Brand Awareness)하게 한 첫 단계를 잘 수행한 것입니다. 스포츠 브랜드는 제9부에서 다루겠습니다. 어쨌든 무관중 경기를 수행하기 위해선 이를 실행에 옮길 수 있는지를 냉정하게 분석했을 것입니다. 바로 내부요인입니다.

무관중 프로 스포츠

내부요인으로 장점(Strength)과 약점(Weakness)이 있습니다. 어려운 시기에 가장 잘 할 수 있는 분야와 못하는 분야를 객관적으로 분류해 봅니다. 자사의 인적역량이 정보통신기술(ICT)에 기반을 뒀다면 팬데믹 현상에서는 장점으로 작용할 것입니다. 급변하는 시대 트렌드를 반드시 이해해야 하는 업종인데 내부 구성원 연령대가 평균적으로 높다고 하면 약점이 될 수도 있겠죠. 결론적으로 우리 프로 스포츠 리그는 잘 해냈습니다. 약점보다 장점이 많았을 것입니다. 또한 장점과 기회를 합쳐 공격적인 마케팅을 할 수 있었던 것입니다.

코틀러의 'R-STP-MM-I-C'를 볼까요?

본서는 1부에서 마케팅 분야의 거장, 필립 코틀러(Philip Kotler)를 언급하며 시작했습니다. 짧게 언급했던 'R−STP−MM−I−C'를 살펴볼까요? 물론 온·오프라인이 통합한 4.0 시장이나 휴머니티 기술혁신이 활발한 5.0 시장에서는 새로운 마케팅 관리가 필요할 것입니다. 시장 자체가 복잡하게 변했기 때문에 그럴 겁니다. 그래도 수십 년 동안 사람들이 사용했던 전통적 방식을 토대로 이루어질 것입니다.

코틀러는 마케팅 계획을 전략적 마케팅 계획(Strategic Marketing Plan)과 전술적 마케팅 계획(Tactical Marketing Plan)으로 분류했습니다. 전략은 큰 방향성과 연관된 개념이고, 전술은 그걸 실제로 실행할 수 있는 프로그램이라 생각하면 됩니다. 코틀러의 마케팅 경영관리 다섯 가지 단계(R−STP−MM−I−C)는 전략적 마케팅 계획을 위한 방식이라 이해하면 됩니다. 즉, ① 조사(Research), ② 세분화·표적화·위치화(STP, Segmentation, Targeting, Positioning), ③ 마케팅 믹스(Marketing Mix), ④ 실행(Implementation), ⑤ 통제(Control)의 과정입니다.

R-STP-MM-I-C 도식도

첫째, 조사는 앞서 언급한 환경분석을 통해 이루어집니다. 페스트(PEST)를 통한 거시적 분석과 스왓(SWOT)을 통한 미시적 분석을 하면서 조사가 진행됩니다. 둘째, 에스티피(STP) 단계입니다. 이는 다시 세분화, 표적화, 위치화로 분류합니다. 어떤 물건이라도 시장(Market)을 독점하긴 어렵습니다. 모든 소비자를 대상으로 판매를 한다는 것은 불가능에 가깝습니다. 그렇기 때문에 시장을 분류해야 하는 세분화 작업이 필요합니다. 시장을 쪼갤 때까지 쪼개보는 것이죠.

물(Water) 시장을 세분해 보면 생수를 선호하는 소비 시장, 술을 선호하는 소비 시장, 음료를 선호하는 소비 시장 등이 있다. 음료시장은 청량음료, 탄산음료, 이온음료 등이 있다. 이온음료는 개인별로 다르겠지만 격렬한 스포츠 활동을 한 후 마시는 게토레이, 평소 차분한 분위기에서 마시면 어울릴 것 같은 포카리스웨트가 있다고 가정하자. 즉 물 시장은 점점 작은 단위의 시장으로 세분화할 수 있다. 따라서 스포츠 음료 제품을 만드는 기업은 전체 시장을 특성에 맞게 나누는 활동을 통해 누가, 왜, 언제, 어떻게 필요로 하는 소비자 계층이 있는지 파악해야 한다.[6]

세분화를 하는 조건에는 다섯 가지 조건이 있습니다. ① 측정가능성(Measurability), ② 접근가능성(Accessibility), ③ 실행가능성(Actionability), ④ 실체성(Substantiality), ⑤ 차별화 가능성(Differentiability)입니다. 즉, 계량적으로 측정이 가능한 것인지, 법규와 제도에 따라 접근이 가능한 것인지, 제품을 시장에 내놓을 만한 여력이 있어 실행이 가능한 것인지, 시장을 세분화해 실제 수익이 나는 실체성이 있는지, 다른 제품과 서비스에 비해 개념적으로 구분될 만큼의 차별화 가능성이 있는지를 살펴봐야 합니다. 이러한 조건이 충족이 돼야 세분화를 할 수 있는 것이죠.

박항서 감독을 필두로 동남아시아에서 새로운 시장이 열렸습니다. 그가 남겼던 베트남 축구대표팀의 성과에 힘입어 불모지와 같았던 프로 축구의 흥행과 다양한 가능성을 열었습니다. 오랜 기간 축적해 온 우리 프로 축구 리그 상품의 새로운 시장을 맞이할 수도 있습니다. 우리나라 프로 축구 리그에서 자생적으로 발전한 상품을 열거하자면 대표적으로 선수와 감독이 있습니다. 이 외에도 각 분야의 코치진, 트레이너, 매니저, 에이전트 등 인적 상품이 있고, 각종 용품, 시설과 관련한 물적 상품이 있습니다.

새로운 시장에서 안착하기 위한 세분화, 표적화, 위치화 과정을 이해하고 분석을 하면 새로운 시장(Market)이 열릴 수 있습니다. 예를 들어 현지 선수를 육성시켜 국내 프로 리그에서 활동할 수 있게 한다면, 동남아시아의 축구 소비자까지 우리 시장에 접목시키는 결과를 불러 옵니다. 우리가 이피엘(EPL)에서 활약하는 손흥민 선수를 응원하며 그 시장에 도움이 되는 소비를 많이 하는 것과 동일한 것이죠. 이를 위해선 현재 시점에서 시장 세분화의 조건으로 살펴보면 어떨까요? 소비자가 어떤 상품으로 구매할 수 있을지, 현지 법규와 제도 안에서 추진될 수 있을지, 투입된 후 수익이 나는지 등을 파악하는 단계가 필요할 것입니다. 즉, 잠재력이 큰 시장이라 할지라도 시기상조일 수도 있고 예상치 못한 근사한 시장이 될 수도 있죠. 시장세분화를 위한 기본적인 조건(측정가능성, 접근가능성, 실행가능성, 실체성, 차별화 가능성)이 선행돼야 하는 이유입니다.

> 2019년 2월, '베트남 메시'라 불리는 콩푸엉 선수가 국내 프로 스포츠 구단에 영입됐다. 히딩크 감독을 통해 박지성 선수가 유럽무대에 진출했던 것처럼 박항서 매직이 베트남 선수가 국내리그에 뛰게 되는 결과를 낳았다. 국내 K리그의 동남아시아 시장 개척이 확대되는 순간이다. 외국인 선수 보유제도는 팀 내 4명(3명＋아시아쿼터 1명)에서 동남아시아 출신 선수의 쿼터가 늘어난다면 5명의 외국인 선수가 허용된다. 이러한 제도적 변화 외에도 다른 효과를 얻을 수 있다. 한류 열풍으로 한국에 대한 관심이 증폭된 현 시점에서 본격적으로 프로 스포츠에 대한 베트남 축구 팬들의 관심을 유도할 수 있게 된 것이다. 시장의 확대는 분명 기회가 된다. 물론 우리나라 축구팬들의 시선이 유럽무대로 자꾸 옮겨가는 현상도 예의주시해야겠지만.[7]

시장을 쪼갰으니 다음 단계로 넘어가 봅시다. 분류된 시장에 제품과 서비스에 관심을 둘 만한 소비자 층이 조금씩 보이기 시작합니다. 이때 시장 표적화(Market Targeting)를 해야 합니다. 어떤 시장(팬)을 공략할 것인지를 결정하는 단계입니다. 즉, 구매할 만한 고객 집단을 찾아내게 됩니다. 이를 위한 세 가지 전략이 있습니다. ① 차별화 전략(Differentiated Strategy), ② 비차별화 전략(Undifferentiated Strategy), ③ 집중화 전략(Concentrated Strategy)입니다. 즉, 여러 가지로 쪼개진 시장을 목표로 각각 차별화된 제품을 공급할 수 있고(차별화 전략), 한 가지 제품을 갖고 전체 시장을 공략하는 방식(비차별화 전략)도 있습니다. 또한 큰 시장에서 낮은 점유율을 확보하기보다 몇 개의 시장을 선택한 후, 집중적으로 제품을 공급해 높은 점유율을 확보하는 방식(집중화 전략)도 있습니다.

시장을 쪼갰고 구매할 만한 고객 집단도 찾았으니 다음 단계로 넘어가야죠. 바로 위치화(Positioning)입니다. 그 고객의 마음속에 감동의 깃발을 꽂는 것이죠. 한 번 마음속에 자리가 잡히면 어떻게 될까요? 웬만하면 고객이 다른 곳으로 마음을 돌리기 어렵습니다. 충성도(Loyalty)가 높아진 것이죠. 유사한 제품이 시장엔 늘 널려 있습니다. 비슷한 품질에 더 낮은 가격으로 유혹합니다. 잘 되는 시장은 포화가 되더라도 새로운 사업자들이 비집고 들어갑니다. 결국 기존 사업자와 신규 사업자 간의 치열한 경쟁시장에 놓이게 되죠. 코틀러는 위치화까지 완성되면 아무리 경쟁이 치열해도 유리한 입장에서 경쟁할 수 있다고 했습니다.

조사(Research)와 에스티피(STP)까지 마쳤으니 다음 단계로 넘어가봅시다. 바로 전통적인 4P끼리 잘 섞어 효과적인 전술을 만들어내야 합니다. 즉, 제품(Product), 가격(Price), 장소(Place), 촉진(Promotion)입니다. 앞서 1부에서 제품에 대해 다뤘습니다. 제품(Product)과 상품(Goods)의 차이, 제품의 차원, 가장 중요한 상품인 선수에 대한 내용입니다. 다시 돌아가 살펴보면 이해하는 데 도움이 될 겁니다. 가격과 장소는 11, 12부에서 다룰 예정입니다. 촉진은 5부에서 다루었으니 이 역시 다시 돌아가 보면 좋습니다. 이와 같이 네 가지는 전통적인 요인입니다. 아무리 디지털 시장이 확장된다고 해도 오프라인 상에서 살아가는 현대인에게 4P를 배제한다는 것은 있을 수 없을 것입니다. 물론 4.0 시장에서 반드시 짚고 넘어가야 할 다른 요인도 있습니다. 코틀러 등이 주창한 4C(공동창조, 통화, 공동체 활성화, 대화)입니다. 자세한 내용은 가장 마지막 챕터인 13부에서 다루겠습니다.

조사, 에스티피(STP), 마케팅 믹스의 단계까지는 전체적인 틀로 봤을 때 계획 단계입니다. 스포츠 마케팅 시장에선 이 계획 단계가 매우 중요합니다. 가장 오랜 시간에 걸쳐 고민이 담겨야 하는 것이죠. 생각은 복잡할 수 있어도 실행은 단순해야 합니다. 즉, 계획 단계까지 마치면 실행을 해야 하는 것입니다. 잘 수행되고 있는지 피드백(Feedback)을 해야 하는 장치도 마련해야 되지요. 이를 통제(Control) 단계로서 이해하면 됩니다.

스포츠 마케팅의 구조는 스포츠의 마케팅(Marketing of Sports)과 스포츠를 통한 마케팅(Marketing through Sports)으로 분류해 이해했습니다. 각 주체들은 큰 틀에서 계획(PLAN), 실행(DO), 통제(SEE)란 세 가지 단계를 거칩니다. 이러한 과정을 수시로, 끊임없이 진행하는 것입니다. 스포츠 마케팅을 연구하는 학자인 쉥크(Shank, 2009)가 제시한 스포츠 마케팅 매니저들에게 가장 중요한 기술을 1에서 20까지 나열한 내용을 살펴볼까요? 가장 중요한 기술(1)로부터 가장 덜 중요할 기술(20)까지 분류한 내용입니다.

스포츠 마케팅 매니저들에게 가장 중요한 기술[8]

1. 스포츠 조직의 긍정적인 이미지를 만들어라.
2. 스폰서가 광고하고자 하는 목표를 달성하라.
3. 티켓 판매를 자극하라.
4. 시합 및 운동선수들과 스폰서의 미디어 노출을 극대화하라.
5. 개인적 접촉을 통해 스폰서를 구하라.
6. 지역사회와 관계자들(Authorities)을 파트너로서 좋은 관계를 유지하라.
7. 형식적인 발표를 통해 스폰서를 얻어라.
8. 특별한 촉진(Promotion)을 개발해라.
9. 예산안 구조를 향상시켜라.
10. 광고를 계약하라.
11. 스포츠 마케팅의 기회와 수행을 평가하라.
12. 시합의 내용을 설계하고 조정하라.
13. 언론과 협력하라.
14. 계약을 만들어내라.
15. 기업의 우량고객 우대(Corporate Hospitality)를 제공하라.
16. 운동선수들의 대중적 이미지와 인식을 만들어라.
17. 시합과 이용 스케줄을 써라.
18. 시합에서 안전 요소들을 만들어라.
19. 편집자들, 리포터들과 다른 미디어 관계자들과 좋은 관계를 형성해라.
20. 미디어 저작권을 사고 되팔아라.

Q & A

1. 기업이 모든 마케팅 노력을 집중하여 시장을 공략할 수 있는 효과적인 방법으로 시장을 의미 있는 집단으로 분류해야 합니다. 이를 위해선 시장을 잘 분류해야 합니다. 시장 세분화 기준 중에서 연령, 성, 가족 수 등의 변수로 시장을 세분하는 기준은 무엇일까요?

(정답) 인구통계학적 세분화

(해설) '인구통계학적 세분화'는 다른 기준에 비해 객관적으로 측정이 가능합니다. 연령, 성, 가족 수, 소득, 직업, 학력 등의 변수로서 스포츠 시장을 세분할 때 적용하기가 쉽습니다. 소비자의 1차와 2차 욕구, 제품 및 상표 선호성, 사용빈도 등이 인구통계적 변수들과 높은 연관성이 있기 때문에 가장 널리 이용하는 방법입니다. 참고로 이 외의 시장 세분화의 기준으로 지리적 세분화, 행동적 세분화, 심리묘사적 세분화, 시간 세분화, 다속성 세분화 등이 있습니다.

직접인용 자료

1 문개성(2022). 스포츠 마케팅 4.0: 4차 산업혁명 미래비전(개정2판). 박영사, 67~68쪽.

2 문개성(2023). 스포츠 경영: 21세기 비즈니스 미래전략(개정2판). 박영사, 7~8쪽.

3 문개성(2022). 스포츠 마케팅 4.0: 4차 산업혁명 미래비전(개정2판). 박영사, 72쪽.

4 문개성(2023.7.1.). 스포츠케이션, 관광지에서 흘리는 땀의 의미. 서울스포츠(2023.7-8.). 서울특별시체육회, 8쪽.

5 문개성(2022). 스포츠 마케팅 4.0: 4차 산업혁명 미래비전(개정2판). 박영사, 54쪽. Retrieved from Kotler, P., Kartajaya, H., & Setiawan, I. (2017). Marketing 4.0: Moving From Traditional to Digital. 이진원 옮김(2017). 『필립 코틀러의 마켓 4.0』. 더퀘스트, 30~42쪽(요약).

6 문개성(2016). 스포츠 마케팅. 커뮤니케이션북스, 25~26쪽.

7 문개성(2019). 보이콧 올림픽: 지독히 나쁜 사례를 통한 스포츠 마케팅 이해하기. 부크크, 62~63쪽.

8 Shank, M. D. (2009). Sports marketing: A strategic perspective (4th ed.). 오응수·신흥범 옮김(2011). Shank's 스포츠 마케팅 전략적 관점. HS MEDIA, 498쪽. Retrieved from Smolianov, P. & Shilbury, D. (1996). An Investigation of Sport Marketing Competences, Sport Marketing Quaterly, 5(4), 27-36.

7부

스포츠 소비자,
한 길 사람 속을 어떻게 알지?

01 | 스포츠 소비자

스포츠 소비자, 분류해 보자

　스포츠 소비자는 누구일까요? 지금 이 순간에도 헬스장에서 땀을 흘리는 사람도 있고, 경기장에서 응원하는 사람도 있을 겁니다. 최근엔 혼자 있거나 밖에 나가지 않고 집 안에만 있어도 재미가 넘치게 됐죠. 개인 미디어 시대이기 때문입니다. 온갖 콘텐츠가 넘쳐나기 때문에 집 밖을 나가지 않는 경우도 많습니다. 더군다나 2020년, 팬데믹 전염병의 확산으로 더욱 그렇게 됐죠. 이런 환경은 매체를 통해서만 스포츠를 구매하는 소비자가 늘 수밖에 없습니다.

　팬데믹으로 인해 관중 없이 치러진 프로 스포츠 경기를 보면서 큰 축의 스포츠 소비자가 사라진 현상도 봤습니다. 관중이 티켓을 구매하지 않고 경기를 관람한다는 것 자체가 낯선 문화일 수도 있었지만, 이 개념도 바뀔 날이 멀어 보이지 않습니다. 닌텐도(Nintendo) 비디오 게임을 즐기듯 선수들의 경기를 집안에서 현장 분위기를 그대로 느끼며 즐길 수도 있겠죠.

　스포츠 소비자를 통상 세 가지로 구분합니다. ① 참여 스포츠 소비자, ② 관람 스포츠 소비자, ③ 매체 스포츠 소비자입니다. 이 분류는 참여형태에 따른 분류입니다. 앞서 언급한 것처럼 좋아하는 체육종목을 배우고 싶어 하는 참여 스포츠 소비자가 있습니다. 이들은 건강에 관심이 높습니다. 또한 시대 트렌드를 흡수할 수 있는 특성도 있습니다. 새로운 장비에 관심을 갖고 자신에 맞는 프로그램을 계속 찾는 성향도 있습니다.

　관람 스포츠 소비자는 간접적으로 스포츠를 즐기는 소비자입니다. 스포츠 경기를 보는 것 자체가 큰 즐거움으로 인식하고 있습니다. 경기 관람 외에도 재미있는 이벤트에도 관심이 많습니다. 경기관람을 주 목적으로 하기 때문에 편의시설의 품질에도 관심이 높습니다. 사람들끼리 부대끼는 문화를 즐기고, 시끄러운 응원 문화에도 큰 거부감 없이 즐길 준비가 돼 있습니다.

매체 스포츠 소비자는 참여 스포츠 소비자이거나 관람 스포츠 소비자일 수도 있습니다. 또한 운동을 직접 하거나 스포츠를 관람하진 않지만, 스포츠 자체에는 관심이 많은 소비자이기도 합니다. 스포츠 제품과 서비스에 관심이 높아 잠재적인 소비자 층이 될 수 있습니다. 스포츠 스타를 좋아하고 그 선수가 수행한 결과에도 관심을 갖습니다. 이와 같이 스포츠 소비자를 세 가지로 분류했지만, 팬데믹과 같은 뜻하지 않는 요소로 인해 새로운 분류가 생겨날 수도 있습니다.

4차 산업혁명 기술과 접목해 가상현실의 게임이 곧 스포츠란 인식으로 자리 잡히게 되면 어떻게 될까요? 앞으로 수시로 찾아 올 감염병 환경으로 무관중 프로 스포츠 문화가 익숙해진다면 다른 활로를 찾을 가능성도 있을 것입니다. 스포츠 단체, 스폰서십 기업, 미디어 등으로 구성된 다양한 사업 관계자들은 스포츠란 콘텐츠를 쉽게 놓치진 않을 겁니다. 즉, 지속적인 스포츠 흥행을 위해 다른 시각을 제공하고 새로운 차원의 기획을 할 수도 있는 것이죠.

스포츠 마케팅의 구조를 '스포츠의 마케팅'과 '스포츠를 통한 마케팅'을 분류한 세 학자를 기억할 겁니다. 멀린, 하디 그리고 수튼(Mullin, Hardy, & Sutton, 2000)입니다. 이들도 스포츠 소비자를 세 가지로 구분했습니다. ① 스포츠 소비자, ② 간접 스포츠 소비자, ③ 비스포츠 소비자입니다. 이 분류는 참여빈도에 따른 분류입니다.

첫째, 스포츠 소비자는 말 그대로 스포츠에 참여하는 소비자입니다. 그들은 소량, 중간, 다량 스포츠 소비자로 얼마나 많이 참여를 하느냐에 따라 다시 분류했습니다. 둘째, 간접 스포츠 소비자는 앞서 언급한 매체 스포츠 소비자에 속합니다. 매체를 통해서 간접적으로 스포츠를 접한다는 것이죠.

마지막으로 비스포츠 소비자는 스포츠 활동을 하지 않는 소비자입니다. 이를 다시 인지, 왜곡 정보, 비인지 비스포츠 소비자로 재분류했습니다. 다소 복잡하지만 인지 비스포츠 소비자는 스포츠 제품을 인지하지만 스포츠엔 직접 참여하지 않는 부류입니다. 왜곡 정보 비스포츠 소비자는 스포츠 제품을 인지하면서 직접 소비하길 원하지만, 막상 구매로 이어지지 않는 소비자를 의미합니다. 즉, 왜곡된 정보를 갖고 있어서 마음속의 소비욕구가 행동으로 이어지지 않고 있는 것이죠. 비인지 비스포츠 소비자는 아예 스포츠 제품과 서비스를 인지하지 못하는 부류를 뜻합니다.

스포츠 마케터의 노력으로 이들을 어떻게 유도할지가 중요해졌습니다.

특히 멀린(Mullin, 1983)의 소비량에 따른 구분을 살펴보면 다음과 같습니다. 그는 대량 소비자, 중간소비자, 소량 소비자로 분류해 설명했습니다. 시즌권을 통째로 구매해서 프로 리그 오픈만 기다리는 소비자에서부터 경기장을 가끔 찾아 스트레스를 해소하는 소비자가 있습니다. 또한 지난 1년 동안 스포츠 용품을 구매했지만 반복 구매를 하지 않게 되면서 서서히 이탈을 하는 소비자도 있고, 미디어를 통해서만 스포츠를 소비하는 소비자 등으로 분류했습니다.

소비량에 따른 구분[1]

사용구분	인식 패턴
대량 소비자 (Heavy User)	· 시즌권 구매자, 예약자, 클럽 멤버
중간 소비자 (Medium User)	· 머니 시즌 티켓 구매자, 중요 경기나 이벤트 티켓 구매자
소량 소비자 (Light User)	· 가끔 경기나 이벤트 티켓을 구매하는 사람
이탈자 (Defector)	· 지난 12개월 동안 스포츠 용품을 구매했으나, 그 이후로 반복 구매를 하지 않는 사람
미디어 소비자 (Media Consumer)	· 스타디움이나 경기장은 방문하지 않으나 미디어를 통해 스포츠를 즐기는 사람
무관심한 소비자 (Unaware Consumer)	· 스포츠 상품과 혜택에 대해 주의를 기울이지 않는 사람
흥미 없는 소비자 (Uninterested Consumer)	· 스포츠 상품을 인식하고 있지만 구매하지 않는 사람

누구로부터 영향을 받을까?

미국 스포츠 브랜드 언더아머(UnderArmour)는 언더독 마케팅을 통해 성공했던 전례를 남겼습니다. 언더독(Underdog)이란 승리의 가능성이 적은 상대적 약자를 뜻합니다. 스포츠 스타가 아닌 비주류와 소시민이 일굴 수 있는 노력의 정당성과

대가를 강조했던 것입니다. 창립자가 인터뷰 도중에 정치적 성향을 강하게 드러내면서 많은 사람들을 곤혹스럽게 하고, 여러 오너리스크(Owner Risk)에 시달리다가 몇 해 전에 사임했습니다. 혁신의 아이콘에서 다소 주춤한 모습을 보이기도 하며 여러 위기를 겪었습니다. 그럼에도 나이키(Nike)와 아디다스(Adidas)와 같은 공룡기업이 스포츠 용품 시장을 점령한 불리한 환경을 딛고 도전하는 것 자체가 소중함을 알게 했습니다. 평범한 다수에게 누구나 다 잠재력이 있다는 것을 강조하며 지금은 중견 그룹이 됐지만, 역동적인 신생 그룹의 이미지를 남겼습니다.

언더아머는 2013년 프로 골프대회에 한 번도 참가하지 않았던 무명의 조던 스피스(Jordan Spieth)와 선수 스폰서십 계약을 했습니다. 주변의 우려에도 불구하고 당시 언더아머의 선택은 옳았습니다. 바로 2015년 마스터스 골프대회에서 스피스가 우승한 것입니다. 그것도 업계부동의 1위인 나이키의 협찬을 받고 있던 로리 매킬로이(Rory McIlroy)를 상대로 승리함으로써 회사가 강조한 가치를 이어갔던 것이죠.

또한 스피스는 몸에 밴 태도인지 의도했던 것인지는 알 수 없으나 인터뷰 소감에서 자신을 낮추고, 주변사람들의 도움으로 좋은 결과를 얻었다는 정중함(Civility)을 보여주었습니다. 그가 텍사스 대학교를 중퇴하고 프로골퍼로 전향한 이유가 자폐증을 앓고 있는 여동생의 치료비를 벌기 위해서라는 사실도 알려졌습니다. 또한 우승상금으로 자신의 이름을 건 재단을 설립해 자폐증, 소아질환 등의 어린이를

타이거 우즈와 조던 스피스

돕는 자선활동이 알려지면서 존경받는 선수로 성장하고 있습니다.

2015년 마스터즈 대회 우승 당시, 신인선수답지 않은 자아실현의 가치를 보여준 선수와 회사 브랜드는 빠른 속도로 소비자와의 성공적인 커뮤니케이션을 보여주었습니다. 반면 타이거 우즈(Tiger Woods)는 어떠했습니까? 2009년 불륜 스캔들로 인해 당시 질레트, 에이티앤티(AT&T), 게토레이 등 그를 둘러싼 세계적인 브랜드를 갖춘 기업 스폰서 이탈 현상을 많은 팬들은 지켜보았습니다. 우즈는 심리적 위축과 부상으로 이어지며 2016년, 2017년에는 대회에 거의 출전하지 못해 세계랭킹이 1199위까지 떨어졌습니다. 거의 모든 팬으로부터 외면을 당했던 그가 2008년 US오픈 이후 11년 만에 메이저대회에서 우승(마스터즈 대회, 2019.4.15.)을 하며 세계랭킹 톱 10에 다시 진입했습니다. 역사상 가장 극적인 재기라는 찬사가 이어졌습니다. 앞으로 팬들의 마음은 어떻게 바뀔까요? 실망에서 호감으로 돌아올까요? 아니면 여전히 냉랭하게 바라볼까요? 소비자의 마음을 완벽하게 되돌리기 위해선 각별한 노력이 요구되겠죠.

스포츠 소비자의 행동을 예측하기란 참으로 어렵습니다. 그럼에도 불구하고 스포츠 마케터는 소비자를 어떻게 유인할까를 고민해야 되겠죠. 전통적으로 영향을 받을만한 요인을 끄집어내본다면 내적요인과 외적요인으로 구분해 볼 수 있습니다. 우선 내적요인을 살펴보겠습니다. 내적요인은 ① 동기, ② 태도, ③ 라이프스타일, ④ 자아관, ⑤ 학습입니다.

동기는 말 그대로 어떤 일이나 행동을 일으키게 하는 계기를 의미합니다. 사람마다 다양한 계기가 있겠죠. 예를 들어 먹고 사는 것만 해결되면 스포츠 소비를 하겠다는 사람도 있습니다. 또한 안전과 보호라는 개념이 정립돼야 스포츠 소비를 할 사람도 있겠죠. 더 나아가 사회에서 인정받는 방식으로 스포츠 소비를 원하는 사람도 있을 것입니다. 이를 뛰어넘어 사회에서 존경받는 수준으로 스포츠 소비를 바랄 수도 있습니다. 궁극적으론 남의 눈치나 사회적 시선을 의식하지 않고, 자신과의 싸움에서 이기고 싶어 스포츠 소비에 빠져드는 사람도 있겠죠.

위와 같이 단계별로 설명한 근거는 심리학자 애이브러험 매슬로우(Abraham Maslow, 1908~1970)의 욕구 단계 이론(Hierarchy of Need Theory)입니다. 생리적 욕구

(Physiological)는 인간의 가장 기초적 단계입니다. 안전(Safety) 욕구는 생리적 욕구가 해결되면 신체적, 정신적인 안전을 보장받으려 하는 단계입니다. 사회적(Social) 욕구는 앞서 언급한 참여와 관람 스포츠를 통해 사회일원으로서 소속감을 갖고자 하는 단계이죠. 존경(Esteem) 욕구단계에 이르면 소속감을 넘어 사회일원으로부터 존경 혹은 존중을 받길 원한다는 것입니다. 마지막으로 자아실현(Self-actualization) 욕구단계로서 말 그대로 자신의 능력을 최대치까지 높여 스스로 만족하고자 노력한다는 것입니다. 지금 이 순간에도 오지를 탐험하거나 히말라야 최고봉에 도전하는 이들이 있습니다. 앞으로 지구가 아닌 우주로 나가 익스트림 스포츠(Extreme Sports)를 즐기고 싶어 하는 스포츠 소비자가 생길 수도 있습니다.

내적요인 중 하나인 태도는 학습된 사고와 느낌을 통해 우호적이거나 비우호적이 될 수 있는 행동을 뜻합니다. 또한 라이프스타일은 개인마다 세상을 살아가는 방식으로 사람 속을 들여다 볼 수 없기 때문에 매우 중요한 요인입니다. 마케터들은 다양한 마음을 공통된 범주로 묶어 사람 마음을 읽어보려고 애를 씁니다. 완벽하게 읽을 순 없지만 읽으려고 노력을 해야 마케팅 시장에서 성공 가능성을 조금이라도 볼 수 있겠지요.

아이다(AIDA)는 광고영업의 선구자인 E.S 루이스(E. S. Lewis)에 의해 1898년 처음 만들어졌다고 알려진 법칙이다. 인간이 행동을 일으키기까지는 주의(Attention), 흥미(Interest), 욕구(Desire), 행동(Action)의 과정을 거쳐야 하는 사고방식을 의미한다. 앞의 이니셜을 차용해 명명했다. 코틀러 등(2017)은 인지(Aware), 호감(Appeal), 질문(Ask), 행동(Act), 옹호(Advocate)인 5A 단계로 보다 더 발전시켰다. '시장(Market) 4.0'의 궁극적 목표가 바로 고객의 인지(Aware)가 옹호(Advocate) 단계로 이동시키는 것이다. 고객이 내리는 결정으로 세 가지 영향요인을 제시했다. '오존(O_3)'이라 부르는 요인은 그 자신(Own)이 주는 영향, 다른 사람들(Other)에게 받는 영향, 외부(Outer)에서 오는 영향을 의미한다. 5A 단계가 진행되는 과정에 이 요인들은 항상 걸쳐져 있기 때문에 마케터는 잘 활용하여 마케팅 활동의 최적화 프로그램을 마련해야 한다. 첫째, 인지는 소비자가 과거로부터의 경험과 다양한 방식의 마케팅 커뮤니케이션 등에 의해 수동적으로 노출되는 단계다. 둘째, 호감은 소비자 자신에게 전달된 모든 메시지를 처리하고 특정 브랜드에 끌리는 단계다. 셋째, 질문은 브랜드에 호감을 가진 소비자는 적극적으로 친구, 가족, 소셜 미디어 커뮤니티 등을 통해 더 자세한 정보를 얻기 위해 노력하는 단계다. 넷째, 행동은 소비자가 추가 정보를 접하고 호감에 대해 다시 확인한 후 구매하기로 결정하는 단계다. 마지막으로 옹호는 소비자가 자신의 특별한 노력으로 구매단계까지 갖던 제품에 대해 강력한 충성심을 발휘하는 단계다.[2]

자아관은 사람마다 일치하거나 유사한 제품과 서비스에 대한 평소의 생각과 같은 겁니다. 자신이 평소 생각했던 이상적인 자아를 나타내는 방법을 소비할 가능성이 높다고 판단할 수 있다는 것이죠. 마지막으로 학습은 경험으로 사고하고 행동하는 것입니다. 누군가로부터 배울 수도 있고, 스스로 어떤 계기로 인해 개인의 행동을 변화시킬 수 있습니다. 지금까지 내적 요인을 살펴봤습니다.

외적요인은 어떤 것이 있을까요? ① 사회계층과 문화, ② 준거집단, ③ 가족이 있습니다. 사회계층과 문화란 비슷한 위치에 있는 사람들끼리 소비하는 패턴도 유사하다는 것을 토대로 합니다. 직업, 소득, 교육 수준, 재산 등에 이르기까지 사람마다 천차만별이기 때문에 동일한 소비패턴을 보일 순 없겠죠. 이런 환경에선 문화를 소비하기 위한 행동범주와 소비성향이 다르므로 마케터는 이 지점을 유의 깊게 봐야 하는 것입니다.

준거집단이란 개인의 태도와 행동에 영향을 줄 수 있는 집단을 의미합니다. 예를 들어 배드민턴에 전혀 관심 없던 사람이 직장 동호회를 통해 알게 될 수도 있죠. 즉, 가까운 친지 외에도 사회 구성원으로 형성된 집단에서 영향을 받습니다. 마지막으로 가족은 말 그대로 가족 내 일원끼리 영향을 주고받죠. 부모로부터 영향을 받아 아이들이 성장하면서 유사한 스포츠 소비 성향을 보일 수도 있고, 아이들의 관심사가 부모의 지출을 이끌기도 합니다.

커뮤니티에 있어서 스포츠의 여덟 가지 차원이 있다. ① 커뮤니티 결속력 - 스포츠는 커뮤니티를 강화하고, 커뮤니티의 조화를 강화하며, 소속감을 유발시키며, 사람들이 자랑스럽게 느끼도록 돕는다. ② 공적인 행동 - 스포츠는 스포츠 맨십을 장려하고, 긍정적인 시민의식을 강화하며, 권위에 대한 복종을 장려하며, 명확한 도덕의식을 양성한다. ③ 오락적 환희 - 스포츠는 오락을 제공하고 흥분을 가져온다. ④ 탁월함의 추구 - 스포츠는 성취와 성공, 어려운 일 그리고 위험 수용을 장려한다. ⑤ 사회적 형평성 - 스포츠는 인종과 계급의 동질성을 증가시키고 성 평등을 촉진한다. ⑥ 건강 인식 - 스포츠는 약물 남용을 제거하고, 운동을 장려하며 활동적인 라이프스타일을 촉진한다. ⑦ 개인적인 특성 - 스포츠는 성격 형성을 촉진하며 경쟁적인 특성을 장려한다. ⑧ 사업 기회 - 스포츠는 커뮤니티의 사업적 활동을 증가시키고, 관광객의 흥미를 끌며 커뮤니티의 경제적 발전을 돕는다.[3]

02 | 스포츠 소비자 행동

스포츠 소비자 마음이란?

2015~16시즌에 레스터시티(Leicester City FC)가 프리미어리그(EPL)에서 우승했다. 국제축구연맹(FIFA)은 이에 대한 논평에서 "스코틀랜드 네스호에 괴물이 생존했을 확률과 비슷하고, 살아 있는 엘비스 프레슬리를 발견한 것과 같다"며 그들의 승리를 5000분의 1의 기적으로 표현했다. 무슨 일이 일어난 걸까? 두 주역이 있었다. 스트라이커 제이미 바디(Jamie Richard Vardy)와 백전노장 감독 클라우디오 라니에리(Claudio Ranieri)가 그 주인공이다. 선수는 주급 5만 원의 공장 노동자 출신인, 요즘말로 흙수저다. 감독은 1부 리그 우승 경험이 없어 팅커맨(Tinkerman: 선수 선발이나 팀 포메이션을 계속 바꿔 가며 실험하는 감

독이나 코치)을 데려왔다며 언론의 조롱을 받은 비주류다. 그들이 이른바 '스토리'가 있는 우승을 이끌었다. 감독은 언론 인터뷰에서 흔히 언급하는 전술 대신 선수와의 신뢰를 얘기했고, 공감(共感)을 이루기 위한 노력을 했다. 결국 선수와의 공감은 대중과의 공감으로 이어졌고, "팅커맨에서 슈퍼맨으로(Tinkerman to Superman)"라는 언론의 사과를 이끌어냈다.[4]

위의 사례는 불가능을 기적으로 만들며 유럽사회에 센세이션을 불러일으킨 사례로 종종 거론됩니다. 마케팅의 기본은 사람의 마음을 붙잡기 위한 노력입니다. 하지만 사람 마음을 완벽하게 이해하기가 어렵습니다. 그럼에도 그들의 관심을 유도하고, 호감을 유지하게 하는 온갖 방법을 짜냅니다. 사람의 마음속에 감동의 깃발을 꽂을 수 있는 다양한 노력에는 전체 시장(Market)이 내 것이라는 생각을 버리는 것이죠. 내 것이 아니라 우리의 것이고, 내 것에 해당되는 시장이 무엇인지를 잘 파악하고, 관리하는 게 매우 중요합니다.

스포츠도 마찬가지입니다. 프로 스포츠만 하더라도 여러 종목으로 분류돼 있습니다. 각각의 소비자 군(群)을 관리하고 있는 것입니다. 다른 프로리그에 비해 차별화될 수 있는 흥행요소가 있다면 기존의 소비자를 붙잡을 수 있음과 동시에 새로운 소비자를 유입시킬 수도 있습니다.

마케팅에 관한 여러 가지 체계적 이론이 딱딱 맞아떨어진다면 얼마나 좋겠습니까. 마케터의 노력을 벗어난 지점이 수도 없이 발생하는 영역이 바로 마케팅 영역인 것이죠. 영어권 프리미어 축구 리그의 감동이 우리에게까지 전달된 이유는 무엇일까요? 기술적으론 미디어의 발달로 가능해졌지만, 무엇보다 사람의 마음을 움직였기 때문입니다.

2018~2019년 아시아를 흔들었던 박항서 매직도 마찬가지입니다. 그는 베트남을 AFC(Asian Football Confederation) U−23 축구 선수권 대회에서 준우승, 2018 자카르타−팔렘방 아시아경기대회에서 4강, 2018년 동남아 축구대회인 스즈키컵 우승, 2019

박항서 감독

AFC 아시안컵 8강까지 진출시켰습니다. 그는 축구명문 출신학교, 엘리트 코스 등과는 거리가 멀었던 비주류였습니다. 아마 변방과 비주류가 만나 이룬 성과이기에 더욱 감동이 컸을지도 모릅니다. 2019 AFC 아시안컵에서 베트남-일본전 국내 시청률이 20%에 육박하기도 했죠. 베트남이 통쾌하게 이기길 바라는 감정이 이입되지 않았을까요? 이처럼 사람들 마음속에 깃발을 꽂았다면 세계 최강의 유럽 축구 리그이든 축구변방의 동남아시아 경기이든 그 자체로 가치를 발휘하는 것입니다.

그러나 여전히 사람의 마음을 읽기란 무척 어렵습니다. 매번 감동의 순간이 찾아오는 것도 아니고, 그걸 인위적으로 만들 수도 없습니다. 그래서 마케터는 소비자 행동 패턴을 연구합니다. 수많은 소비자들 간의 공통분모를 찾고자 하는 것이죠. 그럼에도 불구하고 흐릿한 박스 안을 들여다보듯 사람들 마음을 완벽하게 읽기란 불가능합니다.

찰스 샌디지, 버몬 프라이버거, 킴 로트졸(Sandage, C. H., Fryburger, V. R., & Rotzoll, K., 1983)이 제시한 블랙박스 이론이 있다. 사람 마음을 도통 알 수가 없기 때문에 원인과 결과만을 분석하자는 내용이다. 중간에 아무리 다양한 프로모션을 해도 마케터가 알 수 있는 것은 확실한 결과와 추정되는 원인정도이니 말이다. 촉진, 광고, 포장, 유통 등 도대체 어떤 요인에 의해 소비자 행동에 결과를 미쳤을지 정확히 알 수 없기 때문이다. 이를 토대로 필립 코틀러, 개리 암스트롱(Kotler, P. & Armstrong, G., 2001)에 의해 수정된 블랙박스 이론이 제시됐다. 샌디지 등의 촉진 요인 외에도 마케팅 믹스(제품, 가격, 장소/유통, 촉진), 경제적, 기술적, 정치적, 문화적 요인 등 가능한 모든 요인을 담았다. 사람 마음이 원래 가뜩이나 복잡한데 기업이 전략적으로 추진하는 마케팅 믹스뿐만 아니라 급변하는 외부환경이 뒤섞여 의사 결정을 하게 된다는 것이다. 소비자 반응에서도 제품선택, 상표선택, 판매상 선택, 구매 시기, 구매량 등을 구체적으로 제시했다. 아무리 노력해도 들여다 볼 수 없는 사람 마음. 스포츠 마케터는 노력에 노력을 기울일 수밖에 없다. 원론적인 얘기지만 노력밖에 없다. 또한 최소한 소비자는 당신보다 똑똑하다는 사실을 잊지 말아야 한다.[5]

스포츠 소비자, 어떻게 행동을 이어갈까?

　사람의 마음 읽기가 무척 어렵지만 포기할 순 없습니다. 끊임없이 알기 위해 노력하는 곳이 시장(Market)이기 때문입니다. 코틀러 등 많은 학자들에 의해 널리 알려진 의사결정의 다섯 가지 단계 과정을 살펴보겠습니다. ① 문제 혹은 필요 인식(Problem or Need Recognition), ② 정보 수집(Information Search), ③ 대안평가 및 선택(Alternative Evaluation & Selection), ④ 구매의사 결정(Purchase Decision), ⑤ 구매 후 행동(Post Purchase Behavior)입니다.

　첫째, 문제를 인식한다는 것은 무언가 필요하다는 것과 연결됩니다. 운동을 하다가 목이 마르면 갈증을 해소할 제품과 서비스를 찾게 마련입니다. 자신이 좋아하는 선수의 경기 일정을 알게 된다면 경기를 봐야 한다는 인식을 하게 됩니다. 혹자는 자신이 목이 마르면 감각적으로 음료를 찾고, 스포츠 스타를 아무 생각 없이 보러 간다라고 말할 순 있겠지만, 이 첫 단계를 거치지 않고선 그 행위의 결과가 따라올 수 없는 것이죠. 거의 무의식 수준으로 단계를 밟는 것이지 문제와 필요 인식의 첫 단계를 거치는 것입니다.

　둘째, 정보를 수집하는 지점에 이릅니다. 갈증해소에 어떤 제품과 서비스가 좋을지를 찾게 됩니다. 스포츠 경기를 보기 위해 어떤 경로를 통해 접근할지를 찾게 됩니다. 자신의 경험을 바탕으로 하거나 외부의 도움을 받아 정보를 탐색합니다. 스마트폰을 통해 정보를 수집하고 소비합니다. 유명한 관광지에서도 두꺼운 여행 서적이 필요하지 않게 된 것처럼 어떤 현장에서든 양질의 정보를 수집할 수 있는 개인 컴퓨터 시대인 것이죠.

　셋째, 무언가를 선택해야 할 지점에 다다릅니다. 다양한 대안들이 도출되죠. 이걸 선택할지, 저걸 선택할지 쉽지 않은 결정단계에 맞닥뜨립니다. 스포츠 소비자들은 흥미를 가질만한 스포츠 제품의 특성을 인지하면서 선택을 해야 하는 것입니다. 물을 마실지, 음료를 마실지, 음료를 선택했다면 어떤 상품을 선택할지 등으로 이어집니다. 스포츠 경기를 보기 위해 직접 경기장에 가서 볼지, 간다면 어떤 좌석을 선택할지 등 선택의 기로에 서게 됩니다.

넷째, 구매의사를 결정하게 됩니다. 혹자는 스스로 감각적으로 갈증해소 상품과 경기장 좌석을 선택해서 구매했다고 생각하겠지만, 문제를 의식하면서부터 대안평가와 선택에 이르는 과정을 거친 것입니다. 앞에서도 언급했듯이 그 과정에 소요되는 시간이 길수도 있고 짧을 수도 있겠지만, 그 누구도 비껴갈 수 없는 의사결정을 하는 과정을 밟은 것입니다.

마지막으로 구매를 한 후의 행동을 하게 됩니다. 시간을 들여가며 구매까지에 이르든, 찰나의 결정으로 그 지점까지 갔든 간에 구매를 했다는 것은 큰 결정을 내린 겁니다. 모든 소비자들이 구매를 하고 나서 만족을 한다면 문제가 없겠지만, 그게 그렇게 쉽지가 않습니다. 사람마음 속을 읽을 수가 없기 때문에 만족과 불만족의 기준을 완벽하게 정리한다는 것은 불가능합니다. 흔히 가성비라 불리는 신조어에 따라 합리적인 가격에 높은 품질을 보이면 문제가 없지만, 구매 후 부조화(Post Purchase Dissonance) 현상이 생기면 마케터는 긴장을 할 수밖에 없겠죠. 이는 레온 페스팅거(L. Festinger, 1957)에 의해 제시된 인지 부조화(Cognitive Dissonance)의 한 가지 유형으로 소비자가 기대했던 것보다 만족하지 않을 때 나타나는 심리적 갈등입니다. 특히 상품을 구매했을 때 만족 혹은 불만족을 느끼기에 앞서 내가 이 상품을 선택한 것 자체가 옳은 것인지에 대해 불안감이나 의구심을 갖게 되는 것이죠. 이래저래 변덕이 심한 소비자를 붙잡기 위한 노력은 계속될 수밖에 없습니다.

매튜 쉥크(M. D. Shank, 2009)에 따르면 스포츠 마케터가 힘들여서 꾸려온 프로모션을 궁극적으로 이끄는 주체는 소비자라고 믿었습니다. 이들이 일련의 단계를 거치며 목표와 행동에 도달하는데 이를 계층효과(Hierarchy Effects)로 불렀습니다. 소비자가 행동을 취하기 위한 일곱 가지의 단계입니다. ① 무지(Unawareness), ② 인식(Awareness), ③ 지식(Knowledge), ④ 애호(Liking), ⑤ 선호(Preference), ⑥ 확신(Conviction), ⑦ 행동(Action)입니다.

첫 번째는 인식하지 못하는 단계로서 소비자는 스포츠 상품의 존재를 모릅니다. 이후 마케터가 설정한 표적 시장에서 소비자들로 하여금 스포츠 상품이 인식되도록 합니다. 이를 토대로 소비자가 필요한 정보를 제공함으로써 지식을 축적하게 합니다. 선수와 팀에 대한 팬이 생겨나면서 좋아하는 단계로 넘어갑니다. 즉, 스포츠 상품에 대해 긍정적인 감정과 관심을 유도하는 단계가 됩니다. 스포츠 상품을 알고 있다고 해서 좋아한다는 의미가 아니기 때문에 각별히 신경을 써야겠죠. 그리고 소비자가 스포츠 상품을 좋아하게 되면 선호도를 높이게 합니다. 이를 바탕으로 확신을 얻어내는 단계에 이릅니다. 소비자는 선택한 스포츠 상품으로 욕구를 불러일으킨 확실한 요인이 됐다고 믿게 되죠. 마지막 단계는 소비자가 행동을 취하게 됩니다.

---

03 | 스토리텔링, 지금은 스토리두잉

열길 속의 물은 보이지만, 내 마음은?

환경이 급변하게 변한다는 사실은 누구나 알고 있습니다. 하지만 그 현상을 그냥 지켜보는 행위, 변화의 물결에 적절하게 편승하는 행위, 변화를 주도하는 행위로 구분하여 생각해봅시다. 첫째, 환경이 급변하는 현상을 그냥 지켜보는 행위는 새로운 시장(Market)에서 스스로 어떠한 역할도 하지 않겠다는 의미와 같습니다. 만약 생산자라면 변화의 속도(Speed of Change)에 민감한 소비자를 따라갈 수 없게 됩니다. 아무리 좋은 상품을 내놓아도 소비자 반응은 구(舊)유물이라 여겨 냉담할 수밖에 없습니다.

둘째, 환경이 급변하는 현상에 적절하게 편승하는 행위는 새로운 시장에서 무색무취의 역할만 할 거라는 의미와 같습니다. 아무리 노력을 해도 주변에서 인정을 받기가 힘들게 되어 사회적 공정성(Social Equity)을 탓하며 스스로 지쳐갈 수 있습니다. 마지막으로 환경이 급변하는 현상을 주도하는 행위는 새로운 시장에서 퍼스트 무버(First Mover)의 역할을 하겠다는 의미와 같습니다. 즉, 새로운 분야를 개척하는 선도자로서 늘 앞장서게 됩니다.

시장에서 맨 처음으로 성공적 모델을 구축한 당사자가 되면 제품의 수명주기

(PLC, Product Life Cycle)에 따라 성장기에 접어들면서 수많은 경쟁자가 생깁니다. 하지만 그 경쟁자는 퍼스트 무버를 벤치마킹한 주체이므로 또 다른 벤치마킹을 주도하는 주체에 의해 잠식당할 가능성이 큽니다. 하지만 퍼스트 무버는 아무도 시도하지 않은 것을 주도했기에 이미 누구로부터 배울 수 없는 내공을 스스로 체득한 것입니다. 다시 말해 변화의 속도가 아무리 빨라도 이미 그 지점에 서서 대비하는 여유가 생기게 되는 것이지요. 미래학자 앨빈 토플러(Alvin Toffler, 1928-2016)의 선경지명을 이해해야 할 필요가 있겠습니다. 바로 '변화의 속도(Speed of Change)' 개념입니다.

가장 빠른 구성원은 누구일까? 눈치를 챘겠지만 기업이다. 1시간 안에 160km를 달리는 자동차와 같다. 두 번째는 시민단체로 140km정도 간다. 이윤 창출을 위해 환경을 파괴하는 행위도 마다않는 기업을 반대하는 세력은 바로 시민단체다. 기업의 전략과 정책을 어떻게 간파했는지 적절한 시간에 예외 없이 거리에 나와 시위를 한다. 변화의 속도에 그 만큼 빠르다는 것을 의미한다. 세 번째로 빠른 구성원은 누구일까? 바로 우리와 같은 소비자이다. 토플러는 가족이라 표현했다. 시간당 95km로 달린다. 기업이 내놓은 상품을 바로 수용하고 배척도 한다. 전자상거래에 능숙하고 소셜 미디어를 통해 평가를 곧바로 내린다. 시대적 흐름과 이슈에 민감하고 신속하게 대응할 정도의 속도를 지녔다. 네 번째는 시간당 50km로 달리는 노동조합이다. 기업 안에 존재하는 균형 잡힌 조직문화를 위해서 필요한 세력이지만, 속도가 절반이하로 뚝 떨어지듯 빨리 달리는 가족이 납득하기엔 다소 늦다는 생각을 가질 수도 있다. 변화의 속도에서 다섯 번째 지위는 40km로 가는 정부와 관료조직에게 안겼다. 기업 속도보다 25% 수준이다. 기업은 답답해 할 것이다. 이만큼 빨리 내달려 새로운 제품과 서비스를 보여주고 싶지만, 허가와 승인에 막혀 시장에서 꽃을 피우기도 전에 사라진 수많은 아이템들을 떠올릴 수도 있을 것이다. 여섯 번째 구성원은 바로 학교이다. 시간당 15km로 달린다. 95km로 달리는 가족의 일원인 학생들이 받아들이기엔 턱없이 느린 속도이다. 세상은 급변하는데 아직도 수십 년 전에 나온 전통적 이론만을 적용하려고 한다. 민츠버그(Mintzberg, H., 1939~)가 제시한 전문적 관료제로서 해당분야의 전문성을 강조하지만, 수평적인 갈등 조정이 난망한 경우를 많이 볼 수 있다. '변화가 살길'이라 서로 외쳐대지만, 자신과 소속 학과는 변화를 두려워하는 경우가 흔하다. 소위 자리를 빼기는 것은 아닐까라는 생각이 우선인 경우가 많다. 토플러가 얘기한 일곱 번째로 달리는 단체는 놀랍게도 유엔과 같은 국제기구로서 8km에 불과하다. 뿌리 깊은 관료조직에 의해 국제적 분쟁, 불평등한 거래, 심각한 빈부격차 등 어느 것 하나 명쾌히 해결된 적이 없다고 했다. 여덟 번째는 정치조직으로 5km 달린다. 160km 달리는 기업의 혁신적 기술을 뒷받침할 법과 제도가 없다면 사장(死藏)된다. 정부와 관료조직을 탓을 하기 이전에 관련법 제정이 중요함을 일깨운다. 그래서 가장 느린 것은 1.5km로 달리는 법(Law)이다.[6]

직접 해야 직성이 풀린다고?

앞서 언급한 것처럼 스포츠 마케팅은 '스포츠의 마케팅(Marketing of Sports)'과 '스포츠를 통한 마케팅(Marketing through Sports)'으로 분류할 수 있습니다. 스포츠 분야에서 마케팅을 하는 주체가 소비자를 표적으로 삼습니다. 스포츠의 마케팅 주체는 자칫 관료 문화를 선호하게 될 수도 있습니다. 오랜 기간 동안 관행에 따라 이어져 온 상품의 생산과 의사결정 방식을 그대로 고수할 수도 있겠죠. 문제는 그들이 타깃(Target)으로 삼는 기업과 소비자가 그걸 인정하느냐의 문제가 따라옵니다. 즉, 기업은 변화의 속도에서 가장 빠른 속도를 자랑합니다. 소비자는 세 번째로 빠르죠. 만약 그들이 감각적으로 느끼는 속도를 붙잡지 못한다면 결과는 뻔할 것입니다. 야심차게 스포츠 상품을 내놓아도 외면을 받을 것입니다.

이러한 이유는 소비자는 능동적이기 때문입니다. 남들이 만들어놓은 이야기를 듣기만을 원하지 않게 된 것이죠. 흔히 얘기하는 '스토리텔링(Story-telling)'으로 인해서만 감동을 받지 않습니다. 직접 하길 원합니다. 즉, '스토리두잉(Story-doing)' 시대가 이미 도래를 한 것입니다. 모든 소셜 미디어 플랫폼을 유도하는 기본적 성질은 능동적인 참여입니다. 처음엔 어색했던 사람들도 몇 차례 자신의 사진과 영

스포츠 스토리두잉

상을 올리며 공감을 표출하는 데 성공했다면 급속히 이러한 문화에 빠져드는 것이죠. 물론 남들의 일상을 관찰만 하는 부류도 있지만, 남들에게 자신의 일상을 적극 알리는 부류들도 넘쳐납니다. 마케터 입장에선 매우 매력적인 잠재적 소비자 층으로 간주할 것입니다.

 브랜드 마케팅 회사 코:콜렉티브(Co:collective)의 창업자 타이 몬태규(Ty Montague)는 '스토리두잉(Story-doing)' 시대가 왔다고 했다. 소위 '스토리텔링(Story-telling)'으로 알려진 좋은 이야기를 만드는 것보다 더 중요한 것은 직접 행동하는 것이란 얘기다. 최근 디지털 시장에서 더욱 빛을 발하는 개념이다. 근사한 이야기를 만들어 소비자 관심을 유도하는 스토리텔링은 여전히 좋은 마케팅 전략이지만, 1.0 혹은 2.0 시장에 가깝다. 즉, 제품 중심(1.0)으로 '주체 측에서 이야기를 만들어 놓으면 구경하러 올 것이다.'라는 기대치를 갖고 있다. 또한 소비자 중심(2.0)으로 '소비자의 귀를 기울여 트렌드에 맞는 상품을 만들었으니 체험하러 올 것이다.'라는 정도의 기대치인 것이다. 반면, 스토리두잉은 소비자가 직접 콘텐츠를 갖고 스토리를 행동으로 옮기게 하는 것이다. 앞서 토플러가 얘기한 시간당 40km로 달리는 정부 · 지자체 및 관료조직에서 아무리 재미있는 이야기를 풀어도 95km로 달리는 우리를 감동시키기엔 역부족일 수 있다. 160km로 달리는 기업이 내놓은 이야기가 훨씬 세련돼 보이고, 수많은 얼리어답터(Early Adopter)들이 신상품을 경험하고 남들과 공유하고 싶어 하게끔 만드는 속도는 기업의 속도이지, 관료의 속도가 아니란 것이다. 다시 말해 스토리두잉은 3.0 혹은 4.0 시장에 어울리는 개념이다. 감동을 주고 가치를 찾게 하고, 온라인과 오프라인의 경계를 무디게 하는 것이다. 흥미로운 이벤트 현장에 가면 체험수기를 영상에 담고, 자신의 소셜 미디어에 올리며 다수와 공유 · 공감하는 시대다. 물론 누가 시켜서 하는 행동이 아니다. 스포츠 조직 역시 이 지점을 잘 간파해야 한다. 전문가, 팀, 구단과 같은 소수의 집단만이 공유했던 선수(상품)는 만인의 선수가 됐다. 오프라인의 체험을 온라인에 업데이트 시키며 감동을 이어가려고 한다. '스포츠를 통한 마케팅(Marketing through Sports)'의 주체인 기업 입장에선 소비자가 주도하는 능동적 마케팅 현장을 제공만 하면 큰 효과를 얻을 수 있다. 금메달의 가치보다 노력의 가치를 중시하고, 무명 선수의 값진 성과에 초점을 맞춘 영상이 연결혁신의 플랫폼으로 맺어진 잠재적 소비자에겐 더 큰 반향과 감동을 줄 수 있다.[7]

Q & A

1. 전통적 마케팅 시장에서 광고영업의 선구자인 E.S 루이스(E. S. Lewis)에 의해 1898년 처음 만들어졌 다고 알려진 법칙으로 아이다(AIDA)는 무엇인가요?

(정답) 주의(attention)→흥미(interest)→욕구(desire)→행동(action)

(해설) 인간이 행동을 일으키기 까지는 주의(attention), 흥미(interest), 욕구(desire), 행동(action)의 과정을 거쳐야 하는 사고방식을 의미합니다. 앞의 이니셜을 차용해 명명했습니다.

2. 디지털 마케팅 시장에서 필요한 필립 코틀러 등이 제시한 5A에 따른 소비자 정보처리 위계모형을 제시했습 니다. 어떤 과정을 거칠까요?

(정답) 인지(aware)→호감(appeal)→질문(ask)→행동(act)→옹호(advocate)

(해설) 필립 코틀러 등이 마켓 4.0에서 제시했습니다. 5A 단계가 진행되는 과정에 이 요인들은 항상 걸쳐져 있기 때문 에 마케터는 잘 활용하여 마케팅 활동의 최적화 프로그램을 마련해야 합니다. 우선 인지는 소비자가 과거로부터의 경험과 다양한 방식의 마케팅 커뮤니케이션 등에 의해 수동적으로 노출되는 단계입니다. 호감은 소비자 자신에게 전 달된 모든 메시지를 처리하고 특정 브랜드에 끌리는 단계입니다. 질문은 브랜드에 호감을 가진 소비자는 적극적으로 친구, 가족, 소셜 미디어 커뮤니티 등을 통해 더 자세한 정보를 얻기 위해 노력하는 단계입니다. 행동은 소비자가 추가 정보를 접하고 호감에 대해 다시 확인한 후 구매하기로 결정하는 단계입니다. 마지막으로 옹호는 소비자가 자신의 특 별한 노력으로 구매단계까지 갖던 제품에 대해 강력한 충성심을 발휘하는 단계입니다.

직접인용 자료

1 Parkhouse, B. et al. (2005). The Management of Sport: Its Foundation and Application(4th eds.). 이재우 옮김(2010). 스포츠 경영. 커뮤니케이션북스. 363쪽. Retrieved from Mullin, B. J. (1983). Sport Management and Public Relation. Amherst, Massachusetts, National Sport Management.

2 문개성(2022). 스포츠 마케팅 4.0: 4차 산업혁명 미래비전(개정2판). 박영사, 120, 123, 124쪽.

3 Shank, M. D. (2009). Sports Marketing: A Strategic Perspective(4th ed.). 오응수 · 신흥범 옮김 (2011). Shank's 스포츠 마케팅 전략적 관점. HS MEDIA, 196쪽.

4 문개성(2016). 스포츠 마케팅. 커뮤니케이션북스, vii~viii.

5 문개성(2019). 보이콧 올림픽: 지독히 나쁜 사례를 통한 스포츠 마케팅 이해하기. 부크크, 73~74쪽.

6 문개성(2022). 스포츠 마케팅 4.0: 4차 산업혁명 미래비전(개정2판). 박영사, 106~107쪽.

7 문개성(2022). 스포츠 마케팅 4.0: 4차 산업혁명 미래비전(개정2판). 박영사, 139~140쪽.

8부

스포츠 산업, 가장 큰 숲을 이해하자

01 | 스포츠산업진흥법

국가가 나섰다

국가가 나섰습니다. 무슨 말일까요? 우리나라는 돈이 없어서 빅 이벤트를 개최
하지 못한 경험이 있습니다. 1970년 아시아 경기 대회를 개최하기로 아시아 경기
연맹(AGF) 총회에서 결정됐지만, 막대한 비용 등의 이유로 반납을 한 것이죠. 당시
국가 경제 발전을 최우선으로 삼았기 때문에 대형 스포츠 이벤트를 개최하는 것이
사치라고 느꼈을 수도 있겠죠. 결국 이 대회는 태국 방콕에서 개최됐습니다.

국내 주요 스포츠 국제행사[1]

연번	주요 국제행사	개최기간	참가규모
1	제10회 서울 아시아경기대회	1986.9.20.~10.5.	27개국, 4,839명
2	제24회 서울 올림픽대회	1988.9.17.~10.2.	159개국, 8,465명
3	제18회 무주·전주 동계유니버시아드대회	1997.1.24.~2.2.	48개국, 1,850명
4	제4회 강원 동계아시아경기대회	1999.1.30.~2.6.	21개국, 799명
5	제2회 부산 동아시아경기대회	1997.5.10.~5.19.	9개국, 2,100명
6	제14회 부산 아시아경기대회	2002.9.29.~10.14.	43개국, 11,000명
7	제17회 월드컵축구대회	2002.5.31.~6.30.	32개국, 1,730명
8	제22회 대구 하계유니버시아드대회	2003.8.21.~8.31.	174개국, 6,634명
9	제15차 국가올림픽위원회연합회(ANOC)총회	2006.3.31.~4.7.	198개국, 1,754명
10	2006 스포츠어코드(SportAccord)	2006.4.3.~4.7.	1,000여 명
11	제12회 세계청소년(U-17) 월드컵축구대회	2007.8.18.~9.9.	24개국, 1,000여 명
12	제13회 대구 세계육상선수권대회	2011.8.27.~9.4.	213개국, 6,000여 명
13	제17회 인천 아시아경기대회	2014.9.19.~10.4.	45개국, 20,000여 명
14	제24회 광주 하계유니버시아드대회	2015.7.3.~7.14.	170개국, 20,000여 명
15	2015 세계군인체육대회	2015.10.2.~10.11.	110개국, 8,700여 명
16	FIFA U-20 월드컵코리아 2017	2017.5.20.~6.11.	24개국
17	2017 무주 WTF 세계태권도선수권대회	2017.6.24.~6.30.	183개국
18	제23회 평창 동계올림픽	2018.2.9.~2.25.	80개국, 26,000여 명
19	2018 창원 세계사격선수권대회	2018.8.31.~9.14.	110개국, 4,000여 명
20	2019 광주 세계수영마스터즈선수권 대회	2019.8.5.~8.16.	207개국, 15,000여 명

어언 시간이 흘러 1986년 서울 아시아 경기대회가 개최됐습니다. 굵직한 대회는 2년 뒤, 1988년 서울 하계올림픽, 2002년 한·일 월드컵 대회, 같은 해 부산 아시아경기대회, 2014년 인천 아시아경기대회, 2018년 평창 동계올림픽을 모두 개최한 나라가 됐습니다. 하지만 하·동계 유니버시아드 대회, 세계육상선수권대회, 세계청소년월드컵 대회, 심지어 세계군인체육대회 등을 기억하는 사람들은 많지 않습니다. 이러한 스포츠와 관련한 국제행사를 통틀어 숫자를 세보면 30년 동안 20여 개가 됩니다. 2년에 한 개 이상의 행사를 개최한 셈입니다.

인적, 물적 자원이 대거 투입되는 국제행사들을 큰 분란 없이 뚝딱 개최하는 것을 보면서 당연하다고 생각할 수도 있지만, 결코 쉬운 일이 아닙니다. 체계적이고 강력할 행정력이 뒷받침돼야 하는 것입니다. 과정 중에 소소한 실수나 어긋난 절차가 있을 순 있지만 행사 자체의 근간을 흔들 만큼 심각했던 적은 없습니다. 10부에서 다루겠지만 매년 개최되는 전국체육대회를 100회까지 끌고 온 것을 보면 짜임새 있는 행정을 수반한 것이죠. 이와 같이 국내 체육행사의 개최 경험을 통해 국제 스포츠 이벤트 개최의 역량을 충분히 쌓았다고 봐야 할 것입니다.

어쨌든 우리나라가 치른 스포츠 관련 국제행사를 보면 민·관의 노력이 엿보입니다. 1980년대는 정치적 강압에 의해 기업이 나서 속도전을 벌인 결과였다는 평가도 있습니다. 인력과 재원을 조달하고, 체계적인 행정체계로 선보인 결과의 이면에는 숱한 시행착오가 있었을 겁니다. 행정력의 경험이 축적되다보니 국내 스포츠 조직의 역할이 강화되고, 국제적으로도 큰 행사를 차질 없이 치를 수 있는 능력을 갖추게 됐습니다.

이러한 과정을 거치며 '스포츠 강국'의 위상을 쌓게 됐습니다. 우리나라에서 유독 관심이 많은 올림픽 메달 숫자를 통해 스포츠를 잘 하는 나라란 인식이 생겼죠. 월드컵을 통해 축구도 잘 하는 나라란 인식도 그러합니다. 하지만 이러한 굵직한 행사를 통해 파급되는 여러 요소를 잘 수렴해서 경제의 관점에서 바라본 것이 얼마 되지 않았습니다. 2002년 한·일 월드컵 이후 본격적인 논의가 시작되면서 '스포츠 강국'에서 '스포츠 산업 강국'이 되기 위한 법을 제정한 것입니다. 바로 2007년 제정된 「스포츠산업진흥법」입니다.

그 이전 상황은 어땠을까요? 수많은 스포츠 국제행사를 치렀음에도 불구하고, 스포츠를 통해 산업을 키워야겠다는 생각을 가졌던 시기는 2002년 한·일 월드컵 전후입니다. 1990년대 중반 이후 한·중 축구 경기 때 처음으로 서포터스가 자생적으로 생겼고, 1998년 프랑스 월드컵이 개최되기 전에 우리나라 축구 대표팀을 응원하는 단체의 명칭을 공모하여 '붉은 악마'로 정해 졌습니다. 참고로 공모 의견 중에 꽹과리 부대란 명칭도 있었습니다만, 최근 FIFA에서는 경기를 방해하는 응원 도구를 제한하고 있어 꽹과리 부대보다는 붉은 악마란 명칭이 지속 가능하겠다는 생각을 합니다.

2002년 한·일 월드컵 때 활약한 붉은 악마의 트레이드마크인 치우천왕을 기억할 겁니다. 중국 탁록(涿鹿)에 치우 유적지가 있습니다. 우리 한민족을 가리켰던 동이족의 한 갈래인 구려족(九黎族)의 군주로 알려진 전설적인 인물에서 유래된 것입니다. 무섭게 생긴 문양으로 스포츠 용품 외에도 여기저기 삽입됐죠. 9부에서 다루게 될 용어로서 브랜드의 법적인 권한까지 올라선 상태가 트레이드마크입니다. 하지만 2002년 한·일 월드컵 당시 어느 누구도 브랜드 이름과 마크를 법적으로 등록해 타인이 사용하지 못하는 환경을 만들지 못했습니다. 붉은 악마란 캐릭터, 파생상품 등으로 12부에서 다룰 라이선싱(Licensing)과 머천다이징(Merchandising) 사업을 통해 수익을 거둘 수 있었음에도 그러지 못했습니다. 이는 스포츠 마케팅 인식의 부재와 관련

치우천왕

법이 없어 큰 성과를 거두지 못한 사례가 됐습니다.

2007년 「스포츠산업진흥법」이 제정되고, 2016년 전부 개정을 거쳐 새로운 도약을 위한 준비를 마친 셈입니다. 법 제정 이후, 정부는 5년 단위 스포츠 산업 육성 계획을 수립·추진하고 있습니다. 예산을 투입하고 전문인력 양성과 교육기관 운영 등의 전방위적인 행정 지원을 하고 있습니다. 2019~2023년 스포츠산업 중장기 계획의 키워드는 4차 산업혁명기술과의 융·복합과 그간 상대적으로 취약했던 지역을 살리자는 취지의 지역특화입니다. 법 제정으로 탄력을 받은 스포츠 산업관련 업체와 프로 스포츠 구단 등에서는 다양한 목소리를 내기 시작했습니다.

스포츠 산업의 규모는 어떻게 될까요? 법까지 만든 것을 보면 분명 매력적일 만큼 시장(Market)이 크다는 얘기일 것입니다. 전 세계 스포츠 산업의 시장규모는 약 1조 3천억 달러(2017년 기준)입니다. 환율적용에 따라 다르지만 대략 1,430조 원에서 1,560조 원 규모의 수준입니다. 같은 해 전 세계 자동차 판매수입 규모인 약 1조 4천억 달러와 비슷한 규모란 것을 알 수 있습니다.

우리나라는 2018년 기준으로 78조 670억 원 규모로 매출액을 추산했습니다. 스포츠 산업 분류로 구체적으로 살펴보면 스포츠 시설업은 19조 8,490억 원, 스포츠 용품업은 34조 3,710억 원, 스포츠 서비스업은 23조 8,470억 원으로 나타났습니다. 이를 통해 세계 스포츠 산업 시장에 비해서 우리나라 규모도 만만하지 않습니다. 하지만 아직까지 스포츠 용품업에 치우쳐 있습니다. 이로써 가장 폭넓은 영역인 스포츠 서비스업을 확장시켜야 하는 노력이 필요한 시기임을 알 수 있습니다. 다시 말해 새로운 전략을 짜야할 단계라는 것입니다.

프로 스포츠를 양성한다고?

스포츠 산업을 견인할 수 있는 프로 스포츠 규모는 어떻습니까? 국내 4대 프로 스포츠는 야구, 축구, 농구, 배구로서 연간 입장권 구매를 한 관람객수가 1,100만 명을 넘어서고 있습니다. 누적 관람객이란 점을 감안하더라도 시장 규모가 매우 큽니다. 국내 프로 스포츠 관람객 수를 보면 인구의 5분의 1수준입니다. 물론 누적 관람객 규모로 한 사람이 여러 차례 갈 수도 있습니다. 어쨌든 생산자(프로 스포츠 연맹, 구단 등) 입장에서는 티켓구매를 하는 소비자가 많다는 것은 특정한 시장(Market)에서 구매여력이 있는 군(群)이 확보됐다는 것을 의미입니다. 스포츠 서비스업을 보다 확장시키는 데 영향을 미칠 수 있는 소비층을 어떻게 공략하느냐가 새로운 도약을 위해 필요한 전략이라 할 수 있습니다.

프로 스포츠

규모만을 놓고 살펴본다면 성공한 시장인 것처럼 보이지만, 들여다보면 개선할 점이 많습니다. 자칫 시장의 성숙기 단계로 인식할 수 있습니다. 하지만 성숙기 단계는 수요가 둔화되거나 멈추는 단계이고, 곧 쇠퇴기로 가는 수순일 수도 있습니다. 다시 말해 시장(Market)에서 소비자 규모를 파악하는 것은 매우 중요하지만, 소비시장을 구성하고 있는 특성을 정확히 파악해야 합니다. 아무리 뛰어난 상품이라 할지라도 모든 시장을 장악할 수 없습니다. 공략해야 할 소비자 층을 정확하게 알기 위해서는 시장을 정의하고 분류해야 합니다. 분류가 된 시장의 특성을 명확하게 파악해야 전략(방향, 비전)이 수립되고, 전술(프로그램)을 만들게 됩니다.

프로 스포츠(Pro Sports)란 문화체육관광부에 따르면 "Professional Sports의 약자로서 스포츠를 상품 혹은 서비스로 소비자(관객 혹은 시청자)에게 제공하고, 그에 대한 대가로 스포츠 팀, 구단주, 이벤트 주최자 등은 금전적 혹은 물질적 보상이나 이익을 획득하고, 선수는 보수를 받는 경제활동"이라고 정의했습니다. 이러한 민간의 뉘앙스가 강한 분야를 국가가 나서서 키우겠다는 것입니다. 물론 앞에 언급한 「스포츠산업진흥법」을 통해서입니다. 특히 2016년에 대폭 전면 개정이 됐습니다.

2016년 개정된 내용을 구체적으로 살펴볼까요? 대표적으로 프로 스포츠 육성을 위해 지방자치단체는 프로 스포츠단의 창단에 경비를 지원할 수 있습니다. 또한 공공체육시설을 프로 스포츠 단체에게 25년 이내 관리를 위탁할 수 있게 됐습니다. 이는 프로 스포츠 단체가 주요 수익원인 관람객 입장권 판매를 위해 다양한 프로모션 활동을 할 수 있는 스포츠 마케팅 환경을 마련할 수 있게 된 것이죠.

또한 지방자치단체는 공공체육시설을 프로 스포츠단과 우선하여 수의계약할 수 있게 됐습니다. 이는 공공체육시설의 안정적 운영 및 활용도를 높일 수 있도록 기업의 접근성을 높이게 된 것입니다. 이 외에도 국가는 정기적으로 스포츠 산업 실태조사를 해야 하고, 스포츠 산업과 관련한 기술개발을 추진하기 위한 정책을 마련해야 합니다. 스포츠 산업과 관련한 창업을 촉진하고 일자리 창출을 위한 예산을 지원할 수 있게 됐습니다. 기존에 있던 지자체 소유의 공공체육시설을 스포츠 산업진흥시설로 지정할 수 있고, 지방자치단체 또는 공공기관은 프로 스포츠단 창단에 출자 또는 출연할 수 있게 됐습니다. 즉, 프로 스포츠단 사업 추진에 필요한 경비를 지원할 수 있습니다. 더불어 선수의 권익보호를 위해 제도적 근거를 마련했습니다. 그것이 바로 1부에서 살펴봤던 **스포츠 에이전트**(선수 대리인) 제도입니다.

스포츠산업진흥법 관련 조항[2]

> 제17조(프로 스포츠의 육성) ① 국가 및 지방자치단체는 스포츠산업의 발전을 도모하고, 국민의 건전한 여가활동을 진작하기 위하여 프로 스포츠 육성에 필요한 시책을 강구할 수 있다.
>
> ② 지방자치단체 또는 공공기관은 프로 스포츠 육성을 위하여 대통령령으로 정하는 바에 따라 프로 스포츠단 창단에 출자 또는 출연할 수 있으며, 프로 스포츠 활성화를 위하여 필요한 경우 프로 스포츠단 사업 추진에 필요한 경비를 지원할 수 있다.
>
> ③ 지방자치단체는 공공체육시설의 효율적 활용과 프로스포츠의 활성화를 위하여 필요하다고 인정하는 경우에는 공유재산을 25년 이내의 기간을 정하여 그 목적 또는 용도에 장애가 되지 아니하는 범위에서 사용·수익을 허가하거나 관리를 위탁할 수 있다.
>
> ④ 지방자치단체의 장은 공유재산 중 체육시설(민간자본을 유치하여 건설 또는 개수·보수된 시설을 포함)을 프로 스포츠단의 연고 경기장으로 사용·수익을 허가하거나 그 관리를 위탁하는 경우 해당 체육시설과 그에 딸린 부대시설에 대하여 대통령령으로 정하는 바에 따라 해당 프로 스포츠단(민간자본을 유치하여 건설하고 투자자가 해당 시설을 프로 스포츠단의 연고 경기장으로 제공하는 경우 민간 투자자를 포함)과 우선하여 수의계약할

수 있다. 건설 중인 경우에도 또한 같다.

⑤ 공유재산의 사용·수익을 허가받거나 관리를 위탁받은 프로 스포츠단은 필요한 경우 해당 체육시설을 직접 수리 또는 보수할 수 있다. 다만, 그 수리 또는 보수가 공유재산의 원상이 변경되는 대통령령으로 정하는 대규모의 수리 또는 보수에 해당할 경우에는 지방자치단체의 장의 승인을 받아야 한다.

⑥ 지방자치단체는 수리 또는 보수에 필요한 비용의 전부 또는 일부를 지원할 수 있다.

02 | 스포츠 산업의 분류

우린 어떻게 분류할까

스포츠 산업에 대한 정의는 나라마다 유사할 것입니다. 즉, 스포츠를 매개로 하여 산업적으로 육성하고자 하는 기본적 개념을 담았겠죠. 우리나라에서 정의한 '스포츠'의 정의를 살펴보면 다음과 같습니다. 생활밀착형 법 검색 홈페이지인 '법제처(www.moleg.or.kr)'에 들어가 스포츠란 키워드를 검색하면 바로 확인할 수 있습니다.

스포츠산업진흥법 관련 조항[3]

제2조(정의) 이 법에서 사용하는 용어의 뜻은 다음과 같다.
1. "스포츠"란 건강한 신체를 기르고 건전한 정신을 함양하며 질 높은 삶을 위하여 자발적으로 행하는 신체활동을 기반으로 하는 사회문화적 행태를 말한다.
2. "스포츠산업"이란 스포츠와 관련된 재화와 서비스를 통하여 부가가치를 창출하는 산업을 말한다.
3. "스포츠산업진흥시설"이란 스포츠산업 관련 사업자와 그 지원시설 등을 집단적으로 유치하기 위하여 제11조제1항에 따라 지정된 시설물을 말한다.

스포츠란 정의에서 중요한 키워드는 '자발적으로 행하는 신체활동'과 '사회문화적 행태'입니다. 전자는 놀이와 관련이 있고, 후자는 시대와 국가마다 달리하는 문화와 관련이 있는 개념입니다. 스포츠 산업의 정의는 스포츠의 중요한 두 가지 개념과 관련하여 부가가치를 창출할 수 있는 산업이라 돼 있습니다. 특히 사회문화적 행태를 통해 나라마다 다른 개념이 나옵니다. 그것이 바로 스포츠 산업의 분류를 말합니다.

우리나라는 몇 차례 개정을 거쳐 현재 '스포츠산업특수분류 3.0'을 적용하고 있습니다. 대분류를 살펴보면 스포츠 시설업, 스포츠 용품업, 스포츠 서비스업입니다. 이를 다시 중분류, 소분류, 세분류 등으로 구분합니다. 이는 앞서 제시한 약 75조 규모의 매출을 달성한 업체들을 분류한 것입니다. 문화체육관광부에 따르면 2018년 기준 사업체수가 총 103,145개로 집계됐습니다. 대분류별로 살펴보면 스포츠 시설업은 41,423개, 스포츠 용품업은 34,161개, 스포츠 서비스업은 27,561개입니다. 같은 해 종사자수는 434,622명으로 나타났습니다. 대분류별 종사자수는 스포츠 시설업 187,858명, 스포츠 용품업 135,898명, 스포츠 서비스업 110,867명으로 집계됐습니다.

스포츠 용품, 시설 및 서비스

이러한 분류는 시대 트렌드와 사회적 수요에 따라 다시 재편될 수도 있습니다. 어쨌든 현재 분류 기준으로 요약하자면, 시장 규모 약 78조원, 사업체수 약 10만개, 종사자수 약 40만 명으로 이해하면 됩니다.

국내 스포츠산업특수분류 3.0[4]

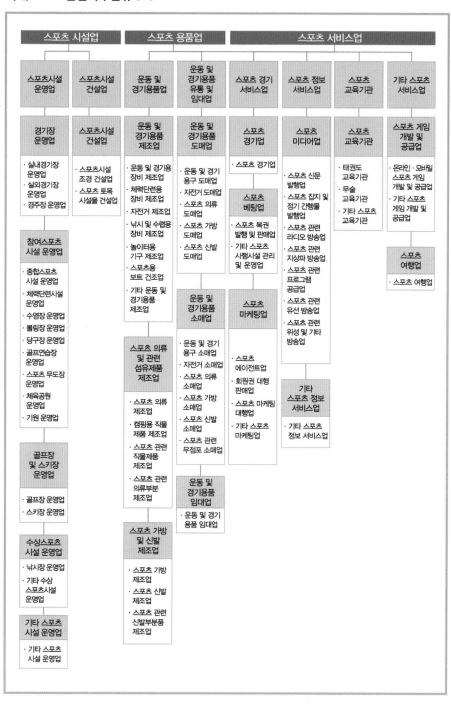

| 스포츠 시설업 | 스포츠 용품업 | 스포츠 서비스업 |

스포츠 시설업
- 스포츠시설 운영업
- 스포츠시설 건설업

스포츠 용품업
- 운동 및 경기용품업
- 운동 및 경기용품 유통 및 임대업

스포츠 서비스업
- 스포츠 경기 서비스업
- 스포츠 정보 서비스업
- 스포츠 교육기관
- 기타 스포츠 서비스업

스포츠시설 운영업

경기장 운영업
- · 실내경기장 운영업
- · 실외경기장 운영업
- · 경주장 운영업

참여스포츠 시설 운영업
- · 종합스포츠 시설 운영업
- · 체력단련시설 운영업
- · 수영장 운영업
- · 볼링장 운영업
- · 당구장 운영업
- · 골프연습장 운영업
- · 스포츠 무도장 운영업
- · 체육공원 운영업
- · 기원 운영업

골프장 및 스키장 운영업
- · 골프장 운영업
- · 스키장 운영업

수상스포츠 시설 운영업
- · 낚시장 운영업
- · 기타 수상 스포츠시설 운영업

기타 스포츠 시설 운영업
- · 기타 스포츠 시설 운영업

스포츠시설 건설업

스포츠시설 건설업
- · 스포츠시설 조경 건설업
- · 스포츠 토목 시설물 건설업

운동 및 경기용품업

운동 및 경기용품 제조업
- · 운동 및 경기용 장비 제조업
- · 체력단련용 장비 제조업
- · 자전거 제조업
- · 낚시 및 수렵용 장비 제조업
- · 놀이터용 기구 제조업
- · 스포츠용 보트 건조업
- · 기타 운동 및 경기용품 제조업

스포츠 의류 및 관련 섬유제품 제조업
- · 스포츠 의류 제조업
- · 캠핑용 직물 제품 제조업
- · 스포츠 관련 직물제품 제조업
- · 스포츠 관련 의류부분 제조업

스포츠 가방 및 신발 제조업
- · 스포츠 가방 제조업
- · 스포츠 신발 제조업
- · 스포츠 관련 신발부분품 제조업

운동 및 경기용품 유통 및 임대업

운동 및 경기용품 도매업
- · 운동 및 경기 용구 도매업
- · 자전거 도매업
- · 스포츠 의류 도매업
- · 스포츠 가방 도매업
- · 스포츠 신발 도매업

운동 및 경기용품 소매업
- · 운동 및 경기 용구 소매업
- · 자전거 소매업
- · 스포츠 의류 소매업
- · 스포츠 가방 소매업
- · 스포츠 신발 소매업
- · 스포츠 관련 무점포 소매업

운동 및 경기용품 임대업
- · 운동 및 경기 용품 임대업

스포츠 경기 서비스업

스포츠 경기업
- · 스포츠 경기업

스포츠 베팅업
- · 스포츠 복권 발행 및 판매업
- · 기타 스포츠 사행시설 관리 및 운영업

스포츠 마케팅업
- · 스포츠 에이전트업
- · 회원권 대행 판매업
- · 스포츠 마케팅 대행업
- · 기타 스포츠 마케팅업

스포츠 정보 서비스업

스포츠 미디어업
- · 스포츠 신문 발행업
- · 스포츠 잡지 및 정기 간행물 발행업
- · 스포츠 관련 라디오 방송업
- · 스포츠 관련 지상파 방송업
- · 스포츠 관련 프로그램 공급업
- · 스포츠 관련 유선 방송업
- · 스포츠 관련 위성 및 기타 방송업

기타 스포츠 정보 서비스업
- · 기타 스포츠 정보 서비스업

스포츠 교육기관

스포츠 교육기관
- · 태권도 교육기관
- · 무술 교육기관
- · 기타 스포츠 교육기관

기타 스포츠 서비스업

스포츠 게임 개발 및 공급업
- · 온라인 · 모바일 스포츠 게임 개발 및 공급업
- · 기타 스포츠 게임 개발 및 공급업

스포츠 여행업
- · 스포츠 여행업

나라마다 다르다

다른 나라는 어떨까요? 연도별 기준이 다소 차이가 나지만 대략적인 규모를 파악할 필요는 있습니다. 스포츠 산업 시장의 규모가 가장 큰 미국은 2017년 기준 약 4,691억 달러로 약 562조 원(1달러=1,200원 적용)이 넘습니다. 한 나라가 전 세계 스포츠 산업규모의 거의 40%를 차지하고 있어 크긴 큰 시장입니다. 영국은 2015년 기준으로 약 350억 파운드(약 52조 5천억 원, 1파운드=1,500원 적용)의 규모입니다. 독일은 2010년 기준으로 774억 유로(약 96조 3,703억 원, 1유로=1,400원 적용)의 수치를 기록하고 있습니다. 우리 이웃 나라인 일본은 2012년 기준, 약 11조 4,085억 엔(약 125조 4,930억 원, 100엔=1,100원 적용), 중국은 2014년 기준으로 약 1.36조 위안(약 244조 8,000억 원, 1위안=180원 적용)입니다. 이렇게 대표되는 국가에선 스포츠 마케팅이 매우 활성화될 여력이 있습니다. 위에 언급한 국가의 스포츠 산업 분류는 아래와 같습니다.

미국 내에서 다양한 학자들에 의해 스포츠 산업을 분류하고 있다. 우선 Pitts, Fielding, & Miller(1994)에 의해 다음과 같이 구분했다. 이 분류는 2000년도에 제정된 우리나라 스포츠산업특수분류 1.0에 참조됐다. ① 스포츠 행위(Performance) 부문, ② 스포츠 제품생산(Production) 부문, ③ 스포츠 촉진(Promotion) 부문이다. 또한 Millano & Chelladurai(2011)는 국내총생산(GDP)에서 나온 개념을 활용하여 GDSP(Gross Domestic Sport Product)를 통해 다음과 같이 분류를 했다. ① 스포츠투자(Sport Investment), ② 스포츠 관련 정부지출(Sport-related Government Expenditures), ③ 스포츠 무역수지(Sport Net Exports), ④ 스포츠 소비(Sport Consumption)이다. 영국의 대표적인 스포츠 시장조사 기관인 Mintel, Key Note, Sport Industry Research Center 등에서 다음과 같이 스포츠 산업을 분류했다. ① 스포츠상품 영역, ② 스포츠서비스 영역으로 분류했다. 독일에선 대표적으로 Heinemanns(1995)가 다음과 같이 분류한 4가지 영역을 사용한다. ① 스포츠 제조업, ② 스포츠 시설업, ③ 스포츠 유통업, ④ 스포츠 서비

스업이다. 일본에선 다음과 같이 크게 3가지로 스포츠 산업을 분류하고 있다. ①
스포츠 용품 산업, ② 스포츠 시설 공간 산업, ③ 스포츠 서비스 정보 산업이다.
중국은 우리나라 스포츠산업 특수분류 3.0과 유사한 분류체계로 다음과 같다. 아
래에 제시한 분류 외에도 별도로 특화된 인재양성을 목적으로 스포츠 조직관리
와 인재양성관리 등으로 구분하여 관리한다. ① 스포츠 시설 건축업, ② 스포츠
용품업, ③ 스포츠 서비스업이다.[5]

03 | 스포츠 산업의 중요성

스포츠 산업의 특성, 따져보자

　스포츠 산업에 대해 정의를 내린 후, 분류까지 했습니다. 이제 특성을 얘기할
차례입니다. 「스포츠산업진흥법」을 제정한 만큼 스포츠 산업의 큰 장점이 있기 때
문에 중요한 산업이라 인식했을 것입니다. 스포츠 산업의 특성도 문화체육관광부
산하 연구기관인 한국스포츠정책과학원의 연례백서(문화체육관광부, 2020)를 통해
다섯 가지의 특성을 제시했습니다.

　첫째, 공간과 입지를 중시하는 산업입니다. 여름엔 해양 스포츠 시설을 찾아야
하고, 겨울엔 동계 스포츠 시설을 찾아야 합니다. 프로 스포츠 시설은 도심지에서
접근성을 고려한 곳에 위치해 있습니다. 이렇듯 참여와 관람 스포츠가 충분하게
소비되기 위해선 공간과 입지의 중요성이 나타날 수밖에 없습니다.

　둘째, 복합적인 산업분류 구조를 가진 산업입니다. 앞서 스포츠 시설업, 스포츠
용품업, 스포츠 서비스업으로 분류했듯이 서로 복잡하게 얽혀 있습니다. 동네에
위치한 헬스장에 가면 현란한 복장을 하고 운동하는 참여 스포츠 소비자를 만나게
됩니다. 이미 스포츠 용품과 서비스가 결합된 개념입니다. 관람 스포츠를 즐기기
위해 프로 경기장을 찾게 되면 평소 선망했던 스포츠 스타를 만납니다. 선수들이

평소 입는 패션을 좋아하는 것처럼 스포츠 외의 영역에서도 소비에 영향을 줍니다. 이 외에도 4차 산업혁명 기술과 접목해 안방에서도 경기장을 찾는 느낌을 가질 수도 있죠. 한 마디로 스포츠 산업은 복잡한 구조를 갖고 있습니다.

셋째, 시간을 소비해야 하는 산업입니다. 운동을 배우거나 경기를 관람하든 자신의 시간을 써야 합니다. 심지어 미디어로 재방송을 볼 때도 시간을 소비해야 하죠. 코로나19로 인해 폐쇄됐던 프로 스포츠 경기의 현장성을 느낄 수 없어 전 세계 소비자들을 힘들게 했던 적이 있습니다. 시간을 소비할 준비가 됐는데도 그걸 쓸 수 없다는 것 자체가 일상의 즐거움이 얼마나 소중했는지를 느끼게 했습니다. 그 지점에 우리나라의 무관중 프로 스포츠 경기의 방송 중계권이 새로운 수익원으로 등장했던 것입니다.

넷째, 오락성이 충만한 산업입니다. 운동을 배우거나 경기를 관람하는 행위는 재미가 있기 때문입니다. 스포츠의 마케팅(Marketing of Sports) 주체는 흥미를 유발할 수 있는 운동 프로그램을 잘 만들어야 하고, 수준 높은 경기 품질을 창출하기 위해 노력해야 합니다. 스포츠 마케팅 시장에서 전문성을 갖춘 마케터들만 하는 노력이 아닙니다. 그 주체들이 곧 마케터가 되는 것이죠. 헬스장에서 음악을 틀더라도 매일 반복되는 스트리밍 서비스에 국한되지 않고, 요일별·시간대별로 차등을 준다면 그것 자체가 오락성을 배가할 수 있는 것이죠.

마지막으로 감동과 건강을 주는 산업입니다. 귀가 닳도록 들었던 '각본 없는 드라마'가 곧 스포츠 현장입니다. 미디어의 발달로 주로 승자에 모든 시선이 집중되는 현상이 있습니다. 사람들이 그쪽으로 좀 더 열광하기 때문입니다. 특히 근대 스포츠의 특성이 기록화를 추구하기 때문에 이긴 선수와 기록을 깬 선수들에

스포츠 경기와 선수

게 관심이 집중되는 것입니다. 그럼에도 영화와 연극과 달리 미리 기획되지 않는 경기 속에서 감동을 낳는 경우가 허다합니다. 궁극적으론 건강을 주는 산업이기 때문에 국가에서 역량을 쏟아야 할 영역이 됐습니다.

스포츠 산업의 특성[6]

구분	내용
공간·입지 중시형 산업	• 적절한 장소와 입지 조건이 선행돼야 한다. • 접근성이 중요하다. • 시설에 대한 의존도가 높다.
복합적인 산업분류 구조를 가진 산업	• 스포츠 시설업, 용품업, 서비스업 간의 상호 유기적이고 복합적인 특성을 내포한다. • 다른 산업과의 연계성이 강하다.
시간 소비형 산업	• 참여 스포츠처럼 운동을 배우기 위해서는 시간을 투자해야 한다. • 관람 스포츠처럼 경기를 관람하기 위해서는 시간을 투자해야 한다.
오락성이 중심 개념인 산업	• 잠재적인 소비자에게 구매를 유도하기 위해선 재미가 있어야 한다. • 수준 높은 경기가 소비할 마음이 생기게 한다.
감동과 건강을 가져다주는 산업	• '각본 없는 드라마'를 통해 감동을 전달한다. • 영화와 연극과 달리 정해진 각본이 없다. • 궁극적으로 정신적, 육체적 건강을 지향한다.

국가가 미래 성장 동력으로 삼은 이유

오늘날까지 이어져온 모든 인류의 심층적인 변형을 이룬 대표적 사건은 산업혁명에서 비롯됐다. 이 시기에 스포츠를 사회현상에 대입시키면 19세기 영국의 산업화와 스포츠화(Sportization)는 분리할 수 없는 개념이다. 즉, 기계화를 통한 체계적 노동행위는 시장에서 구체적인 산출물을 낳았고, 스포츠 경기를 지배하게 된 규칙과 규범은 공정한 경쟁의 결과물이란 인식을 창출했다. 현대 스포츠에서 상업 논리는 당연하게 받아들이지만, 19세기 영국에서 고매하게 바라본 아마추어리즘은 돈을 받고 이루어지는 스포츠 행위에 대해 경멸하는 시선도 포함됐다. 먹고살 만한 상류층에게 스포츠는 사교를 즐기기 위한 활동이었다. 오죽했으면 절제된 매너를 강조하고자 순수함으로 상징되는 하얀색 유니폼을 착용하게 했을까. 하지만 노동자와 같은 대다수의 하류층은 성공의 지름길인 스포츠클럽 활동을 했다. 우리가 접하는 프로페셔널리즘의 시작이다.[7]

앞의 내용을 살펴보면 한 때 경멸했던 프로 스포츠가 오늘날 국가 성장 동력으로 바뀌었습니다. 스포츠 산업은 부가가치가 매우 큰 산업으로 인식하고 있습니다. 이는 무한한 성장 잠재력이 있는 산업이라 간주한 것입니다. 이를 뒷받침하는 이유는 미디어적으로 가치가 있는 산업이기 때문입니다. 궁극적으론 국민복지에 기여하는 산업이란 점이 국가로선 매우 명분이 있고, 전면에 드러내서 육성해야 할 산업인 것입니다.

이를 토대로 국가는 **생활체육과 전문체육**을 육성하고자 합니다. 이와 병행해서 스포츠 산업을 확대시키고자 합니다. 1962년에 제정된 「국민체육진흥법」을 시작으로 「체육시설의 설치 · 이용에 관한 법률」로 체육 영역의 정책적 기반을 마련했습니다. 이를 근거로 국가는 국민체육 5개년 계획을 발표했습니다. 정권의 기간과 동일하게 잡은 것이죠. 지난 정권의 정책을 승계하고, 새로운 정책을 개발합니다. 앞서 언급했던 「스포츠산업진흥법」이 제정되면서 국민체육진흥과 스포츠 산업 진흥 정책이 모두 중요한 과제가 됐습니다.

국내 스포츠 산업 정책의 변천과정[8]

시기	주요내용	
1990년대 이전	• 스포츠산업 정책은 아니었지만 체육 분야 정책지원 근거 마련	
	국민체육진흥법 (1962년 제정)	• 1965년 개정된 내용 중 최초의 스포츠산업 관련 법률 명시 • 1982년 개정된 내용 중 체육용구 우수업체에 국민체육진흥기금 융자관련 명시
	체육시설의 설치 · 이용에 관한 법률	• 1989년 제정되면서 민간 체육시설업의 효율적인 관리와 체계적인 육성 기반 마련
1993~ 1997년	• 제1차 국민체육진흥5개년계획 - 체육용구 품질수준 향상, 생산업체 투자여건 조성 금융지원, 민간스포츠시설업 육성을 위해 골프장, 스키장 특별소비세 감면, 체육시설 설치 · 운영 인 · 허가 절차 간소화 등	
1998~ 2002년	• 제2차 국민체육진흥5개년계획 - 민간체육시설 적극지원, 소비자 보호를 위한 제도적 장치마련, 체육시설 · 용품업체에 대한 지원, 우수 생활체육용구 생산업체 산업적 지원, 경륜 · 경정 등 여가스포츠 산업 육성 등	

2001년	• 스포츠산업 육성대책 - 스포츠 자원의 상품가치 개발, 스포츠서비스업 중점지원, 고부가가치 실현을 위한 지식정보 기반 구축, 민간기업의 경쟁력 강화지원 등
2003~ 2007년	• 참여정부 국민체육진흥5개년계획 - 생활체육 활성화를 위한 국민의 삶의 질 향상, 과학적 훈련지원을 통한 전문체육의 경기력 향상, 스포츠산업을 새로운 국가전략산업으로 육성, 국제체육 교류 협력을 통한 국가이미지 제고, 체육과학의 진흥 및 정보화, 체육행정 시스템의 혁신과 체육진흥재원 확충
2005년	• 스포츠산업 비전 2010 - 스포츠산업 활성화, 국제경쟁력 강화를 위한 집중지원 전략, 고부가가치 스포츠용품 개발, 국제경쟁력 강화, 레저스포츠 산업기반 확대, 프로스포츠산업의 성장기반 구축 등 • 스포츠산업진흥법 제정(2007년)
2008년	• 2009~2013 스포츠산업 중장기계획 - 체육강국에 걸맞는 스포츠산업 선진국 도약 비전, 스포츠산업 글로벌 경쟁력 강화, 대표적 융·복합 산업 신성장 동력화, 선순환구조 형성을 통한 지역경제 활성화
2013년	• 2014~2018 스포츠산업 중장기 발전계획 - 스포츠산업의 융·복합화를 통한 미래성장 동력 창출 비전, 고령화 사회, 여가 증가 등에 따른 스포츠 참여확대, 아웃도어 등 레저산업 급성장 대비, 스포츠 산업 강국 목표 등
2016년	• 스포츠산업진흥법(2007년 제정) 전면 개정 - 스포츠산업실태조사, 프로 스포츠단 연고 경기장을 스포츠산업 진흥시설로 우선 지정, 중소기업투자모태조합과 한국벤처투자 조합 등에 출자, 지자체 또는 공공기관이 프로 스포츠단 창단에 출자 가능, 공유재산을 25년 이내 관리위탁 가능 등
2019년	• 2019~2023년 스포츠 산업 중장기 계획 - 첨단기술 기반 시장 활성화: 참여 스포츠 신시장 창출, 관람 스포츠 서비스 혁신 - 스포츠 기업 체계적 육성: 스포츠기업 창업·성장 지원, 스포츠 기업 글로벌 진출 지원 - 스포츠 산업 균형발전: 스포츠를 통한 지역경제 활성화, 스포츠 서비스업 경쟁력 강화 - 스포츠 산업 일자리 창출: 스포츠 사회적 경제 활성화, 스포츠 융·복합 인재 양성 및 활용 - 스포츠 산업 진흥기반 확립: 스포츠 산업 진흥 전담체계 구축, 스포츠 산업 법·제도 개선

Q & A

1. 스포츠 산업의 기반조성 및 경쟁력 강화를 도모하고, 스포츠를 통한 국민의 여가선용 기회 확대와 국민경제의 건전한 발전에 이바지하기 위해 제정된 법령은 무엇인가요?

(정답 및 해설) 2007년에 제정된 「스포츠산업진흥법」입니다.

2. 문화체육관광부에서는 스포츠 강국에서 스포츠 산업 강국으로 가기 위한 정책을 제시하고 있습니다. 오늘날 이와 같은 위상을 세울 수 있게 토대를 마련한 국내법으로 1962년에 제정된 체육관련 법령은 무엇인가요?

(정답) 국민체육진흥법

(해설) 동법은 여러 차례 개정을 거치며 확장된 대표적인 체육 관련 법안입니다. 1982년 개정된 내용 중에는 체육용구 우수업체에 국민체육진흥기금을 융자할 수 있는 근거를 마련하여 스포츠산업 영역 중에서 스포츠용품업의 육성에 관한 조항을 명시했습니다.

직접인용 자료

1 문개성(2022). 스포츠 마케팅 4.0: 4차 산업혁명 미래비전(개정2판). 박영사, 34~35쪽.

2 법제처(n. d.). 스포츠산업진흥법. Retrieved from http://www.moleg.go.kr.

3 법제처(n. d.). 스포츠산업진흥법. Retrieved from http://www.moleg.go.kr.

4 문화체육관광부(2020). 2019 스포츠산업 실태조사 결과보고서.

5 문개성(2023). 스포츠 경영: 21세기 비즈니스 미래전략(개정2판). 박영사, 11~12쪽, Retrieved from 김민수(2015.11.30.). 해외 스포츠산업 분류체계 및 현황 분석(SI 포커스). 한국스포츠개발원; 문화체육관광부(2019). 제3차 스포츠산업 중장기 발전계획(2019-2023), 경제 성장을 이끄는 스포츠 산업. 정책보고서.

6 문개성(2023). 스포츠 경영: 21세기 비즈니스 미래전략(개정2판). 박영사, 14쪽.

7 서울특별시체육회(2019.5월). 양적으로, 질적으로 성장하고 성숙해야 할 프로 스포츠. 월간 서울스포츠 343호. 칼럼 스포노믹스(문개성), 38쪽.

8 문개성(2023). 스포츠 경영: 21세기 비즈니스 미래전략(개정2판). 박영사, 23~24쪽.

9부

스포츠 서비스와 브랜드, 생산은 곧 소비

01 | 스포츠 서비스

스포츠 서비스 특성, 따져보자

코틀러 등 많은 학자들에 의해 제시된 서비스의 특성을 잘 이해할 필요가 있습니다. 1부에서 상품(Goods)이란 제품(Product)과 서비스(Service)의 조합이라고 했습니다. 즉, 평범한 물건이 좋은 서비스를 만나면 시장에서 거래되는 상품이 될 수 있다는 것이죠. 그렇다면 서비스는 과연 무엇일까라는 질문을 통해 특성을 나열하면서 스포츠 마케팅 분야와 연관을 지어 보겠습니다. 우선 서비스의 특성은 ① 무형성(Intangibility), ② 비분리성(Inseparability), ③ 이질성(Heterogeneity), ④ 소멸성(Perishability)입니다.

첫째, 무형성이란 무엇일까요? 형태가 없다는 뜻입니다. 스포츠 경기라고 하는 상품의 구성을 생각해봅시다. 국제올림픽위원회(IOC)의 상품, 올림픽은 여러 가지 경기 종목을 조합해 만든 스포츠 이벤트입니다. 그 이벤트를 구성하는 다양한 서비스를 통해 올림픽이란 상품이 된 것이죠. 전 세계 소비자는 이를 구매하는 주체가 된 것입니다. 국제축구연맹(FIFA)의 월드컵은 어떨까요? 공 하나와 골대 두 개의 최소 조건만 갖추면 되는 흥미진진한 공놀이에 각종 서비스를 넣어 월드컵이란 상품을 만들었습니다. 나라별 프로 스포츠 리그도 마찬가지입니다. 이러한 상품은 미리 만질 수 있는 성질이 아닙니다. 아무리 권력을 가진 사람이라 할지라도 스포츠 경기를 미리 볼 수 있거나 결과를 다른 사람들보다 먼저 알 수도 없습니다.

둘째, 비분리성은 무엇일까요? 말 그대로 분리를 하지 못함을 의미합니다. 무엇을 분리를 못하는 것일까요? 올림픽은 매년 4년에 한 번씩 여름 혹은 겨울에 개최됩니다. 개최가 되는 순간, 시장(Market)에 내놓는 것이며 이는 생산한 것이 됩니다. 전 세계인들은 생산된 것을 바로 보는 행위로 이어집니다. 즉, 생산과 동시에 소비가 되는 셈이죠. 이것이 바로 분리를 할 수 없음을 의미합니다. TV를 통해 재방송을 보거나 유튜브를 통해 명장면을 찾아보는 행위는 기술 발전에 따른 재소비입니다. 이미 생산과 동시에 소비된 상품을 보는 것입니다.

셋째, 이질성은 무엇일까요? 동질하지 않다는 뜻입니다. 무엇이 다르다는 의미일까요? 이는 사람마다 서비스를 느끼는 감정이 다를 수밖에 없음을 의미합니다. 올림픽보다 월드컵에 더 열광하는 사람이 있는 반면, 사시사철 TV를 통해 중계되는 프로 스포츠를 더 선호하기도 합니다. 같은 경기라도 사람마다 느끼는 바가 다릅니다. 어떤 경기에 대해 모든 사람이 만족함을 느꼈다면 그것은 명장면이 연출돼 가치를 높인 상품일 것입니다. 하지만 대체로 스포츠 서비스는 본질적으로 느낌의 차이를 불러오는 불가피한 분야입니다.

마지막으로 소멸성은 무엇일까요? 어떤 것이 사라진다는 의미인데, 그것은 바로 생산되자마자 그 상품의 본질적인 가치가 없어진다는 것입니다. 비분리성과도 맥을 같이 하는 개념입니다. 명승부를 다시 똑같이 재현할 수 없습니다. 이미 사람들을 열광시켰던 재미있는 스포츠 경기는 생산되면서 소비되는 순간에 사라졌음을 의미합니다.

스포츠 서비스의 특성[1]

구분	내용
무형성	• 미리 볼 수 있거나 만질 수 없다. • 아무리 권력자라 할지라도 계획된 스포츠 이벤트를 미리 볼 수 없다.
비분리성	• 생산과 동시에 소비가 되어 분리할 수 없다. • 아무리 흥행이 보장된 스포츠 이벤트라 할지라도 시작된 행사를 처음부터 다시 시작할 수는 없다.
이질성	• 무형적인 스포츠 서비스는 동일할 수 없다. • 아무리 재미있는 스포츠 이벤트라 할지라도 사람마다 다르게 느낄 수 있다.
소멸성	• 생산과 동시에 사라진다. • 스포츠 이벤트는 시작과 동시에 소비자들이 보면서 소비를 하면서 소멸되는 것으로 비분리성과 맥을 같이 한다.

자유로운 상상력

스포츠 서비스를 논할 때 올림픽의 개·폐막식을 빼놓을 수가 없습니다. 종목별로 경기가 개최되기 때문에 소비자 시선은 분산되지만, 시작과 끝을 알리는 행사엔 관심이 집중됩니다. 그래서 기발한 아이디어의 향연장이 됩니다. 올림픽의 마지막 성화 봉송 주자에 대해선 그 어떤 이벤트보다 끝까지 보완을 유지합니다. 생산과 소비가 동시에 이루어지는 현장에서 정보라도 새어 나오면 감동은 절반 이하로 뚝 떨어지게 마련입니다. 개·폐막식 연출가가 구상한 행사 콘셉트가 미리 알려져도 마찬가지일 것입니다.

2012년 런던 하계올림픽의 기억을 더듬어보면 꽤 흥미진진한 장면이 나온다. TV를 통해 개막식 장면을 보고 있는 전 세계의 많은 시청자들은 방송사고가 아닌가하고 생각했을 만큼 뜻밖의 화면이 송출됐다. 물론 현지 스타디움에서 큰 멀티비전을 보고 있던 참관객들은 더욱 놀랐을 법했던 개막식 영상이었다. 그 과정을 살펴보면 다음과 같다. 모든 장면은 개막식 중계 아나운서가 진지하게 해설하면서 시작이 된다. 영화에서 익숙하게 보았던 제임스 본드(다니엘 크레이그 Daniel Wroughton Craig, 역)가 엘리자베스 여왕을 에스코트하기 위해 버킹엄궁에 들어간다. 실제로 궁에서 자라고 있을 것 같은 귀여운 강아지 두 마리가 뒹굴며 맞이한다. 본드는 여왕에게 몇 마디 건네고 궁에서 나와 전용 헬기에 오른다. 영국의 명소를 헬기 동선에 맞춰 보여준다. 시민들은 헬기에 손을 흔들며 환호한다. 어느덧 저녁이 되고 실제 개막식이 개최되고 있는 스타디움 위에서 헬기가 떠 있다. 긴장감이 감돈다. 본드가 여왕에게 스탠바이 됐다는 손짓을 한 후 갑자기 헬기에서 뛰어내린다. 연이어 바로 여왕도 뛰어내린다. 두 사람은 낙하산을 펴고 서서히 내려간다. 이때 압권은 007 주제곡이다. 직후 장내에선 대회 VVIP인 실제여왕의 등장을 알리며 다음 순서를 이어갔다. 진짜 여왕이 뛰어내린 것 아니냐는 질문을 받을 만큼 정교한 교차편집으로 즐거움을 선사했다. 가짜(영화 주인공 007)와 진짜(실제 여왕)의 오묘한 조합을 만들어내면서 20세기 대중문화 본산지로서 자존심을 가진 영국의 트레이드 마크를 내세운 대회가 됐다. 이 유명한 장면을 연출한 사람은 90년대 젊은이의 방황을 그린 '트레인스포팅'과 뛰어다니는 좀비영화 '28일 후'를 만든 대니보일(Boyle, D.) 감독이다. 이 영화 이후 보행이 어색한 좀비가 아닌 우사인 볼트처럼 뛰어다니는 좀비영화가 부쩍 많아졌다. 우리나라로 치면 2019년 칸 영화제과 2020년 아카데미 영화제에서 '기생충'으로 석권한 봉준호 감독이 '괴물'을 만들었던 창조적 감성으로 올림픽 개막식 연출을 한 셈이다. 미디어를 통해 대중의 심리를 자극했고, 다양한 문화를 소화했다. 영화감독의 장기인 영화식 연출과 편집으로 권위로 점철됐던 올림픽을 대중문화와 버무려 신선하게 표현했다. 물론 실시간 송출되는 미디어를 통해 전 세계에 전파 됐다.[2]

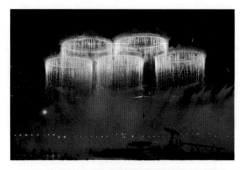

2012 런던 하계올림픽 개폐막식 영상

평창 동계올림픽 폐막식에 삽입된 장이머우의 연출 장면

올림픽 개·폐막식 총감독이라고 하면 마치 체육·스포츠를 전공한 권위적인 자리처럼 느껴질 수 있습니다. 2012년 런던 하계올림픽 때 영화감독 출신이 올림픽 총감독을 맡게 되면서 화제가 됐지만, 기대 반 우려 반이었습니다. 막상 뚜껑을 열어보니 내용에 더 관심을 끌기 충분했던 것이죠. 영화적 상상력, 전 세계 영상을 통해 송출되는 편집기법, 가상과 현실 인물의 조합 스토리 등 대중이 좋아할 만한 요소들을 가미했습니다. 이와 같이 화제를 모았던 런던 이벤트에서 4년 전으로 돌아가면 베이징 하계올림픽(2008)이 있었죠. 이때 개·폐막식을 연출한 사람도 중국출신의 영화감독 장이머우였습니다. 2018년 평창 동계올림픽 폐막식에서도 8분간 그가 연출한 공연이 삽입돼 찬사를 불러 일으켰고, 2022년 베이징 동계올림픽에서도 총감독으로 위상을 보여주었습니다.

난타로 히트했던 송승환 감독이 역량을 발휘하여 스포츠와 미디어 아트의 조합으로 2018년 평창 동계올림픽 개·폐막식도 성공적이란 평가를 받았습니다. 하지만 항상 성공했던 것은 아닙니다. 2014년 인천아시아경기대회의 개막식이 외신들에게 역대 최악의 개막식이란 평가를 받았습니다. 대형 스포츠 이벤트 개·폐막식 연출을 영화감독에게 맡기는 해외 트렌드를 차용하며 기대를 모았습니다. 우리나라 영화감독인 장진과 임권택 공동연출 체제를 성대하게 발표했지만, 독창성이나 개연성을 느낄 수 없어 실망스럽다는 평이 대다수였습니다. 스타일이 너무 다른 두 감독을 선임한 것에서부터 조직위원회의 지나친 개입 등 혹평의 원인을 찾기도 했습니다. 권위로 점철됐던 체육·스포츠 분야에서 영화감독, 무대연출 감독 등에게 총감독 지위를 내세운 전략은 분명 신선해 보입니다. 다만 무조건적인 흉내보다는 주최 측의 미션과 행사의 비전에 맞게 독창성이 발휘될 때 빛을 내는 것이 아닐까 생각합니다.

2021년 여름에 치러진 2020년 도쿄 올림픽의 개·폐막식은 어떠했는가. 과거의 가장 최근 대회인 2018년 평창 동계올림픽 개·폐막식을 보기 위해 유튜브를 통한 다시 보기가 유행하기도 했다. 도쿄 올림픽 행사가 2002년 한·일 월드컵 즈음에 시연이 됐다면 무난한 평가를 받을 수도 있다. 하지만 20년이 흐르고 난 후의 시장(Market)은 온라인과 오프라인의 경계를 넘어서는 곳에 있다. 전 세계 소비자들은 최첨단 미디어 환경에 이미 익숙해 있다. 즉, 실제현실과 가상현실을 구분하기조차 어려울 만큼 시현되는 놀랄만한 기술력에 늘 접해 있다. 이해하기 힘들었던 행사의 철학과 가치를 차치하더라도 그 흔한 미디어 기술을 선보이지 못했던 것이다. 일본이 갖고 있던 풍성한 문화(재패니메이션, 첨단기술 등)를 전 세계인에게 손에 잡힐 것만 같은 흥분을 안겨다주지 못한 채, 과거 어느 시점에서 멈춰버린 이상한 연출을 지켜본 것이다. 토플러(A. Tofler)가 설파한 '변화의 속도'에서 일본사회의 기업/소비자와 정치/관료의 차이가 앞으로 좁혀질지 혹은 더 벌어질지 지켜볼 일이다.[3]

스포츠 서비스 품질, 따져보자

서비스 분야에 유명한 학자들이 있습니다. 아난싼야라야난 파라수라만, 발레리 자이사믈, 그리고 레너드 베리(A. Parasuraman, V. Zeithaml, & L. L. Berry)입니다. 앞 이니셜을 사용해 PZB라 불립니다. 이들은 1985년에 서비스 품질을 열 가지로 분류했습니다. 유형성(Tangibles), 신뢰성(Reliability), 응답성(Responsiveness), 고객이해(Knowing the Customer), 접근성(Access), 의사소통(Communication), 안전성(Security), 신용도(Credibility), 능숙함(Competence), 정중함(Courtesy)입니다. 이 열 가지를 잘 활용하면 서비스 품질을 유지할 수 있음을 보여주었습니다. 곰곰이 용어를 읽어보면 고객을 위해 노력해야 하는 핵심적인 요인들이란 것을 알 수 있습니다.

이들은 열 가지의 서비스 품질 척도를 1988년에 다섯 가지로 축약했습니다. 비슷한 것끼리 합치는 과정에서 명확한 의미가 전달될 수 있는 척도만 분류한 것입니다. 즉, ① 유형성(Tangibles), ② 신뢰성(Reliability), ③ 확신성(Assurance), ④ 응답성(Responsiveness), ⑤ 공감성(Empathy)입니다. 스포츠의 마케팅 주체는 이 다섯 가지 요인만을 정확하게 염두에 두어도 시행착오를 줄이는 데 큰 도움이 될 것입니다. 프로 스포츠 리그를 주최하는 단체든, 동네 헬스장이나 요가장을 운영하는 업주에게도 필요한 서비스 품질이라 할 수 있죠. 위의 네 가지를 살펴보면 다음과 같습니다.

첫째, 유형성은 말 그대로 눈에 띄는 성질에 관한 특성입니다. 프로 스포츠 경기장은 세련될수록 인기가 좋습니다. 지나치게 낙후되면 안전사고의 위험을 느낄 수도 있죠. 시설의 우수성은 스포츠 서비스 품질을 높이는 데 중요한 요인이 됩니다. 12부에서 다룰 경기장 명칭 사용권(명명권, Naming Rights)의 장점에서도 나타나듯이 기업이 투자한 만큼 세련된 시설을 창출할 거라고 기대하는 것이죠. 우수한 시설은 외관과 내부를 포함한 시설입니다. 심지어 시설 자체는 우수해도 그 주변상권이 지나치게 낙후되면 사람들이 선호하지 않게 됩니다.

둘째, 신뢰성은 약속과 관련된 개념입니다. 천재지변에 따른 경기 취소 외에는 정해진 시간에 경기를 시작해야 합니다. 또한 사전에 사람들한테 공유했던 프로그램대로 운영을 해야 합니다. 고객은 계획된 대로 프로그램이 이행되길 바랍니다. 부득이하게 늦어지는 상황이 발생하게 되면 아무리 명분 있는 이유를 설명해도 신뢰는 다소 떨어지겠죠.

셋째, 확신성은 전문성과 연관돼 있습니다. 고용인들의 지식에 대한 보증성을 뜻합니다. 그들의 공손함에서 우러나오는 자신감이 전달되는 과정에서도 읽힐 수 있습니다. 프로 스포츠 경기가 전문적이지 않다는 것은 있을 수 없는 일입니다. 포지션별로 매우 훈련된 선수들이 참여한 품질 높은 경기를 기대하는 것이죠. 심지어 경기장 안팎에서 경기진행을 지원하는 구성원들의 전문적인 지식과 태도도 무척 중요합니다. 분명 경기 관계자인 것 같은데 경기 일정, 프로그램 구성, 부대시설의 위치 등에 대한 소소한 문의에도 잘 모른다고 응대한다면 어떻게 될까요? 그렇기 때문에 입구부터 옷을 번듯하게 차려 입고 고객을 세련되게 응대해야 하는 것도 이 척도와 관련돼 있는 것입니다.

넷째, 응답성은 고객이 궁금해 하는 사항이나 불만 건에 대해 즉각적인 응대를 하는 것과 관련이 있습니다. 고객 개인은 한 명일지라도 여러 사람이 질의를 하면 응대를 하는 직원은 동시에 해결해야 할 일이 많아집니다. 신속한 응대를 위해선 이 분야에 숙달된 직원이 충분해야 한다는 것입니다. 앞서 전문적인 지식과 관련한 확신성과도 맥을 같이 하는 부분인 것이죠. 잘 알아야 정확하고 빠른 응대가 가능하기 때문입니다.

마지막으로 공감성은 말 그대로 고객과의 공감을 의미합니다. 고객이 무엇을 원하는지, 어떤 이벤트에 열광하는지, 시대 트렌드를 반영한 행사를 준비했는지 등의 여부와 관련이 있습니다. 스포츠 경기뿐만 아니라 부대 이벤트에도 신경을 써야 하는 이유가 됩니다.

스포츠 서비스의 품질 척도[4]

구분	내용
유형성	• 물적 요소의 외형, 시설, 장비, 직원 등 눈에 보이는 서비스 품질이다. • 고객들은 시설의 외관과 인테리어 수준에 대해 민감하다.
신뢰성	• 고객과의 약속된 서비스, 정확하게 이해하는 서비스 품질이다. • 고객들은 계획된 대로 프로그램이 이행되기를 바란다.
확신성	• 종업원의 지식, 태도, 안정성을 전달하는 서비스 품질이다. • 고객들은 종업원의 전문성을 기대한다.
응답성	• 고객에게 서비스를 제공하려는 의지에 관한 서비스 품질이다. • 고객들은 민원을 제기하면 즉각적인 반응을 바란다.
공감성	• 고객을 개별화시켜 이해하려는 노력에 관한 서비스 품질이다. • 고객들은 시대 트렌드에 맞는 프로그램이 소개되길 바란다.

PZB가 개발한 위의 도구를 SERVQUAL(서브퀼)이란 명칭으로 많이 알려졌습니다. 이는 은행, 전기통신, 건강관리, 컨설팅, 교육, 소매업 등에 이르기까지 광범위하게 이용되고 있습니다. 이를 토대로 맥도날드 등(Mcdonald, Sutton, & Milne, 1995)은 TEAMQUAL(팀퀼)로 명명된 NBA 티켓 구매자의 서비스 품질에 대한 지각을 질문하여 측정문항을 개발했습니다. 또한 시오도라키스 등(Theodorakis, Kambitsis, Laios, & Koustelios, 2001)은 SPORTSERV(스포트서브)라는 척도를 개발하여 프로 스포츠의 서비스 품질 척도를 제시했습니다.

스포츠 이벤트와 레저 부분의 서비스 품질에 대한 다양한 척도도 개발됐습니다. 일례로 우리나라 출신의 유명한 학자로 현재 미국 플로리다 대학교 고용재 교수의 다수 연구(2000, 2004, 2005, 2011)를 통해 새로운 시각의 서비스 품질 척도를 제시했습니다. 예를 들어 프로그램의 품질, 고객과 종업원 간의 상호작용 품질, 참가자들이 얻는 결과 품질, 현장의 디자인과 장비 등에 관한 환경적인 품질 등으로 구성했습니다.

국내에서도 수많은 학자들이 다양한 스포츠 분야의 척도를 개발했습니다. 이를 통해 우리나라 실정에 맞는 질문지로 서비스 품질을 높일 수 있는 마케팅 환경을 마련하는 것입니다. 마케터들은 회사 내 선배들이 구축해 온 경험치와 노하우를 비롯해 학자들이 제시한 척도를 참고할 필요가 있습니다. 스포츠 소비자들을 대상으로 한 설문으로 그들의 인식도를 조사한 것이므로 유용한 자료가 될 수 있죠. 7부에서 다룬 스포츠 소비자의 마음을 조금이라도 읽기 위한 과정이라 할 수 있습니다.

고전 무술영화를 보면 무림 고수를 찾아가는 여정이 있습니다. 이 영화들의 공통점은 세련된 도장이 아니라 허름한 공간이 나옵니다. 누추한 곳에서 아무도 범접하지 못하는 무술 실력을 갖춘 고수의 등장으로 긴장감을 극대화하기 위한 장치로 활용됩니다. 하지만 지금은 어떻습니까? **참여 스포츠 소비자**는 비용을 지불하고 운동을 배우고자 합니다. 비용 안에는 시설의 편의성도 포함된 것이겠죠? 거미줄이 있고, 녹물이 나오는 헬스장에서 운동하고 싶은 마음이 들까요? 우선 돈이 아깝다는 생각을 먼저 하게 되겠죠? 아무리 그 분야의 고수가 있다고 해도 굳이 찾아가서 배울 이유가 없을 겁니다.

보편적 관점과 수평적 힘

현대 스포츠 소비자를 위한 보편화된 매뉴얼이 있습니다. 수십 년 혹은 수백 년 동안 검증된 운동방법이 존재합니다. 오늘날의 실무적 프로그램의 근간은 20세기 중반 들어 발전한 **운동생리학, 운동역학**과 같은 자연과학 분야의 검증된 이론이 뒷받침돼 있죠. 다시 말해 소수의 인원만이 독점하는 운동 프로그램이란 거의 없다고 말할 수 있습니다. 그럼에도 괴이한 운동법을 들고 나와 현혹시키는 경우도 없지 않습니다. 마치 중국 고전 중용(中庸)에 나오는 색은행괴(索隱行怪, 은미한 것을 찾고 괴이한 것을 행함)를 하게 되면 건강을 해치는 운동이 될 수도 있죠. 즉, 숨어 있는 것들을 찾아내 괴이한 행동을 하는 경우, 사람들이 입에 오르내릴 수는 있겠지만 사람이 다칠 수 있어 자칫 큰 위험에 노출될 수 있습니다.

서비스(Service)는 어떨까요? 검증되고 보편화된 서비스를 찾는 과정이 필요합니다. 생산되자마자 소비되면서 사라지는 특성을 가진 서비스이므로 시장(Market)에 내놓을 때 신중을 기해야 되겠죠. 옆 동네에서 성공했으니 무조건 벤치마킹해서 시장에 내놓고, 반응을 먼저 살핀 후 보완하는 것은 어떨까요? 과정에 충실히 하는 것처럼 보여 꽤 괜찮은 방식인 것 같지만, 그렇지 않습니다. 그 이유는 생산과 소비는 분리할 수 없으므로 나오자마자 누군가는 소비를 통해 평가하는 단계에 이르기 때문입니다. 다시 말해 실패한 첫 상품을 회수한 후, 보완하고 재출시하는 과정의 위험성을 감수해야 합니다.

기업에서 흔히 하는 제품시연(Product Demo)을 통해 시장의 반응을 보기 위한 일환으로 사용하지만, 큰 성과를 얻지 못하는 경우가 허다합니다. 우선 제품시연을 듣는 소비자 입장에서는 제품 개선을 위한 적극적인 의견을 주지 않는 경우가 많습니다. 철저하게 준비되지 않은 제품시연은 오히려 불명확한 서비스 정보가 전달되어 소비자는 경쟁사로 눈을 돌리게 됩니다. 결론적으로 본질에 충실해야 합니다. 시장의 반응을 통해 개선점을 찾는 과정은 매우 중요하지만, 출시하기 직전까지 분석을 거듭하고 신중을 기해야 할 것입니다.

특히 변화된 시장(Market)에서 서비스 품질을 어떻게 관리하느냐의 문제는 매우 중요해졌습니다. 그 품질을 관리하는 주체보다 인식하는 주체가 훨씬 변화의 속도(Speed of Change)에 빠르기 때문입니다. 또한 다른 경쟁사 제품과 비교하는 속도, 기존 제품과의 차별성을 구분하는 속도, 장점과 단점을 분석하는 속도 등에 이르기까지 시장은 소비자가 주도하고 있다는 사실을 잊어서는 안 됩니다.

정치평론, 사회평론, 영화평론, 스포츠평론, 상품평론 등 무수히 많은 전문가 집단의 평이 있지만, 4.0 시장의 소비자는 이와 같은 평론을 예전만큼 신봉하지 않습니다. 앞서 3부 스포츠 중계권에서 다루었던 트랜스미디어 스토리 시대에서는 더욱 이런 현상이 강해졌습니다. 여름시즌만 되면 모든 흥행기록을 갈아치우는 마블 시네마틱 유니버스(MCU)의 슈퍼히어로 영화 시리즈를 아무리 저명한 평론가가 얘기한들, 귀를 기울일까요?

소비자들은 소위 전문가들이 20여 편에 달하는 영화를 섭렵하고 '어벤져스: 엔드게임(2019년 작)'에 대해 평론을 하고 있는 걸까라고 의심을 할 수도 있습니다. 왜? 시장을 움직이는 힘은 수직적 힘이 아닌 수평적 힘이 강하기 때문입니다. 즉, 그 스토리는 소비자 본인이 어느 누구보다 전문가라고 믿을 수 있고, 자신의 소셜 미디어 내 커뮤니티 구성원으로부터 좀 더 양질의 정보를 얻을 수 있다고 생각합니다. 또한 과거 권위적 범주 속에 어려운 이론을 늘어놓았던 평론의 영역을 강력한 마케팅으로 현혹시켰던 생산자(기업)와 한 패라고 생각할 수도 있습니다. 결국 믿는 구석은 수평적으로 연결된 자신과 비슷한 커뮤니티 내 다수 의견이라고 인식하는 것이죠.

03 | 브랜드 파워

선수 국적은 그다지 관심이 없다고요?

유독 우리나라는 스포츠 선수에 대해 혈연을 중시하는 경향이 있습니다. 얼굴 생김새만 비슷하면, 나고 자란 곳은 외국이라 할지라도 한국계를 강조하며 응원합니다. 우리말을 모르거나 사고방식이 달라도 크게 문제되지 않습니다. 물론 최근 그러한 양상은 많이 줄었다지만, 세계무대에서 활약하는 한국인 혹은 한국계 외국인에게 애정 어린 시선은 여전합니다.

올림픽이나 월드컵과 같은 세계적인 스포츠 이벤트에선 다른 나라도 우리 못지않게 국가별 대결이란 인식이 강합니다. 애국심 응원문화는 어디서나 거의 똑같습니다. 자신의 나라가 패배하기를 바라는 사람은 극히 드물겠죠. 국적을 강조할 수밖에 없는 초대형 이벤트가 종료가 되도 세계 각국의 프로 스포츠 리그로 애정 가득한 응원이 이어지는 곳은 바로 한국입니다.

각국 프로 스포츠 리그에서 맹활약하는 우리 선수들의 활약을 보면 무척 자랑스럽습니다. 함부르크 SV, 바이어 레버쿠첸을 거쳐 2015년부터 소속된 토트넘 홋스퍼 FC의 손흥민 선수가 골을 넣는 날은

손흥민 선수

온 언론이 도배를 합니다. 마치 국가대표팀이 이긴 것처럼 함께 좋아합니다. 하지만 현지의 토트넘 팬들은 자신이 응원하는 팀이 이겼다는 것 외에는 다른 관심사는 거의 없을지도 모르죠. 즉, 손 선수가 아시아의 어느 국가 출신인지까지 인식할 이유가 없을 수도 있습니다. 손 선수가 잘 하면 구단이 좋고 팬이 좋은 것입니다.

리오넬 메시와 **크리스티아누 호날두**도 마찬가지입니다. 호날두가 2018년 중반, 이탈리아 프로 축구 리그인 세리에A의 유벤투스로, 메시가 2021년 프랑스 리그앙의 파리 생제르맹(PSG)으로 이적하기 전까지 그들이 보인 브랜드는 구단 브랜드일 뿐이었습니다. 즉, 메시의 고향 아르헨티나나 호날두의 고향 포르투갈보다는 FC 바르셀로나와 레알 마드리드라는 구단이 더 떠오르는 것이죠. 선수 개인은 국적보다 **구단 브랜드**로 인식하는 주체가 된 것입니다. 이들도 선수생활의 마감을 빅 리그보다 사우디나 미국에서 터전을 잡고 한 시대를 마감할 것입니다. 언젠가 이들의 공백은 새로운 선수와 구단 브랜드가 다시 그 조합을 이루어 팬들을 맞이하겠죠.

농구계의 전설은 단연코 **마이클 조던**입니다. 1980~90년대에 NBA를 세계화에 이끈 장본인으로 농구 역사상 가장 위대한 선수로 평가받고 있습니다. 2003년 은퇴를 한 이후에도 이 불멸의 스타와 함께 딱 오르는 브랜드는 **나이키**(Nike)입니다. 시카고 불스 구단을 떠올리는 것만큼 나이키도 선수와 일체화되는 수준의 브랜드화에 성공을 했습니다. 기업의 맹렬한 스타 마케팅은 아직도 인구에 회자되죠. 에어조던(Air Jordan)과 같이 아예 상품명에 선수 이름을 넣으면서 새로운 **트레이드마크** 전략을 완성시켰습니다. 이를 두고 스포츠는 경기 그 자체가 아니라 광고주를 위한 도구라는 것이 명백해졌다는 평가도 있었습니다.

이와 유사하게 **코카콜라**와 **맥도날드**도 스포츠와 관련이 없는 기업이지만, 스포츠 선수를 많이 이용했습니다. 스포츠 스타가 마셔주고 먹어주면 대박이 나는 것이죠. 머독화(Murdochization)란 신조어의 뜻은 머독 언론의 영향을 받는 사회란 뜻으로 부정적인 뉘앙스가 강합니다. 장본인인 루퍼트 머독은 폭스(Fox)와 비스카이비(BskyB, British Sky Broadcasting)를 운영하면서도 스포츠에 아무런 관심이 없었죠. 프리미어 리그 독점 중계를 한 이유는 단지 인구학적으로 광고주에게 바람직한 소비자들을 모이게 한 수단으로 인식했던 것입니다. 결론적으로 운영자, 광고주, 소비자 그 어느 누구든 선수의 국적엔 그다지 관심이 없게 됐습니다.

세포 분열하는 브랜드

나이키하면 무엇이 떠오르는지 이해하자. 스포츠 브랜딩은 이름, 디자인, 상징 등을 활용하고 조합함으로써 경쟁사의 제품과의 차별화를 위한 노력을 의미한다. 쉥크(Shank, 2009)에 따르면 스포츠 브랜딩 개념을 세 가지로 분류했다. 첫째, '브랜드 이름(Brand Name)'이다. 마이클 조던(Michael Jordan)은 곧 나이키(Nike)란 브랜드를 만드는 과정을 통해 '나이키 에어조던(Nike Air Jordan)이 됐다. 둘째, '브랜드 마크(Brand Mark)'가 있다. '나이키 스우시(Nike Swoosh)'를 떠올려보자. 왼쪽 하단은 두껍고 오른쪽 상단은 날카로워지며 올라가는 단순한 로고에서 동적인 느낌을 준다. 셋째, '트레이드마크(Trademark)'가 있다. 기업이 선점한 브랜드 이름과, 브랜드 마크를 법적으로 등록해 타인이 사용하지 못하게 하는 단계이다.[5]

스포츠 용품시장이 형성된 곳에서 나이키를 모르는 사람이 있을까요? 아마 나이가 지긋하신 세대도 입에서 맴돌 만큼 나이키란 용어가 익숙할 것입니다. 그 자체가 신발이란 개념처럼 쓰일 정도로 유명한 브랜드이죠. 브랜드 영역에서 유명한 학자를 소개하자면 데이비드 아커(David A. Aaker)가 있습니다. 그는 브랜드에 대해 경쟁자의 제품이나 서비스를 구분시키고 차별화하고자 사용하는 독특한 이름이나 상징물로 정의했습니다. 나이키(Nike)란 이름과 스우시(Swoosh)란 상징물, 이 두 가지로 인해 브랜드가 성립됐습니다. 누구도 범접할 수 없는 독특한 지위를 차지한 것이죠.

그는 브랜드 자산(Brand Equity)의 중요성을 설파했습니다. 이를 축적시키기 위한 노력이 필요하다는 것이었죠. 브랜드 이름과 상징에 관련된 자산과 부채의 총체로서 사람들 인식 속에 한 번 자리가 잡히면 다른 경쟁사와의 차별적 가치를 극대화할 수 있습니다. 이를 위해선 ① 브랜드 인지도(Brand Awareness), ② 지각된 품질

브랜드 자산의 구성요소

(Perceived Quality), ③ 브랜드 연상(Brand Associations), ④ 브랜드 충성도(Brand Loyalty)의 과정을 거쳐야 합니다.

우선 고객들에게 친숙한 브랜드로 인식시켜야 합니다. 시장에 첫 출시된 제품과 서비스는 사람들이 인지하기도 전에 사라지는 경우가 허다합니다. 아무리 들여다보려고 해도 잘 되지 않는 한 길 사람속의 브랜드 인지도를 높이기 위해 첫 단추를 잘 꿰어야 합니다. 이후 고객들 각자가 개별적이고 상대적으로 인식하게 된 품질을 가져야 합니다. 또한 브랜드에 대한 신념과 느낌을 풍부하게 가져가기 위한 연상 작용을 요구하게 됩니다. 마지막으로 고객들은 특정 브랜드를 선호하게 됨으로써 충성도가 생깁니다. 이 과정까지 가면 웬만하면 다른 브랜드로 갈아타지 않을 가능성이 높게 됩니다.

아커는 브랜드 확장(Brand Extension)이란 개념을 도출합니다. ① 계열 확장(Line Extension, 라인확장), ② 범주 확장(Category Extension, 카테고리 확장)으로 분류할 수 있습니다. 1989년 백투더퓨처(Back to the Future) SF 영화에 등장해서 호기심을 자아냈던 '알아서 조여 주는 나이키 신발'을 실제로 2016년 하이퍼 어댑트 1.0이란 상품을 출시했고, 좀 더 업그레이드한 모델로 2019년 어댑트 BB를 출시했습니다. 계열 확장 중에서 상향 확장(Upward Extension)전략에 해당됩니다. 즉, 기존 브랜드를 대중시장에서 상급시장으로 확대시킨 것입니다. 평범한 나이키 신발을 보다 고급 브랜드로 상향시켜 기존 고객을 유도하고, 새로운 고객을 찾을 수 있는 전략이 됩니다.

프로 스포츠도 1군, 2군 등으로 분류하는 방법에서 브랜드 확장을 엿볼 수 있습니다. 선수군(群) 확보, 선수 기량 향상을 위한 동기부여 등의 부수적인 효과 이외에도 제도적인 장치로 활용됩니다. 국내 SNS 메신저 서비스인 카카오톡의 택시, 맵, 대리운전 등으로 기존 브랜드를 갖고 지속적으로 확장하듯이 말이죠. 잘 기획된 상품을 한 군데에서만 소비시키는 것은 효용성에서 뒤떨어질 수 있습니다. 이를 극복하고 성장시키기 위해 지속적으로 브랜드를 넓히는 전략을 사용합니다.

한국야구위원회(KBO, Korea Baseball Organization)에 따르면 2024년 현재, 한국 야구는 정규리그(1군) 10개 구단과 퓨처스리그(2군) 11개 구단으로 운영하고 있습니다. 2군 리그는 북부 5개, 남부 6개로 다시 세분해서 운영합니다. 1군 정규리그가 대도시에 포진된 것과 달리, 중소도시로 프로 야구 브랜드를 확장할 수 있도록 2군 퓨처스리그를 운영합니다. 이를 통해 몇 가지 효과를 기대할 순 있습니다. 잠재적인 스포츠 소비자를 발굴할 수 있죠. 대도시 권역에서만 치러졌던 프로 야구 경기를 인근 도시에서 볼 수 있게 되면서 소비자의 외연을 확장하는 효과를 갖게 됩니다. 중소도시에 설치된 시설의 활용도를 높일 수도 있죠. 물론 앞으로 가야할 길이 멀지만 브랜드 확장 측면에서 이 사안을 바라볼 수 있습니다.

국내 프로 야구 구단 현황(2024) *팀명(창단연도, 연고지)

정규리그(10)	퓨처스리그(11)	
	북부리그(5)	남부리그(6)
SSG 랜더스(2021, 인천) 키움 히어로즈(2008, 서울) LG 트윈스(1990, 서울) kt 위즈(2013, 수원) KIA 타이거즈(2001, 광주) NC 다이노스(2011, 창원) 삼성 라이온즈(1982, 대구) 롯데 자이언츠(1982, 부산) 두산 베어스(1882, 서울) 한화 이글스(1986, 대전)	SSG 랜더스(강화군) 고양 히어로즈(고양) LG 트윈스(이천) 두산 베어스(이천) 한화 이글스(서산) * 경찰 야구단(고양, 2005~ 2019 해체)	롯데 자이언츠(울산) 상무(문경시) 창원 다이노스(창원) 삼성 라이온즈(경산) kt 위즈(익산) KIA 타이거즈(함평군)

물론 브랜드를 문어발식으로 확장만 하는 것이 도움이 안 될 수도 있습니다. 브랜드 자산이 축적되기까지 과정을 생략한 채, 유사 브랜드가 쏟아진다면 오히려 역효과가 나겠죠. 소비자 입장에선 뭐가 뭔지 모를 것입니다. 새로운 브랜드가 익숙해지기도 전에 또 다른 브랜드가 나온다면 서로 시장만 잠식하는 결과를 낳을 수 있습니다. 혹여 신규 브랜드 출시가 실패한다면 어렵게 자리 잡았던 모(母)브랜드의 이미지마저 저하될 수도 있습니다.

브랜드 확장의 장점과 단점[6]

브랜드 확장의 장점	브랜드 확장의 단점
• 신제품 브랜드 관점 　- 신규 브랜드 인지도 제고 　- 신제품 브랜드의 긍정적 이미지 제고 　- 신규 브랜드 의미 전달 • 기업 관점 　- 신제품 촉진비용의 효율성 증가 　- 신제품에 대한 유통과 고객의 신제품 수용 가능성 　- 신제품 개발 및 마케팅 비용 절감 • 모브랜드 관점 　- 모브랜드 의미의 명료화, 재활성화 　- 모브랜드 이미지 강화 및 확장	• 소비자와 유통 관점 　- 소비자에게 혼란초래 가능 　- 신규제품에 대한 신선함 저하 　- 소매 유통 저항에 직면 • 브랜드 관점 　- 모브랜드와 확장 브랜드 간에 시장 잠식 가능 　- 브랜드 확장의 실패로 모브랜드의 이미지 저하 가능성

Q & A

1. 데이비드 아커(Aarker, D.)는 행동과학 관점에서 브랜드 가치를 높이기 위한 요소를 제시했습니다. 그가 강조한 브랜드 자산(Brand Equity)이란 브랜드 이름과 상징에 관련된 자산과 부채의 총체라고 했습니다. 이 브랜드 자산을 인정받기 위해 고객들에게 브랜드에 대한 신념과 느낌 등을 풍부하게 하기 위해 필요한 구성요소를 무엇으로 제시했습니까?

(정답) 브랜드 연상

(해설) 브랜드 연상(Brand Associations)은 고객들에게 브랜드에 대한 신념과 느낌 등을 풍부하게 하기 위해 필요한 구성요소입니다. 특정 브랜드가 소비자의 감각기관을 통해 수용되고 해석됩니다. 이 과정을 거쳐 제품 및 서비스 브랜드를 연상하는 것에 그치지 않고, 기업이 생성하는 조직 브랜드, 브랜드 개성, 국가, 지역 등을 포함하게 됩니다.

직접인용 자료

1 문개성(2023). 스포츠 경영: 21세기 비즈니스 미래전략(개정2판). 박영사, 7쪽.
2 문개성(2019). 보이콧 올림픽: 지독히 나쁜 사례를 통한 스포츠 마케팅 이해하기. 부크크, 126~128쪽
3 문개성(2022). 스포츠 마케팅 4.0: 4차 산업혁명 미래비전(개정2판). 박영사, 342쪽.
4 문개성(2023). 스포츠 경영: 21세기 비즈니스 미래전략(개정2판). 박영사, 8쪽.
5 문개성(2022). 스포츠 마케팅 4.0: 4차 산업혁명 미래비전(개정2판). 박영사, 149쪽.
6 이명식, 양석준, 최은정(2018). 전략적 브랜드 마케팅(제2판). 박영사. 151, 160쪽

10부

전국체육대회,
100년 역사에 마케팅을 입히자

K-MOOC와 함께하는 스포츠 마케팅

몸을 활용한 가치, 체육이란?

체육(體育)이라 하면 무엇이 떠오를까요? 운동장이나 체육관에서 선생님들로부터 가르침을 받았던 기억이 있습니다. 몸 체(體)와 기를 육(育)자를 통해 그 뉘앙스를 쉽게 읽을 수 있습니다. 즉, 체육의 의미는 몸의 활용으로 교육적인 내용이 전달되는 취지로 설명될 수 있는 영역입니다. 영어의 표현도 'Physical Education'으로 말 그대로 신체의 교육이 됩니다. 우리도 한 자어를 차용해 체육이란 용어를 쓰듯이 다른 나라에서도 자신들의 언어로 체육의 개념을 사용하고 있습니다. 8부에서 살펴본 바와 같이 스포츠란 용어의 정의에 대해 「스포츠산업진흥법」에 명시됐듯이, 체육이란 용어는 「국민체육진흥법」에 명시가 돼 있습니다.

체력측정

국민체육진흥법 관련조항[1]

> 제2조(정의) 이 법에서 사용하는 용어의 뜻은 다음과 같다.
> 1. "체육"이란 운동경기 · 야외 운동 등 신체 활동을 통하여 건전한 신체와 정신을 기르고 여가를 선용하는 것을 말한다.
> 2. "전문체육"이란 선수들이 행하는 운동경기 활동을 말한다.
> 3. "생활체육"이란 건강과 체력 증진을 위하여 행하는 자발적이고 일상적인 체육 활동을 말한다.
> 4. "선수"란 경기단체에 선수로 등록된 자를 말한다.
> 4의2. "국가대표선수"란 통합체육회, 대한장애인체육회 또는 경기단체가 국제경기대회(친선경기대회는 제외한다)에 우리나라의 대표로 파견하기 위하여 선발 · 확정한 사람을 말한다.

5. "체육지도자"란 학교·직장·지역사회 또는 체육단체 등에서 체육을 지도할 수 있도록 이 법에 따라 다음 각 목의 어느 하나에 해당하는 자격을 취득한 사람을 말한다.
　가. 스포츠지도사
　나. 건강운동관리사
　다. 장애인스포츠지도사
　라. 유소년스포츠지도사
　마. 노인스포츠지도사
6. "체육동호인조직"이란 같은 생활체육 활동에 지속적으로 참여하는 자의 모임을 말한다.
7. "운동경기부"란 선수로 구성된 학교나 직장 등의 운동부를 말한다.

위에서 살펴보면 체육지도자의 큰 범주에서 영역별 지도자의 개념을 '스포츠지도사'라고 명기돼 있습니다. 2015년 법이 일부 개정되면서 용어도 바뀐 것입니다. 몸을 활용한 교육적 영역에서 활동하는 지도자에 체육대신 스포츠란 용어를 사용한 이유는 무엇일까요? 아마 가르치는 사람들도 새로운 트렌드로서 스포츠란 개념을 인식할 필요성이 생겨난 것은 아닐까요? 예를 들면 한 해 신생아가 대략 100만 명 정도 태어나서 자라온 환경과 현재처럼 20~30만 명대 수준으로 급격히 하락한 환경은 엄연히 다를 것입니다. 잘만 가르치면 되는 것이 아니라 고객이 원하는 바를 알아야 하고, 수요가 끊이지 않도록 역량을 키워야 함을 의미하는 것입니다. 즉, 체육을 가르치는 사람도 스포츠 마케팅의 개념을 어느 정도는 알아야 된다는 것이죠.

체육으로 여러 사람이 모여 활동을 합니다. 규칙을 정해서 경쟁을 유도하기도 합니다. 초등학교 운동회, 동호인들이나 일반 시민들이 참여하는 체육행사를 스포츠 이벤트라고 하지 않습니다. 이와 같이 체육활동은 교육적인 뉘앙스가 다분합니다. 적정한 선에서 경쟁을 하는 방식이지만 이겼다고 유명인사가 되거나, 졌다고 울분을 토하며 다음을 기약할 만큼 심각하게 받아들이지도 않습니다. 건전한 경쟁을 통해 페어플레이를 배우거나 시민들의 건강증진과 친목도모가 주요 목적이라 할 수 있죠.

인류 공통의 언어, 스포츠란?

스포츠(Sports)는 전 세계 어디서나 스포츠란 용어를 씁니다. 라틴어인 'Portare'에서 유래됐는데 '물건을 운반하다'란 의미가 있습니다. 이후 '즐거움을 나르다'란 의미로 발전하게 된 것입니다. 흔히 올림픽과 같은 대형 스포츠 이벤트를 인류 공통의 언어 혹은 유산이라고 부릅니다. 그 이유가 무엇일까요? 여러 흥행요인으로 마케팅 시장에서 성공하면서 현대인의 삶에까지 큰 영향을 미쳤기 때문입니다. 이로써 서로 다른 인종, 종교, 언어, 문화가 만나 인류가 가져야 할 공감대를 형성해왔습니다.

체육대회와 스포츠 이벤트는 이 지점에서 큰 차이를 보입니다. 즉, 스포츠 이벤트는 근원적인 의미로부터 목적하는 바가 다릅니다. 종종 이를 헷갈려 하는 영역이 있습니다. 지방자치단체에서 보조금 사업으로 행하는 종목별 동호인 행사입니다. 겉으로는 스포츠 이벤트라고 표방하며 흥행을 주도하고자 하지만, 엄밀히 얘기하면 체육행사에 가깝습니다. 아름아름 지역 업체가 협찬을 하거나 작은 언론사에서 관심을 갖기도 하지만, 홍보효과를 누릴 수 있는 수준이 아닙니다. 수준이 높고 낮은 문제가 아니라 행사의 취지와 방향이 다른 것입니다. 이러한 체육행사는 지역 체육종목을 육성하고 동호인 생활체육의 활성화란 측면에서 필요한 행사인 것이죠.

그럼에도 지역의 홍보와 관광객 유입을 기대하는 경우가 있습니다. 지금은 많이 사라졌지만 단체장의 선심성 행정과도 무관하지 않았죠. 물론 지역경제에 영향을 줄 수 있는 요인으로 가능성 없는 얘기는 아니지만 기대하는 부분에 대해 초점을 달리한 경우라 볼 수 있습니다. 다시 말해 체육행사는 흥행을 위한 행사라기보다 시민과 동호인을 위한 행사로서 의미를 찾는 게 좀 더 현명한 정책이라 할 수 있습니다. 하지만 스포츠 이벤트는 매력적인 흥행 요인을 갖춰야할 할 당위와 오랜 기간 동안 이어가야 할 사명을 갖는다고 할 수 있죠. 전통과 역사가 쌓이다보면 온갖 기록이 축적되면서 가치가 높아질 것입니다. 100년 정도 끊임없이 지속된 대회라고 한다면 스포츠 이벤트로서 가치를 지녔다고 해도 과언이 아닙니다.

전국체육대회의 역사 및 의미를 알아보자

서구의 지역대회가 현재 세계적으로 유명하게 된 대회가 꽤 있습니다. 앞서 언급한 100년 정도를 기준으로 삼은 것입니다. 잘 알려진 스포츠 이벤트로서 1897년에 처음 시작한 보스턴 마라톤 대회와 1903년에 시작된 투르 드 프랑스(Tour de France) 도로 사이클 대회가 있습니다. 우리나라에도 100회를 넘긴 대회가 있습니다. 매년 10월이면 어김없이 개최지를 달리하며 대규모 체육행사가 개최됩니다. 바로 '전국체육대회'입니다. 사람들은 잘 모릅니다. 이유는 여러 가지가 있겠지만 '변화의 속도(Speed of Change)'에 맞게 업그레이드를 하지 못했기 때문입니다. 본서에서 진지한 논의를 하고자 100주년을 맞이한 2019년에 발표한 학술논문 전문을 싣겠습니다. 다만 지나치게 길어지면 안 되기 때문에 연구의 필요성과 방법, 결론 및 제언 부분은 제외하겠습니다. 즉, 연구결과와 논의부분으로 '100회 전국체육대회의 의미와 스포츠 사업화 도입방안'을 공유하겠습니다.

1. 전국체육대회의 시작[2]

전국체육대회의 효시는 1920년 11월 4일에 개최한 전조선야구대회로 꼽는다. 일제강점기에 조선인 주도로 같은 해 7월 13일에 출범한 조선체육회의 주관으로 이뤄졌다. 이는 1938년 강제적 해체에 이르기까지 항일을 이어가고, 민족정신을 함양하는 매개체 역할을 수행한 상징적 단체로서 의미를 지녔다(제100회 전국체육대회 조직위원회, 2019; 정문현, 진윤수, 2017).

태동기라 불린 1920~1937년에는 일본의 식민통치에 의해 다양한 스포츠 종목의 정상적인 보급과 발전에 한계를 지녔던 사회상을 극복하여 지속적으로 이어온 점이 높이 평가된다(전윤수, 1998). 1개 종목(야구)으로 시작하여 1934년 조선체육회 창립 15주년 기념 전조선종합경기대회에는 축구, 야구, 정구, 육상 등 5개 종목으로 확장됐다. 이 대회를 조선인이 주도한 종합체육대회의 효시로 인식하고 있다. 이듬해에는 유도, 씨름, 역도가 추

전조선야구대회(1920)

가, 1936년엔 빙상, 권투, 탁구가 추가되고 태동기 마지막 해인 1937년에는 배구가 포함되면서 대회 규모는 날로 커져갔다.

특히 1936년 히틀러 나치의 정치적 악용으로 오명이 남겨진 베를린 올림픽 때 손기정 선수가 마라톤에서 우승함에 따라 '항일'이라는 대의의 정신적 승리로서 전조선종합경기대회가 절정에 오른 시기로 간주됐다. 하지만 동아일보의 일장기 말소사건이 발생하자, 가뜩이나 커가는 조선체육회를 견제하던 일제는 1938년에 강제해산을 시키며 일본인 단체인 조선체육협회에 흡수시켰다(전윤수, 1998; 정문현, 진윤수, 2017). 이후 해방에 이르기 전까지 전국체육대회는 침체기(1938~1944)를 겪게 된다(전윤수, 1998).

2. 전국체육대회의 발전

1945년 8월 15일, 해방을 맞이하고 같은 해 10월 27일에 자유해방 경축 전국종합경기대회라는 이름으로 전조선종합경기대회를 부활시켰다. 또한 11월 16일 조선체육회를 재결성할 정도로 민족화합과 에너지 발산의 장으로 다시 열망을 불어넣고자 했다. 경기, 심판, 채점규정 등이 마련되고 1945년 대회를 제26회로 산정하면서 부흥기(1945~1956)를 맞이했다(전윤수, 1998). 이는 해방직후, 이듬해 각 경기단체들의 조직이 정비되고 8·15 해방 1주년 기념대회, 3·1절 경축대회 등 굵직한 대회가 개최되면서 분위기가 고조됐고, 제27회 대회(1946)는 조선올림픽대회로 부를 정도로 국제무대에 진입하고자 하는 의지를 담았다. 1947년 6월에는 대한올림픽위원회가 발족하고, 1948년 8월 15일 대한민국 정부수립을 경축하는 제29회 대회부터 전국체육대회로 명칭을 수정하고 자유참가제에서 오늘날의 시·도 대항제로 바뀌게 됐다(김동규, 전윤수, 1998; 제100회 전국체육대회 조직위원회, 2019).

이러한 과정을 통해 1948년 2월, 스위스 생모리츠 동계올림픽에 사상 최초로 '코리아(KOREA)' 국호로 선수단이 참가하게 됐고, 같은 해 런던 하계올림픽 때 김성집 역도선수가 동메달을 획득하면서 태극기가 최초로 게양됐다. 동족상잔의 비극인 1950년 6·25 전쟁으로 제31회 대회는 열리지 못했지만, 이듬해에는 전시 중이었음에도 불구하고 광주에서 제32회 대회를 치렀다. 1955년 서울에서 개최된 제36회 대회 때부터 이상백 박사의 제의로 단군 전설과 유적이 많은 강화도 마니산 참성단에서 채화하여 대회 주경기장까지 성화가 봉송되는 전통을 이어가게 됐다(국가기록원, n. d.; 제100회 전국체육대회 조직위원회, 2019).

전국체육대회는 지방 순회시대(1957~1980)에 초창기 경험미숙과 중앙·지방 간 소통 부재 등의 이유로 우여곡절을 겪기도 했지만, 해를 거듭하며 체계적인 조직운영의 기틀을 마련하게 됐다(전윤수, 1998). 1972년 제53회 대회부터는 재외동포 선수단이 처음으로 참가하게 되면서 오늘까지 이어지고 있다. 또한 박정희 시대에서 전국체육대회를 통해 추구했던 체육·스포츠 정책의 평가는 엇갈린다. 국가주의 스포츠를 통해 시민정신과 민족 정신을 고양했다(이학래, 김종희, 1999; 주동진, 김동규, 2002)는 긍정적인 평가와 미디어 스포츠가 갖는 위력을 활용해 대북 스포츠의 우위를 포장하고 국제대회의 승리보도를 국위선양의 정치도구로 활용(이강우, 1997; 임식, 허진석, 2009)했다는 부정적인 평가를 낳았다(한승백, 2018).

이후 체육·스포츠 분야의 체계적 조직화와 각 시·도에 분포돼 있는 체육회 및 각종 단체를 통해 전국적 조직망이 형성됐다. 서울아시아경기대회(1986), 서울하계올림픽대회 (1988), 한일월드컵대회(2002), 평창동계올림픽대회(2018) 등 차질 없는 국제적 행사 개최의 원동력이 됐다.

3. 전국체육대회의 의미

1896년 그리스 아테네에서 제1회 대회로 시작한 근대 올림픽의 이념은 피에르 쿠베르탱(Pierre de Coubertin)에 의해 창안됐다. 올림픽 헌장(Olympic Charter) 제2조 15항에 따르면 "올림픽대회가 개최도시, 지역과 국가에 긍정적 유산을 남기도록 장려한다(to promote a positive legacy form the Olympic Games to the host cities, regions and countries),"라고 명시돼 있다(IOC, 2019). 특히 유산을 경제, 사회, 문화, 환경, 스포츠의 5가지 분야에 골고루 긍정적인 영향을 미칠 수 있길 기대한다. 또한 경제적 파급효과와 시설 확장에 초점을 두어 인프라(Infrastructure)로서 유형적인 관점에서 올림픽 유산을 바라봤다면, 2000년대 이후 무형적이거나 소프트 유산(Soft Legacy) 측면으로 확대 해석하고 있다(임태성, 박재우, 2015).

본 연구주제인 전국체육대회의 유산을 앞으로 어떻게 축적하고, 승화시켜 나가야 하는지 방향을 설정하는 문제는 매우 중요할 것이다. 이를 위해선 100년 이상 역사를 통해 유산을 남기고자 했던 올림픽의 유·무형적 관점과 우리나라 체육·스포츠의 정책수립 과정에서 도출된 개념을 적용하여 전국체육대회의 의미를 두 가지 관점에서 살펴봤다. 즉, '스포츠 강국' 측면과 '스포츠 산업 강국' 측면에서의 의미이다.

1) 스포츠 강국 측면에서의 전국체육대회 의미

문민정부에서 수립한 제1차 국민체육진흥5개년계획(1993~1997)에 처음으로 등장한 세계 10위권 내의 경기력 유지를 통해 전문체육의 지속적 육성을 강화하였다(문화체육관광부, 2018a). 이러한 목표와 추진되는 과정의 원천으로서 전국체육대회의 연례적 개최를 통한 우수 선수와 지도자 양성이 있다(정문현, 진윤수, 2017). 특히 자율참가에서 시·도 대항전으로 1948년 이래 치러지면서 각 시·도의 팀 창단, 지도자 채용, 선수 경쟁 체제 등의 시스템이 자연스럽게 구축되면서 국제무대의 성과로 이어졌다.

또한 전국체육대회는 교육, 문화, 사회적 분야의 기여로 이어졌다. 스포츠 경기의 가장 큰 특징인 기록갱신과 승리욕구에 부합해야 하는 체육대회를 준비하는 과정에서 소속팀, 학교, 지역을 대표하는 일체감과 귀속감을 부여했다고 보았다. 즉, 전국체육대회를 통해 엘리트 스포츠 제전의 표본으로 자리매김하고, 학생선수들에게 체육교육의 연장선상이 되어야 한다고 강조했다. 나아가 궁극적으로 엘리트 스포츠와 생활체육의 조화에 기여할 수 있는 기대를 갖게 했다(김동규, 전윤수, 1998).

이러한 시·도 간 경쟁체제, 지역의 대표성 등을 강조하게 되면서 하계올림픽 종목을 위시한 우수선수와 지도자 양성으로 이어졌다. 이로써 국제무대의 성과를 창출한 원동력이 됐다. 더불어 주목할 점은 우리나라 전통종목을 가미했다는 것이다. 부족국가 때의 민속놀이로부터 이어져온 각저(角觝)와 사예(射藝)를 오늘날의 명칭인 씨름과 국궁으로 정식종목으로 채택·운영되고 있다. 또한 시범종목으로 선보이는 택견(태껸)도 부족국가 시기에서 비롯돼 삼국시대 국력 증강차원에서 고구려를 거쳐 백제, 신라로 전파되고 계승돼 왔던 수박(手搏)에서 비롯된 것으로 추정하고 있다. 조선조 22대 정조 때 이만영이 지은 재물보(才物譜)에 "卞 手搏爲卞 角力爲武 若今之 탁견", 즉 "변 수박은 변이요, 각력은 곧 무이다. 지금에는 이것을 탁견이라 한다."라고 '탁견'이란 한글 표기와 함께 기록돼 가능성을 높게 보고 있다(김재광, 2019).

일제 강점기 때 숱한 탄압으로 사라질 뻔 했던 우리 고유 무예인 택견(태껸)기술의 구한말 마지막 전승자인 송덕기(宋德基, 1893~1987) 선생의 지도가 한국사회에 어렵게 뿌리를 내리는 과정을 통해 시범종목의 채택은 그 의미가 크다. 다시 말해 전국체육대회의 가치로서 우리 고유의 전통놀이와 무예체육을 발굴할 수 있는 학술적·실무적 환경을 조성할 수 있을 것이다. 올림픽과 세계선수권대회에서 최고의 기량을 겨루는 엘리트 선수 양성이란 취지와 함께 일반 시민들이 공유·공감할 수 있는 우리고유의 가치를 높일 수 있는 제도적 장치가 요구된다. 이로써 정부가 밝힌 엘리트 체육과 생활 체육의 통합, 그리고 온 국민이 참여하는 '모두를 위한 스포츠 정책'

송덕기 선생

이란 취지를 제고할 수 있을 것이다(문화체육관광부, 2019b).

이 외에도 말을 타고 기예를 부리는 마상재(馬上才), 말을 타며 필드하키와 유사한 종목을 겨루는 격구(擊毬) 등 무예에 가까운 전통 종목을 잘 살릴 수 있는 체육행사로서 가능성을 열었다. 다시 말해 스포츠 강국으로서의 진면모가 서구사회가 주도한 종목과 기준에 부흥하는 것에 그치지 않고, 우리 종목을 어떻게 보여주고 어떤 방식으로 매력을 부여하는가의 성찰이 필요할 것이다. 100년 동안 전통을 이어온 전국체육대회만의 자산이기 때문이다.

2) 스포츠 산업 강국 측면에서의 전국체육대회 의미

국내에선 스포츠 산업 분류를 몇 차례의 과정을 거쳤다. 2000년 1월 처음으로 제정됐던 '스포츠산업특수분류 1.0'을 토대로 2008년 '스포츠산업특수분류 2.0'을 만들었다. 이후 2012년 12월에 지금까지 사용하고 있는 '스포츠산업특수분류 3.0'을 이전 버전을 수정·보완, 개정과정을 거쳐 완성했다. 즉, 스포츠 시설업, 스포츠 용품업, 스포츠 서비스업으로 3개의 대분류를 했다(문화체육관광부, 2018b).

최근 몇 년 간 전국체육대회(장애인체육대회 포함)를 통해 추정한 지역 경제적 파급효과를 살펴보면 다음과 같다. 제주연구원(2013)에 따르면 2014년 95회 제주대회는 생산 및 부가가치 유발효과 2,396억 원, 고용유발효과 2,223명으로 추정했다. 2016년 97회 충남 아산대회는 생산 및 부가가치 유발효과 2,334억 원, 고용유발효과 2,141명으로 분석했고(충남연구원, 2015.12.31.), 2017년 98회 충북 충주대회는 생산 및 부가가치가 3,758억 원, 고용유발효과 2,979명으로 내다봤다(충북연구원, 2017). 또한 2018년 99회 전북 익산대회는 생산 및 부가가치 유발효과 1,345억 원, 고용유발효과 1,324명으로 분석했다(익산시, 2018).

이와 같은 경제적 효과의 기반을 살펴보면 우선 지역 균형발전의 토대를 이룬 요인은 지역 순회경기에서 비롯된다. 전국체육대회는 1973년 제54회 대회부터 전국 광역자치단체가 주체가 되어 매년 지역을 달리하며 개최됐다. 이는 곧 지역 균형발전의 원동력으로 작용했다. 지역주민 간의 공동체 의식 함양과 더불어 생활에 밀접한 생활체육 인프라가 구축이 되고, 지역의 경제적 효과에 큰 영향을 미쳤다(전윤수, 2004; 정문현, 진윤수, 2017). 또한 대규모 스포츠대회를 연례적으로 개최함에 따라 필연적으로 체계가 안착하게 된 체육행정과 지도 및 연구의 협력관계는 심도 있게 축적됐다. 이를 통해 지속적인 엘리트 스포츠 양성을 비롯해 민간차원의 역할이 확대되고, 다양한 분야의 혜택으로 이어졌다(전윤수, 2004).

전국체육대회의 개최방식이 광역자치단체가 주관이 되어 치러지지만, 주 경기장을 소재한 기초지자체의 타이틀을 명시함에 따라 개최지역을 부각시키며 홍보효과를 기대하게 한다. 이는 행정, 예산, 언론을 집중시키면서 투자와 소비지출을 극대화하여 지역의 경제적 파급효과에 기여를 하고 있다. 또한 도내의 다른 시·군에 분포돼 있는 경기장을 활용함으로써 대회운영과 숙박문제를 해결하고, 개최지역의 재정적 부담을 해소하는 효과를 거두고 있다. 이러한 과정을 통해 필수적으로 지출되는 경기장 신축과 개보수 비용, 내회 운영경비 지출, 관광소비지출 등의 세 가지 경로가 준비과정으로부터 대회개최 후 종료까지 진행되면서 스포츠 시설, 용품, 서비스에 이르기까지 산업적인 측면에 긍정적인 영향을 미치고 있다.

　본 연구의 주제를 효과적으로 수행하기 위해 분류한 '스포츠 강국 측면'과 '스포츠 산업 강국 측면'에서의 전국체육대회를 살펴보고자 했다. 오랜 기간 동안 엘리트 체육의 위상을 높이는데 기여한 전국체육대회는 스포츠 강국 측면으로의 성과를 도출하고, 지속적으로 이를 유지하기 위한 제도적 보완과 시스템 마련에 초점을 두고 있다.

　이에 전국체육대회의 스포츠 사업화 방안을 도출하기 위한 '스포츠 산업 강국' 측면으로의 대회의 가능성을 살펴보고자 한다. 즉, 국내 스포츠산업분류(문화체육관광부, 2018b)에 따른 스포츠 용품업, 스포츠 시설업, 스포츠 서비스업 영역에서 시장을 확대할 수 있는 발전방향을 크게 스포츠 산업정책 강화·제도개선과 스포츠 마케팅 시장의 개척이란 주제로 분류해 논의하면 다음과 같다.

전국체육대회가 스포츠 산업으로 발전할 수 있을까?

1. 스포츠 산업정책 강화와 제도개선[3]

　스포츠산업진흥법 제5조 기본계획의 수립 등(법제처, n. d.)에 따르면 "스포츠산업 진흥에 관한 기본적이고 종합적인 중장기 진흥 기본계획과 스포츠산업의 각 분야별·기간별 세부시행 계획을 수립·시행"하여야 하는 의무조항이 있다. 2017년 기준 전 세계 스포츠산업 규모가 1,430조 원에서 국내 스포츠산업 규모가 74.7조원으로 5.2%를 차지하는 것으로 추산했다. 국내 스포츠산업 고용규모가 같은 해 42.3만 명으로 지난 5년간 (2013~2017) 총 연평균 4.5%의 성장세로 나타나 고용유발계수가 10.7명으로 전체 산업 8.5명 대비 높은 수준으로 분석됐다(문화체육관광부, 2019c).

　현재 국내 스포츠 산업(스포츠 시설업, 스포츠 용품업, 스포츠 서비스업) 매출에서 스포츠 용품업이 차지하는 비중이 45.5%로 거의 절반을 차지해 앞으로 성장 가능성이 높은 스포츠 서비스업 분야를 확대하기 위한 노력이 필요한 실정이다. 구체적으로 살펴보면 전체 스포츠산업 매출액이 74조 6,960억 원(2017)에서 스포츠 용품업이 34조 110억 원 (45.5%)으로 스포츠 시설업(17조 5,440억 원, 23.5%)과 스포츠 서비스업(23조 1,410억 원, 31%) 대비 큰 비중을 차지하고 있다(문화체육관광부, 2019c).

즉, 스포츠 경기서비스업, 스포츠 정보 서비스업, 스포츠 교육기관 등으로 다시 분류가 된 스포츠 서비스업의 육성과 매년 개최되는 전국체육대회의 연관성을 찾을 수 있다면 좋은 대안이 될 수 있을 것으로 생각한다. 예를 들어 스포츠 경기 서비스업에서 세분류된 스포츠 베팅업을 통해 스포츠 복권 발행 및 판매업을 할 수 있는 법적·제도적 개선도 고려할 만하다. 예를 들어 국민체육진흥법 일부개정을 통해 2000년도에 사업 근거를 마련한 체육진흥투표권 사업은 2019년 기준 6개 베팅대상(축구, 야구, 농구, 배구, 골프, 토토 언더오버)으로 시행하고 있다. 문화체육관광부가 인·허가권자로서 서울올림픽기념국민체육진흥공단(KSPO)이 시행하고 민간((주)케이토토, 2019년 기준)에서 위탁운영을 하는 체제이다.

중국의 예를 들면 오래전부터 국가 체육행사와 기금조성의 연계를 추진했다. 중국의 스포츠산업정책은 정부재정투입, 기반시설투자, 사회자본모금, 세금징수를 비롯해 체육기구 및 대회운영과 관련한 정책을 포함함으로써 국가의 중요한 사회발전영역으로 관리하고 있다(김석규, 2012). 이 일환으로 지난 '2001-2010년 체육발전 요강'에 국가적인 차원의 투자에서 벗어나 사회 각 분야의 역량을 스포츠 사업에 투자하도록 유도했다. 또한 스포츠 보건 오락 시장의 확대를 통해 전 국민의 건강을 증진시키고자 하는 계획을 실행했다. 마지막으로 스포츠 경기 및 공연 시장 육성에 대한 추진의지를 드러냈다. 이를 위해 스포츠경기 시스템의 개혁과 운영제도를 구축함으로써 스포츠 경기의 사회화, 산업화, 표준화를 강력하게 추진했다. 이를 토대로 현재 중국의 스포츠 산업분야의 성장을 끌어올렸다는 평가를 받고 있다(김석규, 2012, 2013; 김성훈, 김석규, 2013).

옛 중국경마 대회에서 1850년부터 이미 존재했던 중국의 체육복권은 1984년에 신 중국 체육복권이 공식적으로 발행된 이후 오늘에 이르고 있다. 궁극적인 목적은 전 국민건강계획을 수행하고 대규모 체육행사의 자금을 조성하기 위함이었다. 이는 중국이 스포츠를 산업적인 측면에서 발전을 꾀하기 위해 체육복권을 적극 활용하는 계기가 됐다. 근본적으로 국민건강계획 자금의 일부를 조성해주는 수단을 통해 체육시설 설치, 일자리 창출, 체육경제 확대 촉진, 체육에 대한 인식을 높이는 긍정적인 역할을 기대하고 있다. 체육시장을 규범화하여 체계화된 법규를 고치고, 체육복권발행과 운영시스템을 보다 개선해야 하는 과제를 지니고 있음에도 불구하고, 고정적인 기금을 마련하고 지속적인 체육정책을 유지하는데 매우 중요한 장치가 된 것이다(김성훈, 김석규, 2013).

국내 스포츠베팅업에는 경주사업(경마, 경륜, 경정)과 관련한 수많은 업종이 분포돼 있다. 우선 경주사업은 대규모 편의시설을 갖춘 본장과 본장으로부터의 송출되는 경주 장면을 화면에 띄어 베팅환경을 조성한 수십 개의 장외발매시설을 필요로 한다. 하지만 스포츠 토토와 프로토란 상품으로 이뤄진 체육진흥투표권은 판매점 인·허가 구조가 경주사업의 장외발매소 설치와 달리 제약이 없다. 즉, 주무부처 승인으로 베팅이 가능한 환경을 상대적으로 어렵지 않게 조성할 수 있다. 경주사업 본장과 같이 새로운 시설을 건립하거나 장외발매소 설치처럼 지역주민과의 마찰 등 재정적·사회적 비용을 들이지 않고, 스포츠 서비스의 개선으로 전국체육대회의 관심과 발전을 견인할 수 있을 것이다.

다시 말해 연례적으로 지역을 달리하며 개최되는 전국체육대회 기간 중에 한시적으로 체육진흥투표권 사업을 시행하고, 실질적으로 개최지역의 세수를 확보할 수 있는 매출과 지출 구조를 개선할 수 있다면 사업화의 안정적 안착에 기여할 것으로 생각한다. 2017년 기준 체육진흥투표권의 매출 및 지출구조는 총매출액 100%에서 환급금 60%, 사업운영비 8%, 수익금 32%로 구성돼 있다. 환급금은 기타 경주사업(경마 73%, 경륜 및 경정 72%)에 비해 낮게 책정돼 있다. 또한 경주사업에는 포함된 제세 대신 8%의 사업운영비가 있어 경주사업처럼 경주개최비용과 수익금으로 분리된 수득금의 개념이 없다. 즉, 별도의 개최 비용이 필요하지 않는 이점이 있다. 이 구조가 32%가량의 수익금이 오롯이 발생하면서 유리하게 작용하여 국민체육진흥기금으로 전액이 조성되고 있다(문개성, 2017). 기금(基金, fund)이란 국가가 특정한 목적을 위해 자금을 신축적으로 운용하여 사업을 수행하기 위한 자금을 말한다. 전국체육대회 개최지역의 실질적 발전에 필요한 탄력적으로 지원을 할 수 있는 법적·제도적 개선이 필요하다.

과도한 시설 투자가 이루어지 않더라도 마케팅 시장을 확대시켜 많은 사람들의 소비로 이어질 수 있게 하는 대안이다. 체육진흥투표권 대상을 시즌 내내 운영되는 프로스포츠 종목에 국한하지 않고, 전국체육대회 기간 동안(7일 전후) 아마추어 종목 중에서도 관심도가 높은 종목을 대상으로 한시적으로 운영될 수 있다면 개최지역의 실질적 혜택이란 긍정적 공감대를 형성할 수 있을 것으로 기대한다. 물론 중국 사례와 같이 체육대회 시장을 대상으로 소비여력을 확장시키기 위한 인위적 장치를 마련하는 데는 쉽지 않을 것이다. 다시 말해 정치·사회적 제도가 다른 국내 상황을 충분히 고려하면서 단계별로 사업화 방안을 구상할 수 있을 것으로 생각한다. 중요한 지점은 다음 단락에서 제시한 스포츠 마케팅 시장을 개척하는데 있다. 즉, 특정한 시기, 장소, 기간 동안 연례적으로 창출되는 시장에 대해 소수의 체육인 대회로 끝날 것이 아니라 생산자, 유통자, 소비가 모두가 만족하는 마케팅 시장으로 승화시킬 수 있느냐의 문제가 중요하다.

2. 스포츠 마케팅 시장의 개척

문화체육관광부(2019c)는 최근 급변하는 글로벌 시장(Market)을 제대로 이해하고 스포츠 산업분야의 선도적 지위를 갖기 위해 5가지 전략을 제시했다. 첨단기술 기반 시장 활성화, 스포츠 기업의 체계적 육성, 스포츠 산업 균형 발전, 스포츠 산업 일자리 창출, 스포츠 산업 진흥기반 확립 등이다. 이를 위해 참여스포츠와 관람스포츠 서비스의 혁신, 스포츠 기업의 창업과 글로벌 진출 지원, 스포츠를 통한 지역경제 활성화와 서비스업의 경쟁력 강화, 스포츠 융·복합 인재양성 및 활용, 스포츠산업 진흥을 위한 전담체계를 새롭게 만들고, 지속적인 스포츠산업진흥법과 관련 제도를 개선하겠다는 의지를 표명했다.

특히 스포츠 용품업에 치중된 시장의 체질을 개선하고, 성장가능성이 높은 스포츠서비스 분야의 확장을 위해 참여스포츠의 신(新)시장을 창출하기 위한 노력을 하고 있다. 또한 관람 스포츠의 서비스를 혁신하기 위해 4차 산업기술을 스포츠 분야에 접목하는 방식을 적극 활용하려고 한다. 즉, 빅데이터, 가상현실(VR), 증강현실(AR), 사물인터넷(IoT) 등 4차 산업혁명으로 대표되는 기술을 통해 스포츠 콘텐츠를 소비하는 시장(참여 스포츠, 관람 스포츠)을 확대하고 재편하고자 한다.

이를 위해 '스포츠산업진흥법' 제17조(프로스포츠의 육성, 법제처, n. d.)에도 명시됐듯이 국내 4대 프로스포츠(야구, 축구, 농구, 배구) 리그를 적극 활용할 것이다. 계절별, 시즌별로 연중 스포츠 마케팅 시장이 열린다는 점에서 새로운 기술과의 접목을 시도할 수 있는 매력적인 실험대상이기 때문이다. 만약 이러한 신기술을 통해 매년 특정한 시기에 지역별로 순회·개최하는 연례행사로서 전국체육대회만이 가진 시장의 특성을 살릴 수 있다면 새로운 차원의 교환(Exchange)이 창출되는 시장 형성의 가능성을 기대할 수 있다. 즉, 체육·스포츠 콘텐츠를 대상으로 끊임없는 4차 산업기술과의 융·복합을 이어간다면 새로운 기술축적이란 성과 외에도 국민의 관심을 유도할 수 있는 마케팅적 관점이 될 수 있다. 이는 스포츠기업의 문제로 지적되는 수도권 집중현상과 불균형을 해소하는 차원에서도 지역 콘텐츠를 발굴할 수 있는 중요한 매개가 될 수 있을 것으로 생각한다.

예를 들어 기업이 주도하는 수원 kt wiz 야구경지장의 5세대 이동통신 기술(5G) 생중계(케이티위즈, 2019.3.27. 보도자료)를 통해 기존 소비자의 호감도를 끌어올리고 신규 소비자를 유치하기 위한 노력을 하고 있다. 기존 중계에서 볼 수 없었던 다양한 시점과 각도의 화면을 스마트폰 애플리케이션을 통해서도 관람할 수 있게 된 것이다. 이러한 체육·스포츠 현장과 혁신 기술과의 조합을 통해 '스포츠의 마케팅(Marketing of Sports)' 주체인 연맹과 구단입장에선 관람 스포츠 소비자의 유치는 매우 중요한 비즈니스 영역이므로 적극 도입해야 할 기술과 시스템이다.

이와 같은 맥락에서 스포츠 자체를 두고 마케팅을 해야 하는 대한체육회 주최의 전국체육대회도 잠재적인 고객을 유도하기 위한 노력이 필요할 것이다. 다시 말해 앞서 언급한 스포츠를 통한 지역경제를 활성화하기 위해선 지역 스포츠 콘텐츠 개발과 지역 스포츠 관광의 컨소시엄에 대한 지원을 확대하는 차원에서도 최첨단 기술적 도입과 오랜 기간 동안 축적돼 온 행·재정적 지원이 따르는 전국체육대회의 활용은 상승효과를 거둘 수 있을 것으로 기대할 수 있다.

전국체육대회를 주최하는 대한체육회 정관 제5조(사업) 15항을 살펴보면 "체육회의 사업수행에 필요한 홍보사업 및 재원 조달을 위한 수익사업"을 할 수 있다. 16항 3호에 "체육회의 고유목적 사업을 원활히 수행하기 위하여 필요하다고 인정하는 때에는 관계부처의 협의를 거쳐 별도 법인을 설립하거나 출자·출연할 수 있다."고 명시돼 있다(대한체육회, 2019a). 마케팅 규정 제12조(공동마케팅)를 살펴보면 "전국종합체육대회 조직위원회는 체육회와 공동마케팅 관련 내용을 서면 합의 후 각 당사자의 마케팅 자산을 활용하여 체육회와 공동마케팅을 할 수 있다."라고 제시됐다(대한체육회, 2019b).

이는 Fullerton(2009)이 언급한 지방 스포츠 이벤트(Regional Events)가 100년 이상의 역사를 이어가면서 국제 이벤트(International Events)가 된 윔블던 테니스 대회(1877년 시작), 보스턴 마라톤 대회(1897년 시작), 투르드프랑스 도로사이클 대회(1903년 시작) 등의 예로 보듯이 매해 흥행을 위해 체계적으로 운영되는 대회 조직위원회의 마케팅 활동을 제도상 할 수 있는 여건이 마련됐다고 볼 수 있다. 이에 전국체육대회는 위에서 언급한 단일종목이 아닌 다수의 올림픽 종목과 우리 전통종목의 조화를 이룬 매우 독특한 스포츠이벤트로서 흥행을 유도할 수 있는 콘텐츠를 잘 활용하고, 프로모션을 할 수 있는 상시적 조직위원회를 둘 수 있는 것이다. 다시 말해 여러 종목이란 제품(Product)에 각종 서비스(Services)를 가미한 최종 거래상태의 상품(Goods)을 창출할 수 있어 마케팅의 기본 속성인 교환(Exchange)이 이루어지는 새로운 시장(Market)을 만들어갈 수 있을 것으로 생각한다.

또한 정관 제9장(지적재산권)의 제54조(올림픽 자산 등) 외에 제55조(전국종합체육대회 등에 대한 권리)에 따라 "체육회가 주관하는 전국종합체육대회에 관한 상표권 등과 관련하여 독점적 사용권을 갖고 있다. 다만, 전국체육대회 또는 전국생활체육대축전을 개최하는 시·도 및 시·도 체육회는 해당 대회에 관해 비상업적 목적으로 이를 사용할 권리를 갖는다."라고 명시돼 있다. 같은 조항 2항에는 "체육회의 명칭, 로고, 표창과 체육회가 주관하거나 파견하는 전국종합체육대회 및 국제종합경기대회에 관련된 국가대표 선수, 지도자, 심판의 이름 및 사진에 대해서는 체육회가 독점적 사용권리를 갖는다."고 되어 있다. 더불어 "체육회의 권리를 사용하고자 하는 개인, 단체 또는 법인은 체육회의 사전승인을 받아야 하며 그 사용료를 지불하여야 한다."라고 마케팅 활동을 위한 절차가 구체적으로 제시돼 있다(대한체육회, 2019a).

마케팅 규정(대한체육회, 2019b)의 목적이 "체육회의 사업에 필요한 재원확보를 위하여 체육회의 지적재산권 등 권리를 활용한 체육회 마케팅 활동"이라 규정했다. 마케팅이란 체육회 유·무형의 자산과 이와 관련된 지적재산권 등 권리를 판매하는 활동이다. 대표적으로 후원권, 상품화권, 방송권에 관한 사업을 명시했다(마케팅 규정 제3조, 마케팅 활동). 다만 상업권자 선정방법과 시기(마케팅 규정 제7조)를 살펴보면 "동·하계올림픽 기간을 기준으로 매 4년마다 일반경쟁에 의하여 상업권자를 선정하는 것을 원칙"으로 돼 있어 올림픽에 초점이 맞춰져 있다. 이는 정관 제54조(올림픽 자산 등)와 제55조(전국종합체육대회 등에 대한 권리)에 근거하여 제54조인 올림픽 자산에 국한된 내용으로 한정돼 있어 자체규정 수정이 필요할 것으로 생각한다. 또한 마케팅 규정에는 상업권자의 권리보호(제8조), 매복마케팅 금지(제10조) 등도 포함돼 있어 기본적인 스폰서십 환경을 조성하기 위한 노력을 했다고도 볼 수 있다(대한체육회, 2019b).

이렇듯 전국체육대회의 주최기관인 대한체육회는 마케팅 시장을 개척하고 활동할 수 있는 규정은 체계적으로 마련돼 있다. Kotler, Kartajaya, & Setiawan(2017)에 따르면 최근 온라인과 오프라인의 융·복합 시장의 특성을 '시장 4.0(Market 4.0)'으로 규정했다. 산업혁명의 동인이었던 기능적 측면을 강조한 제품 중심의 시장(1.0)에서 기능과 감성적 측면을 강조하면서 정보화 기술의 발달과 소비자 중심인 시장(2.0)으로 변화하는 과정을 겪었다. 이후 인간 중심의 새로운 차원의 뉴 웨이브 기술이 도입되고 상상력과 영혼을 강조하기에 이르는 시장(3.0)을 맞이했다. 얼마 지나지 않아 디지털 경제가 확대되면서 온·오프라인의 상호작용이 매우 중시되면서 스토리텔링(Story-telling)에서 직접 소비자가 행동하며 가치를 평가하는 스토리두잉(Story-doing)의 시장(4.0)에서 생산자, 유통자, 소비자가 활동을 하게 된 것이다. 스포츠 콘텐츠를 생산, 유통, 소비하는 주체도 '스포츠 마켓 4.0'을 의식을 하든, 그렇지 않든 4.0 시장에 노출돼 있는 것이다.

　　문화체육관광부(2019b)의 스포츠혁신위원회의 6차 권고에 따른 동호인 선수의 전국체육대회의 참가환경을 열어둘 수 있다는 것은 매우 중요한 시사점이 될 수 있을 것이다. 국민생활체육참여실태(문화체육관광부, 2018c) 조사에 따르면 일반인이 1년간 규칙적(일주일에 1회 이상, 1회 운동 시 30분 이상)인 생활체육 참여율이 62.2%로 과반을 넘었고, 최근 1년 간 한 번이라도 참여해본 적이 있는 체육활동의 경험률은 88.1%로 집계됐다. 이렇듯 일반인의 생활체육 관심도를 높이기 위해 전국체육대회를 적극적으로 활용하기 위한 전략을 필요할 것으로 생각한다. 일정 수준 이상의 동호인의 전국체육대회의 공식적 참여는 가족 단위의 고객을 더불어 확보하고, 개인별로 가입한 온라인 커뮤니티 내의 참여와 참관문화를 확산시킬 수 있는 4.0 시장의 가능성을 생각해볼 수 있을 것이다.

　　즉, 100년 역사를 이어온 전국체육대회란 스포츠 콘텐츠를 이 시대에서 어떻게 바라보고 적용을 시키느냐는 매우 중요한 문제로 다가온다. 스포츠 콘텐츠 생산자로서 국가와 소비자인 국민과의 공동창조(Co-creation) 개념을 창출하고 관리하는 것에서부터 출발할 수 있어야 공감을 얻을 수 있을 것이다(문개성, 2018). 다시 말해 기업이 새로운 제품을 강력한 홍보 마케팅을 통해 소비자에게 전달해도 소셜 미디어 내의 자신이 가입한 커뮤니티 구성원 의견을 보다 신뢰하는 현상(Kotler et al., 2017)을 정확하게 분석해야 한다. 스포츠 4.0 시장에서 온·오프라인 상에서 다수가 공감할 수 있는 새로운 차원의 정책이 있어야 전국체육대회가 체육·스포츠 관계자 즉, '그들만의 잔치'가 아니라 우리 모두의 소중한 문화축제가 될 수 있을 것으로 생각한다.

　　스포츠산업진흥법 제2조 정의(법제처, n. d.)에 따르면 "스포츠란 건강한 신체를 기르고 건전한 정신을 함양하며 질 높은 삶을 위하여 자발적으로 행하는 신체활동을 기반으로 하는 사회문화적 행태"라고 명시돼 있다. 또한 "스포츠 산업이란 스포츠와 관련된 재화와 서비스를 통하여 부가가치를 창출하는 산업"이다. 이는 국민체육진흥법(법제처, n. d.)에 명시된 "운동경기·야외 운동 등 신체활동을 통하여 건전한 신체와 정신을 기르고 여가를 선용하는 것"에 국한된 체육(體育)에서 세계적으로 인류공통의 언어로서 통용되는 스포츠(Sports)가 갖는 확장된 개념을 살펴봐야 한다. 다시 말해 사회문화적 행태로서 우리 삶에 깊숙이 자리 잡은 스포츠가 간직한 가치와 산업으로서의 연결을 어떻게 가져가는가의 문제는 매우 중요한 과제가 될 것이다. 특히 국내 스포츠산업분류에 따른 스포츠용품업, 스포츠시설업, 스포츠서비스업의 발전을 도모하기 위해 전국체육대회라는 제품을 매번 유통지를 바꿔가며 다양한 모습의 상품으로 다가올 수 있는 매력적인 스포츠 이벤트로서의 가치를 이어나가야 할 것이다.

03 | 어김없이 찾아오는 K-스포츠 이벤트

스포츠 이벤트를 분류해 보자

북미에서 스포츠 마케팅을 연구하는 플러턴(S. Fullerton)에 따르면 스포츠 이벤트를 다섯 가지로 분류했습니다. 나라별로 운영되는 프로 스포츠 리그는 빼고 논했습니다. 그들 관점에서 바라본 것이기에 완벽하게 맞아떨어지진 않겠지만, 규모와 개념을 이해하는 데 도움이 됩니다.

첫째, 지역 이벤트(Local Events)는 말 그대로 현지 혹은 특정한 지역에서만 개최되는 스포츠 이벤트입니다. 지역 내에 개최되는 일반적인 체육행사보다는 다소 규모가 크고 지역주민들의 관심이 높아 흥행요소도 있습니다. 예를 들어 고등학교 대항전, 마이너리그 대회 등이 있지요. 고등학교 대항전인 경우는 학부모와 주변 지인들도 연결돼 있어 지역 공동체의 관심사 중의 하나가 됩니다. 다만, 외부에선 잘 모르는 경우가 많습니다.

둘째, 지방 이벤트(Regional Events)입니다. 지역보다는 다소 큰 범주의 지방을 의미합니다. 행정구역상 묶인 개념으로 이해해도 좋습니다. 지방 이벤트는 그 지방에 속해있는 여러 지역주민들의 관심이 높은 경우라 할 수 있습니다. 1897년 미국 보스턴 마라톤 대회는 지방 이벤트에서 시작됐습니다. 이 대회도 120년 이상의 역사를 자랑하다보니 국제 스포츠 마케팅 시장에서도 통용되는 흥행요소가 다분해진 것이죠.

셋째, **국가 이벤트**(National Events)가 있습니다. 두 국가 간의 스포츠 대항전을 말합니다. 2000년대 초반까지만 해도 한일전 축구경기가 인기를 끌었죠. 최근엔 두 국가 간의 이벤트도 다소 소원해진 느낌입니다. 호주, 뉴질랜드 간의 크리켓, 네트볼 경기도 있습니다. 럭비도 매우 인기가 있습니다. 태그럭비와 터치럭비에 이르기까지 다양성을 추가합니다. 이는 9부에서 다뤘던 브랜드를 지속적으로 확장을 하며 인기몰이를 이어가는 경우입니다.

넷째, **국제 이벤트**(International Events)가 있습니다. 윔블던(Wimbledon) 테니스 대회(1877년 시작), 보스턴(Boston) 마라톤 대회(1897년 시작), 투르 드 프랑스(Tour de France) 대회(1903년 시작) 등이 있습니다. 처음에는 지방에서 개최되다가 전통과 역사를 통해 국제적 명성을 쌓게 되면서 발전한 경우입니다. 처음부터 이렇게 성장할 거라 예상한 기획자는 많지 않을 것입니다. 오늘날까지 이어져 온 오랜 역사가 한 몫을 한 것이죠. 100년은 기본 단위가 될 만큼 말이죠.

마지막으로 **세계적 이벤트**(Global Events)로 올림픽, 월드컵 등이 있습니다. '**인류 공통의 유산**'으로 4년에 한 번씩 어김없이 찾아옵니다. 개최되기까지 치열한 지역 예선 경쟁제도는 늘 우리 곁에 있습니다. 지속적으로 미디어를 통해 노출되는 것이지요. **최대의 스포츠 마케팅 현장**이라 할 수 있습니다.

뜻하지 않은 전염병 팬데믹으로 도쿄 올림픽은 정상적인 날짜에 개최를 하지 못한 사례도 생겨났습니다. 하지만 올림픽이란 상품이 사라질까요? 국제올림픽위원회(IOC)는 개최할 장소만 정해진다면 언제든지 상품판매를 위해 안간힘을 쏟을 것입니다. 그럼에도 불구하고 새로운 기준을 마련할 단계이기도 합니다. 이 부분에 대해선 마지막 13부에서 다루겠습니다.

새로운 문명의 발상을 해 보자

매년 10월, **코리아 스포츠이벤트**(KOREA Sports Event)로 찾아오면 어떨까요? 불가능한 일일까요? 바로 100년 역사를 지닌 전국체육대회를 활용하는 것입니다. 일제 강점과 한국전쟁을 거치면서도 생명의 끈을 놓치지 않았던 끈질긴 근성을 잘 살릴 수 있지 않을까요? 2부에서 언급했듯이 우린 2032년 **서울·평양 하계올림픽**이란 평화 이슈를 꺼내들었습니다. 비록 대전환을 맞이할 절호의 기회를 살리지 못했지만, **스포츠를 통한 평화**(Peace through Sports)는 영원한 주제라 할 수 있습니다.

우리가 제안했을 때 국제올림픽위원회(IOC) 입장에선 매우 매력적인 이슈임에 틀림이 없습니다. 하지만 지정학적 위치와 정치 역학적인 세계정세가 워낙 복잡해 모든 걸 단정하지는 못했겠죠. 항구적인 평화 지점을 향해서 한발 한발 걸어 나가야 한다면 중간에 견고한 다리를 놓아야 할 것입니다. 그 매개가 바로 **전국체육대회**가 될 수 있습니다. 100년 간 이어왔으므로 매우 견고한 기획이 될 수 있습니다. 서울과 평양을 오고가며, 한라산과 백두산을 오고가며 스포츠 이벤트를 개최한다면 얼마나 매력적일까요?

올림픽 종목뿐만 아니라 우리 고유의 전통적인 체육을 스포츠로 승화해나가면 어떨까요? 서로 단절된 **택견**의 교류도 강화하고, 각자 발전시킨 **태권도**의 위상도 더욱 높이는 것입니다. 수박(手搏, 한국전통의 맨손무예)과 각저(角觝, 오늘날의 씨름)로 현란한 겨루기의 세계로 세계인을 초대하면 어떨까요? 체육인들만의 리그가 아닌 일반인, 더 나아가 세계가 주목하는 **K-스포츠**로 발전시켜 나가면 어떨까 생각합니다. 이와 같은 발상의 전환이 매우 중요한 시기입니다. **스포츠 마케팅**이 바로 그런 지점에서 큰 공감을 얻는 것입니다.

매번 다른 곳에서 기획된 스포츠 이벤트만 좇아야 할 이유가 있을까요? 물론 그것도 잘 하면서 우리의 위상을 끌어올리고 유지해야 합니다만, 우리가 기획한 **세계적 스포츠 이벤트**(Global Sports Events)를 선보여야 합니다. 아무리 복잡한 정세 속에서도 스포츠가 가진 지위를 활용해 매년 치르는 것입니다. 이런 콘텐츠를 통해 다소 껄끄러운 관계도 완화할 수 있게 해야 합니다. 전국체육대회는 **체육대회**가 아닌 **스포츠 이벤트**가 될 수 있습니다. 매년 10월, 단풍이 무르익을 때 매력적인 **스포츠 관광**(Sports Tourism) 상품이 생기고, **관광 목적지**(Destination)로 자리 매김할 수 있을 것입니다. 전국체육대회를 K-스포츠 이벤트로 탈바꿈해 새로운 경지의 스포츠 마케팅으로 거듭나야 합니다. 이로써 2032년 목표로 했지만 이루지 못했던 공동 하계 올림픽을 언젠가 개최하여 새로운 문명의 출발지점으로 삼아야 합니다.

Q & A

1. 일제강점기 때 1919년에 일본인을 중심으로 결성된 조선체육협회에 대항하여 1920년 조선인 중심으로 조선체육회를 창립했다. 이 단체는 전조선야구대회를 개최하여 오늘날 전국체육대회의 발전을 이룬 토대가 됐다. 비슷한 시기에 평양을 근거지로 조만식이 주도하여 전조선축구대회를 개최하여 큰 자취를 남긴 단체는 무엇일까요?

   (정답) 관서체육회

   (해설) 1925년 평양을 근거지로 평안남도 강서출신인 독립운동가 조만식(1883-1950) 선생이 주도하여 전조선축구대회를 개최하여 큰 자취를 남겼습니다.

2. 일제강점기 때 1936년 국제대회에서 일장기 말소사건으로 1938년 조선체육회는 일제의 의해 강제 해산되고, 조선체육협회로 통합 흡수됐습니다. 이 국제대회는 무엇일까요?

   (정답) 베를린 올림픽

   (해설) 1936년 베를린 올림픽 때 마라톤 손기정 선수가 일장기를 달고 금메달을 획득했습니다. 동아일보는 일장기를 지우고 보도하여 무기 정간을 당하고, 이길용 기자 등은 징역형을 받았습니다. 체육을 통해 일제에 항거하는 민족주의적 투쟁정신을 표출한 사건으로 기록됐습니다.

3. 조선체육회 설립취지에 대해 상식처럼 알려진 바와 같이 일제 항쟁과 독립 투쟁으로만 활동을 했을까요? 혹은 당시 많은 단체처럼 친일 반민족 활동이 있었을까요?

   (정답 및 해설) 초창기의 설립취지는 일본인들이 조직한 조선체육협회에 대응해 시작됐습니다. 하지만 후기로 넘어가면서 친일의 전위에 서기도 했습니다. 즉, 민족정신을 함양하기 위한 취지로 설립됐지만, 엄밀히 말하자면 항일과 독립보다는 민족근대화에 중점을 두었습니다. 1938년 조선체육협회에 흡수되면서 해방될 때까지 사라졌습니다. 이 해에 11대 회장을 역임한 독립운동가 여운형(1886-1947) 선생을 제외하고는 역대 회장이 대부분 친일로 돌아섰습니다. 이 시기의 많은 지식인들이 조선인들을 근대국민으로 개조하길 주장했던 흐름과 같습니다.

직접인용 자료

1 법제처(n. d.). 국민체육진흥법. Retrieved from http://www.moleg.go.kr.

2 문개성(2019). 100회 전국체육대회의 의미와 스포츠 사업화 도입방안. 한국체육과학회지, 28(6), 658-661.

3 문개성(2019). 100회 전국체육대회의 의미와 스포츠 사업화 도입방안. 한국체육과학회지, 28(6), 662-667.

10부. 전국체육대회, 100년 역사에 마케팅을 입히자

11부

가장 강력한 힘, 스포츠 가격이란?

01 | 스포츠 가격이란 도구

새로운 유료방식

코틀러 등의 주창한 전통적인 4P에는 제품(Product), 가격(Price), 장소(Place) 혹은 유통(Distribution), 촉진(Promotion)이 있습니다. 1부에서 제품, 5부에서 촉진을 다뤘습니다. 이번 장에서는 가격을 살펴보고자 합니다. 가격이란 무엇일까요? 마케팅의 가장 기본적인 속성인 교환(Exchange)을 가장 확실하게 보여주는 수단입니다. 즉, 가장 강력한 수단인 것이죠. 생산자(판매자)는 비싸게 팔고 싶어 하고, 소비자는 가장 저렴하게 사고 싶어 합니다. 물론 성공적인 마케팅을 위해선 합리적 가격에 팔고, 품질 높은 제품과 서비스를 구매하게 되면서 모두가 만족해야 합니다.

세계 최초로 5세대 통신(5G) 상용화란 타이틀('19.4.3)을 대한민국이 거머쥐었습니다. 퍼스트 무버를 자처하는 미국보다 근소한 차이로 앞서 등록했다고 하니 아마 당국의 치열한 전략과 실무진의 밤새작업이 작용했을 것입니다. 새로운 분야를 개척하는 주체가 항상 단독일 수는 없죠. 먼저 진입하느냐의 경쟁이라 할 수 있습니다. 앞서 STP 전략(세분화, 표적화, 위치화)에서 경쟁이 치열하더라도 시장에 우선순위로 선점하게 되면 경쟁력을 발휘할 수 있다는 것을 알고 있습니다.

우리나라는 익히 고화질로 야구 중계를 하고 있습니다. 2019년에 수원kt 위즈 파크는 5G 스타디움을 선포했습니다. 이 야구 경기장에 여러 개의 초고화질(UHD) 카메라를 장착하여 경기장 곳곳의 다양한 시점에서 바라본 영상을 제공하겠다고 했던 것이죠. 일명 포지션 뷰(Position View)라는 멋진 이름도 달았습니다. 생중계 경기를 최대 270도 타임 슬라이스 영상으로 시청할 수 있게 했습니다. 이를 매트릭스 뷰 서비스를 통해 보고 싶은 시점에서 시청이 가능하게 한 것이죠. 이 곳에서 개최되는 모든 경기를 5G로 중계하고 모바일 애플리케이션을 통해 경기를 즐길 수 있습니다. 기술을 확보한 발 빠른 기업은 새로운 서비스를 통해 잠재 소비자를 깨우기 위한 노력을 합니다.

이미 수원kt 위즈파크는 2015년 저전력 블루투스(BLE, Bluetooth Low Energy)인 비컨(beacon) 서비스를 선보인 바 있습니다. 우리말로 무선 송신소라는 의미로 30~70m 거리에서 신호를 전달하는 기술입니다. 스마트폰으로 자기 좌석을 정확하게 찾을 수 있고, 경기장 곳곳을 편리하게 찾아다닐 수 있게 했습니다. 이젠 흔한 서비스가 됐습니다. 특정 매장을 지나치면 알아서 제품가격을 비교해줄 수도 있는 기술이죠. 스마트폰으로 미리 입장권 구매를 하고, 스낵바에 가기도 전에 미리 주문을 할 수도 있습니다. 해당 시간대에 가서 스낵을 갖고 좌석을 찾는 서비스인 것입니다. 소비자가 능동적인 환경을 주도할 수 있게 설정했습니다. 이와 같이 소비자의 호주머니를 호시탐탐 노리는 서비스는 첨단 기술로 나날이 정교해지고 있습니다.

코로나19로 무관중 야구 중계를 실시하면서 주최 측은 많은 생각을 했을 겁니다. 소비자가 주도하는 **변화의 속도**(Speed of Change)를 따라가는 것도 중요하고, 뜻하지 않게 찾아오는 **팬데믹 환경**도 대비해야 합니다. 몇 해 전부터 선보인 고품질 원격중계 서비스로 입장권을 판매하지 못하는 상황을 극복하기 위한 노력도 병행해야 합니다. 이로써 지상파 무료중계에 익숙한 소비자들을 어떻게 설득하고 **유료중계 서비스**의 차별화를 극대화시킬지 연구를 거듭해야 합니다.

스마트폰 가격 결제 서비스

또한 **디지털 금융시스템**은 프로 스포츠 구단과 고객과의 입장권 구매환경을 바꾸게 할 것입니다. 디지털 거래의 비용이 원칙적으로 무료인 점을 감안한다면 이러한 환경은 소비자를 유인하는 매우 중요한 조건입니다. 또한 풍부한 정보를 제공하고 모바일 플랫폼이 실시간으로 은행과 고객을 연결하게 하죠. 모바일 플랫폼의 첫 번째 목표는 많은 고객을 유치하는 것입니다. 고객 습성을 실시간으로 추적하여 많은 양의 유용한 데이터를 생성합니다. 이러한 서비스는 입장권, 스낵바 이용권, 용품 구매권 등 경기장의 부대수입으로 확장시킬 수 있죠. 저렴한 입장권 서비스로 유인한 후, 경기장에 충분하게 머물면서 지불하게 하는 부대시설 편의 서비스를 강구하고 있습니다. 입장권 구매만큼 보다 더 편리한 서비스가 필요한 시점인 것입니다. 경기장에 들어갈 때의 비용보다 들어가서 쓰는 소비를 키우는 것이죠.

모방이 쉽다고?

이처럼 편리한 구매 시스템이 갖추어지고 처음엔 낯설었던 방식이 익숙해지면서 가격은 끊임없이 오고가는 요인이 됩니다. 가격의 특성은 네 가지 정도로 구분해볼 수 있습니다. ① 가장 강력한 도구, ② 쉽게 모방이 가능한 도구, ③ 일정한 체계를 갖추기 어려운 도구, ④ 상대적 관계에 의해 결정되는 도구입니다.

가장 강력한 도구란 소비자 인식 변화에 큰 영향을 미치기 때문에 나온 특성입니다. 전통적 시장에선 상품 수요량은 가격이 오르면 감소하고 내리면 증가합니다. 또한 모방이 쉽습니다. 다른 경쟁사 가격이 효과를 보면 바로 따라할 수 있죠. 그렇기 때문에 일정한 체계를 갖추기가 어렵습니다. 자신이 남을 따라할 수도 있고, 남이 자신을 따라할 수도 있죠. 이는 곧 상대적 관계에 따라 가격이 결정되는 특성을 갖습니다.

스포츠 마케팅에서 가장 중요한 상품은 선수입니다. 이들의 가격을 일률적으로 매기기는 불가능합니다. 선수의 경기력과 대중성 등 내포된 다양한 결정요인으로 천차만별인 것이죠. 최정점의 가치를 두고 최고의 상품가격에 책정되다가도 부상, 이적에 따른 공백, 일탈 등의 불미스러운 사건과 사고 등에 따라 한순간에 내리막길을 걷기도 합니다. 이와 같이 스포츠 마케팅에서 가격은 가장 강력한 수단으로서 프로 스포츠 세계의 향방을 좌지우지합니다.

운동기구는 소비자들의 신체를 위한 상품이며, 반대로 운동경기 관전을 소비자들의 정신을 이롭게 하는 서비스라고 할 수 있다. 아마도 우리는 스포츠 캠프를 다시 한 번 살펴봄으로써 정신과 신체, 상품과 서비스라는 요소의 차이를 확실하게 설명할 수 있을 것이다. 아이들을 위한 스포츠 캠프는 기본적으로 교육적인 측면이 강하게 나타난다. 여기 판매되는 기초적인 생산품은 아이들이 신체적인 기술을 훈련할 수 있는 여건이다. 하지만 성인들을 위한 판타지 캠프는 그들의 신체보다는 정신적인 측면을 위해 생산되고 판매된다. 성인들은 육체의 단련이 아닌 프로선수들과의 교제라는 '판타지'를 구매하는 것이다.[1]

팬데믹으로 1년 미뤄져 2021년에 치러진 도쿄 올림픽은 개최 전부터 후쿠시마 방사능 문제로 연일 뜨거운 논쟁을 만들었다. 올림픽이란 가치(Value)를 그들의 정치적 수단으로 폄훼가 됐다는 것 자체가 좋지 않은 선례를 남겼다. 방사능 문제에 이어 코로나19의 여파는 연장개최가 아닌 취소를 진지하게 검토해야 한다는 주장을 낳았다. 하지만 결국 개최를 강행하면서 국제올림픽위원회(IOC)와 일본정부는 비판을 면치 못했다. 올림픽 가치로 인해 매겨진 가격(Price)은 다양하다. 국제올림픽위원회(IOC)와 방송사 간의 스포츠 중계권 가격, 기업 간의 스폰서십 가격을 비롯해 대중들의 입장권 가격, 그 외 각종 부대시설과 행사에 소요되는 가격이 있다. 결론은 세계시민과 협찬 기업에는 이롭지 않은 비용이 됐고, 국제올림픽위원회(IOC)만 방송 중계권과 기업 스폰서십으로 수익을 창출했다.

월드컵은 공 하나로 전 세계를 뒤 흔들지만, 올림픽은 여러 종목에 걸쳐 글로벌 소비자와 만난다. 각 종목은 유구한 역사를 지녔고, 숱한 기록이 쌓여 인류의 보물처럼 유ㆍ무형적 자산을 축적해 왔다. 올림픽이란 마케팅 현장에서 온 인류의 공감을 이끌어내는 것은 단순히 합리적 가격, 우수한 품질에서 끝나지 않을 것이다. 가치(Value)를 부여해야 한다. 평화, 갈등 해소, 환경, 화합 등 인류가 쏟아낼 수 있는 가치들 말이다. 2020년 도쿄 올림픽은 이 가치가 빠졌다. 21세기 한 복판에 버젓이 이런 일이 벌어진다는 게 말이 되는가. 일본 정치인들은 꿈적도 안 할 것이다. 국적을 막론하고 정치가 갖는 가장 퇴행적 걸음을 걸을 것이다. 이게 가장 슬픈 일이다. 인류의 보고(寶庫)가 그저 정치적 수단이 되는 현실이 된다는 것. 인간이 가진 정치적 본성이 그래서 끔직하다. 도쿄 올림픽은 어떻게든 치러진다. 비즈니스가 있는 현장이기에 더욱 그렇다. 방사능 오염, 먹고 사는 문제, 생존에 관한 근원적 질문 등 보편적으로 생각돼야 할 가치는 그리 부각되지 못할 것이다. 올림픽은 돈이 오가는 비즈니스의 세계이므로 절차대로 진행되고, IOC는 새로운 유통지를 찾아 갈 것이다. 공감으로 출발해야 하는 스포츠 마케팅은 온갖 부정적 감정으로 점철될 수밖에 없는 아베 방사능 올림픽으로 재무장됐다. 인류가 공동으로 누려야 할 무형적 유산으로서 의미를 부여받아야 하지만, 정치적 노림수가 드러나면서 태생적으로 높은 가치를 잃어 버렸다. 이 같은 한계에도 불구하고 그 곳에서도 어김없이 스포츠 마케팅의 필수요소들은 드러날 것이다. 정말 지독히 안 좋은 사례에서 스포츠 마케팅 활동이 진행된다는 것이다.[2]

---

02 | 스포츠 가격의 형태

스포츠 마케팅 구조에 따라 분류해 보자

스포츠 마케팅 구조에 따른 가격 형태를 살펴보면 다음과 같습니다. 6부에서 살펴본 바와 같이 스포츠 마케팅의 구조 혹은 형태를 '스포츠의 마케팅(Marketing of Sports)'과 '스포츠를 통한 마케팅(Marketing through Sports)'으로 구분합니다.

스포츠의 마케팅 구조에 따른 가격에는 대표적으로 연봉(Salary)이 있습니다. 프로 스포츠 팀 선수의 성적에 따라 수익 보장을 위해 지불하는 가격인 계약금(Singing Bonus)도 있죠. 또한 상금(Bonus)으로 선수와 참가팀에게 지불되는 격려금 형태도 있습니다. 포상금(Reward)도 비슷한 성격을 지녔죠. 이 외에도 리그 가입금(Franchise Fee), 리그 참가비(League Fee)란 형태도 있습니다. 신생팀이 리그 내에서 하나의 팀으로 인정받기 위해 구단이 연맹에게 지불하는 가격입니다.

스포츠를 통한 마케팅 구조에 따른 가격은 중간 대행에 따라 받는 수수료(Commission)가 있습니다. 특정 행사와 용역을 수행하기 위해 업체들이 주관단체에 지불하는 입찰가(Bid), 기업이 협찬환경에 뛰어들면서 지불하는 스폰서십 비용

(Sponsorship Fee), 주관단체의 휘장과 로고 등을 사용하면서 받는 **라이선싱 비용**(Licensing Fee), 유명선수가 특정 기업의 상품을 홍보하기 위해 받는 **선수보증광고 비용**(Athlete Endorsement Fee), 스포츠 경기를 독점적으로 중계하기 위한 대가로 지불하는 **방송 중계권료**(Broadcasting Rights Fee) 등이 있습니다.

프로 스포츠 관중석에도 각기 다른 가격이 매겨져 있습니다. 크게 구분하면 **프리미엄 좌석과 일반석**입니다. 프리미엄 좌석은 비싼 입장권의 편익으로 안락한 의자, 잘 보이는 시야, 물건과 먹을거리를 올려놓을 수 있는 책상 등이 있습니다. 물론 프리미엄 관람존도 다시 세분화할 수 있습니다. 독립된 공간, 음료·다과 등 무한 리필 서비스, 컴퓨터·프린터 제공 등의 비즈니스 공간으로 특화시킬 수도 있습니다. **개인좌석인증제**(PSL, Personal Seat License)를 도입해 시즌 중에는 개인 말고는 그 누구도 사용할 수 없는 개인 사무실처럼 꾸밀 수도 있습니다. 다른 좌석과 차별화된 비싼 가격으로 책정돼야 하겠죠. 일반석은 말 그대로 다수가 앉아 관람할 수 있는 좌석입니다. 일반석도 다시 세분화하면 보이는 각도, 편리한 동선 등을 고려하여 차등을 두기도 합니다.

신경을 써야 할 부분은 바로 프리미엄 좌석일 것입니다. 항공권을 예로 들자면 이코노미 클래스 좌석에 비해 몇 배 높은 퍼스트 클래스 좌석에 관한 가격 정책입니다. 퍼스트 클래스 좌석은 빈 좌석이 발생해도 가격을 내려서 구매를 유도하지 않는 경우가 많습니다. 그대로 빈 좌석으로 남겨둡니다. 항공사 입장에서는 20~30%을 할인해서라도 막판까지 고객을 잡는 것이 유리하겠지만, 가장 최고라는 **가치**를 유지하기 위해서 그대로 둡니다.

이탈리아 경제학자 **빌프레도 파레토**(V. Pareto, 1848~1923)가 제시한 **파레토 법칙**은 흔히 80대 20 법칙으로 불립니다. 전체 결과의 80%는 20%의 원인에 의해 발생한다는 것입니다. 항공사, 백화점 등과 같이 고가의 가격정책을 펼치고 있는 곳을 예로 들자면, 20% 고객이 전체 매출의 80%를 차지할 만큼 영향력이 크다는 것입니다. 하지만 이 문제를 좀 더 확장시켜보면 과연 그대로 두는 것만이 능사는 아닐 것입니다.

가격 차별화를 통해 최고의 가치를 유지하면서 20% 고객을 확보하기 위한 노력은 매우 중요합니다. 다만, 항공사도 노선과 성수기·비수기에 따라 특별 할인가를 적용하고 이벤트 방식으로 프로모션을 합니다. 이와 같이 프로 스포츠도 종목과 시즌, 특정 시기에 따라 탄력적으로 운용할 수 있는 가격 정책 전략이 필요한 것이죠. 결론적으로 가격은 판매자가 소비자와 벌이는 심리전과 같습니다. 이 끈질긴 인연을 어떻게 계속 유지할지, 효과적으로 전략을 마련할지 끊임없는 연구가 뒤따라야 합니다.

스포츠 소비자에 따라 분류해 보자

참여형태에 따른 스포츠 소비자를 7부에서 살펴본 바와 같이 **참여 스포츠 소비자**, 관람 스포츠 소비자, 매체 스포츠 소비자로 분류했습니다. 참여 스포츠 소비자가 지불하는 스포츠 가격은 대표적으로 **회원권**(Membership Fee), **등록비**(Registration Fee), **시설과 장비 대여료**(Rental Fee) 등이 있습니다.

관람 스포츠 소비자 가격은 **입장권료**(Ticket Charge)가 대표적입니다. 스포츠의 마케팅 주체들은 소비자를 다른 리그에 관심을 돌리지 못하도록 오랜 기간 동안 붙들어야 합니다. 이를 위해 **시즌권, 단체권, 특별권** 등의 형태로 다양한 가격 패키지 형태를 출시합니다. 또한 앞서 언급한 **개인좌석인증제**(PSL, Personal Seat License)도 있죠. 비싼 가격을 받는 대신 최상의 서비스를 제공하기 위한 노력인 것입니다.

매체 스포츠 소비자는 전자상거래를 통한 스포츠 용품 구매비용, 유료 시청 비용 등으로 다양한 형태의 지출을 합니다. 거의 무료에 가까운 콘텐츠를 접해도 결국 각종 광고에 노출돼 부수적인 지출을 하는 역할도 합니다. 가상현실, 360도 카메라 등의 특수 장비를 통해 집안에서도 경기장 열기를 오롯이 느낄 수 있는 서비스가 출시된다면 선봉에 서서 구매할 잠재적 소비자이기도 합니다.

첨단 기술이 나날로 발전하게 되면 오랜 기간 활용했던 전통적인 영역이 금방 퇴색되거나 사라질 것 같지만, 반드시 그렇게 되지 않습니다. 수천 년 동안 이어져 왔던 도시 문명 속에서 사람과 사람 사이의 대면적 소통과 호흡 양식을 한순간에 잊을 수 있을까요? 가상현실 속에서 하늘을 날고 싶은 욕망도 생기겠지만, 평범하게 거리를 활보하고 싶어 하는 주체가 인간입니다. 결국 사람 사이에서만 느낄 수 있는 아날로그적 감성을 충만해야 합니다.

　마케팅이란 전략적 양태가 탄생한지 불과 수십 년입니다. 자본주의 역사와 궤를 같이 했다고 해도 100여 년에 불과합니다. 이 과정에서 전통적 마케팅 믹스인 4P(제품, 가격, 장소, 촉진)가 생겨났습니다. 삶을 뒤바꿀 만한 기술이 도래해도 여건에 맞게 4P가 진화하는 것이지, 사라지는 개념이 아닙니다. 국내 최대 서점인 교보문고 광화문점은 2015년에 4P를 한곳에 묶었습니다. 판매할 책을 진열했던 꽤 넓은 공간을 고객이 편안하게 앉아 책을 읽거나 학습할 수 있는 작은 도서관 공간으로 바꾸었습니다.

　보도에 따르면 월평균 13% 이상의 매출이 늘었다고 합니다. 책을 꺼내 읽다보면 상품으로 판매할 수 없을 정도로 헤질 수 있습니다. 일부 고객이 특정 공간을 상주하여 다른 고객의 편의성을 가져갈 수도 있습니다. 책을 사지 않고 시간 보내다가 떠나는 장소로 전락할 수도 있습니다. 아마 이 정책이 결정됐을 때는 위와 같은 걱정스런 의견이 따랐을 것입니다. 하지만 결과는 달랐습니다. 책을 판매했던 본연의 장소에서 시간을 소비하면서 부수적 제품과 서비스에 눈을 돌리게 했습니다. 목이 마르면 바로 옆 스낵바에서 음료를 사먹어야 되고, 배가 고프면 매장 내 음식점을 찾게 됩니다. 부대용품의 판매가 늘어 수익에 큰 도움을 준 것입니다.

　미국의 대표적인 놀이동산 디즈니월드와 국내의 에버랜드는 1회당 입장권 가격이 만만치 않지만, 연 회원권은 두어 차례가면 상쇄될 가격으로 낮게 책정합니다. 또한 프로모션 기간에는 무료입장을 유도하는 메시지를 통해 끊임없이 공짜로 오라고 유혹합니다. 고객이 자칫 간과해서 발생할 문제는 들어갈 때 비용이 드는 것이 아니라, 그 안에서 상주하면서 쓰는 비용이 훨씬 크다는 점입니다. 결론적으로 '일단 오게 하라. 그러고 나서 쓰게 하라.'인 것이죠.

　소비자로 하여금 스포츠 가격을 지출시키는 요인은 경기 말고도 무궁무진하다는 것입니다. 저렴한 입장권에는 잠재적 지출요인을 몰래 심어 넣은 것과 같습니다. 요기를 즐기는 식음료 비용, 선수가 광고하는 기업 상품 구매 비용, 12부에서 다룰 라이선싱(Licensing)과 머천다이징(Merchandising) 상품 구매 비용 등으로 이어질 수 있습니다. 스포츠 마케팅의 파생적 상품의 연구과 개발이 계속되는 이유이기도 합니다.

03 │ 스포츠 가격의 전략

가격결정요인이 뭘까?

소비자 입장에선 가격만큼 민감한 요인을 찾기가 힘듭니다. 특히 동일한 제품과 서비스에 대해 가격을 더 지불하고 구매하는 것만큼 억울한 일도 없을 것입니다. 최근 가격비교 사이트에 제공하는 편익은 의외의 결과를 낳기도 합니다. 소비자는 합리적인 판단을 통해서 좋은 가격에 제품과 서비스를 구매했다고 생각합니다. 결론부터 말하자면 소비자는 생각만큼 합리적이지 않습니다.

생산자와 유통자는 궁극적으로 손해 보는 장사를 하지 않습니다. 즉, 소비자 호주머니로부터 최대한의 이익을 끄집어내기 위해 부단한 노력을 합니다. 소비자가 덜 억울할 수 있는 팁을 제시하자면, 예를 들어 항공권 가격비교를 해주는 스카이스캐너(Skyscanner) 웹 사이트를 통해 여행자들은 많은 편익을 받습니다. 만약 오전에 구매했다면 오후에는 접속을 하지 않는 편이 낫습니다. 이미 다른 요인으로 생산자와 유통자가 손해나지 않는 범위 내에서 가격이 하락했을 수도 있으니까요.

마찬가지로 스포츠 비즈니스에서도 가격은 매우 중요한 요인입니다. 관람석에 빽빽하게 들어선 관객들은 각기 다른 가격으로 소비하는 것입니다. 관람석의 위치에 따른 가격 차별화는 눈에 보이는 가격정책이지만, 동일한 가격의 관람존(Zone) 내에 형성된 가격 차별화는 드러나지 않는 전략이 숨어 있습니다. 스포츠의 마케팅(Marketing of Sports) 주체 입장에서는 빈 좌석을 채워야 하니까요. 기업총수가 드나드는 프리미엄 좌석이 비었다고 할인가를 적용해 판매할까요? 로또좌석 당첨권처럼 이벤트성으로 할 수도 있지만, 최고의 가치를 남겨두기 위해서 비워둘 수도 있겠죠.

가격은 기본적으로 **수요**(Demand)와 **공급**(Supply)에 의해서 이루어집니다. 가격을 올리면 수요가 내려가야 정상입니다. 반대로 가격을 내리면 수요는 올라갑니다. 이처럼 가격의 속성이 단순하면 얼마나 좋을까요? 결론은 반드시 그렇게 될 수도 없습니다. 역으로 생각을 해봅시다. 뜻하지 않게 수요가 많아졌다고 수익을 창출할 수 있는 좋은 기회라 여겨 가격을 갑자기 올리면 어떻게 될까요? 좋은 **제품**(Product)과 **서비스**(Service)이기 때문에 당연하게 받아들이는 소비자가 있겠죠. 하지만 가격대비 좋은 제품과 서비스(흔히 얘기하는 좋은 가성비)라 인식했던 소비자는 부담을 느껴 다른 경쟁사의 상품을 물색할 수도 있습니다.

제품과 서비스 가격을 책정하기 위해 어떤 노력이 필요할까요? 흔히 생각하는 제품의 재료비만을 갖고 생각할 수는 없겠죠. 인건비, 건물과 시설 임차료, 전기세, 수도세 등 각종 세금, 그 외의 **부대비용**에 이르기까지 다양한 요인을 감안해야 최초의 가격이 책정될 겁니다. 최초의 가격에 따라 소비자가 인식한 것은 가격 자체만이 아니라 그 제품과 서비스에 내재된 **가치**를 구매하는 것입니다. 다시 말해 가격이 올라도 살만한 가치를 느끼면 다시 구매하게 되고, 그렇지 않으면 다른 경쟁사로 눈을 돌릴 수도 있습니다. 유독 비싼 스타벅스 커피 값을 흔쾌히 지불하는 수많은 소비자들은 가치를 구매하고 있을지도 모릅니다. 이를 잘 아는 스타벅스는 플라스틱 빨대(납품가 0.5센트) 대신 종이 빨대(납품가 2.5센트)를 2018년부터 교체하기 시작하면서 지구를 살리는 데 동참하는 퍼스트 무버가 됐습니다. 소비자들은 비싸다고 느낄 수도 있지만 좋은 일에 동참함으로써 무의식적으로 소중한 가치에 공감했을 지도 모릅니다. 즉, 가격은 곧 소비자의 **심리**라 할 수 있습니다.

내적요인은 기업이 스스로 통제할 수 있다. 몇 가지로 구분하여 설명할 수 있다. ① 기업의 경영 전략, ② 마케팅 전략, ③ 조직의 특성, ④ 원가 구조가 있다. 첫째, 기업의 경영 전략은 기업마다 다르다. 경영자에 따라 바뀌기도 하고, 외적 요인의 분석에 따라 수정을 할 수 있다. 둘째, 마케팅 전략도 정해져 있지 않다. 전통적 마케팅 시장과 디지털 마케팅 시장의 전략이 차이가 있다. 셋째, 조직의 특성은 각 기업이 갖는 전통, 가치, 분위기 등에 따라 다르다. 넷째, 원가 구조에 따라 최종 소비자 가격이 달라지기 때문에 통제를 할 수 있는 범위에 해당된다. 외적요인은 기업이 통제하기 어려운 요인으로 아래와 같다. ① 경제 환경, ② 정부 규제, ③ 경쟁자, ④ 소비자이다. 첫째, 경제 환경은 전 세계가 하나의 경제권에 속할 만큼 다양하고 복잡하게 얽혀 있다. 둘째, 정부 규제는 아무리 혁신적인 기술을 선보이려고 해도 규제에 가로막혀 무산될 수 있는 환경요인이다. 셋째, 경쟁자는 자사의 제품과 서비스보다 더 좋은 조건으로 시장에 내놓게 되면 기업 환경을 어렵게 만들 수 있는 요인이다. 넷째, 소비자는 경쟁사의 상품을 언제든지 선택할 수 있는 통제하기 어려운 외적요인이다.[3]

이와 같이 복잡다단한 결정요인과 사람 심리 사이의 공통점을 찾기란 어렵습니다. 사람 심리가 더 복잡하기 때문입니다. 소위 간을 보면서 심리를 읽어보는 것이죠. 마트에 가면 사고 싶지도 않은 제품들이 구매할 제품에 테이프로 묶여 따라오는 경우가 많습니다. 관심을 가져보란 뜻인데 교묘한 패키지 가격 전략이 내포돼 있습니다. 공짜로 얼떨결에 묶여 따라온 상품인 줄 알았더니 둘 이상의 제품과 서비스를 묶어 특별가격으로 내놓을 수도 있는 것이죠.

스포츠 상품의 가격에 영향을 미치는 법은 다음과 같다. ① Sherman Act (1890) : 가격의 답합이나 내부거래, 독점을 금지하는 법, 이 법은 또한 시장에서 약탈가격정책을 통하여 경쟁자를 배제시키는 것을 금하고 있다. ② Clayton Act (1914) : Sherman Act를 수정하는 것으로 동일한 상품에 대해서 판매가가 가격에 차이를 두는 것, 독점적인 취급 그리고 연관된 상품비치, 독점권을 만들 수 있는 법인 자산 또는 주식의 합병, 경쟁사의 중역 위원회를 위해 일하는 것 등을 금지한다. ③ Robinson/Patman Act(1936) : Clayton Act를 수정한 것으로 큰 회사가 지역적인 시장에서 작은 경쟁자들을 과도한 경제적 압박으로 몰고 가는 행동을 금지한다. ④ Wheeler/Lea Act(1938) : 경쟁자는 사업 관행에 의해서 해를 입지 않는 것 같더라도 소비자가 기만행위 또는 관행들에 의해서 피해를 입을 수도 있는 불공정 경쟁을 저지하도록 하는 법이다. ⑤ Consumer Goods Pricing Act(1975) : 도매업자나 제조업자에 의해 소비자 가격이 통제되는 것을 금지하는 법으로 대부분의 경우 최종 소비자 가격은 소매업자에 의해 결정되도록 하는 법이다.[4]

소비자 심리를 반영하는 가격에 대해 시장 질서를 훼손하는 것을 원천적으로 막기 위한 노력을 합니다. 대표적으로 가격 담합이죠. 선수의 몸값, 방송중계권 가격, 스폰서십 비용, 경기장 입장권 비용, 기타 참여 스포츠 제품과 서비스 비용 등을 책정할 전략은 법 테두리 안에서 경쟁을 합니다.

일반적으로 신상품을 출시하면 가격 책정 전략에 유리합니다. 새로운 상품을 인식하는 사람들 이 돈을 조금 더 얹히는 것에 대해 수긍하는 것이죠. 모 자동차 기업은 신차 전략을 오랫동안 고수하고 있습니다. 모양을 조금 바꾸고 옵션을 추가하는 방식이죠. 다변화 생산라인을 갖추었다는 것 자체가 경쟁력일 수 있습니다. 빠른 변화의 속도에 금방 식상하는 소비자 심리를 더 자극하는 셈이기도 합니다. 시중에 나오는 책도 마찬가지입니다. 재인쇄를 찍는 전략도 있지만, 개정판 전략이 있는 것이죠. 개정판엔 단 돈 천원이라도 배가할 수 있기 때문입니다.

가격책정은 기본적으로 원가기준으로 합니다. 가장 객관적인 방법이죠. 생산원가에 일정비율의 이윤을 더해 원가를 결정하는 방식입니다. 하지만 소비자가 제품과 서비스를 구매할 때 심리적으로 만족을 느낄 수 있는 지점을 찾다보니 다양한 전략이 생기는 것입니다. 생산자는 새로운 상품을 시장에 출시하기 직전까지 신중에 신중을 거듭합니다. 9부에 제시했던 서비스 특징에 대해 기억나시나요? 무형성, 비분리성, 이질성, 소멸성입니다. 시장에 상품을 내놓는 것은 바로 사라짐을 의미합니다. 즉, 생산과 소비가 분리될 수 없음을 의미합니다. 다시 말해 제품과 서비스 품질에 대해 소비자의 간을 보면서 출시했다가 거둬드리는 것은 매우 큰 리스크를 떠안는 것입니다. 가격과는 판이하게 다르죠. 가격은 변동하기 쉽지만, 제품과 서비스는 한 번 내놓으면 사활을 걸어야 할 만큼 신중을 기해야 하는 것입니다.

신중을 거듭해 어렵게 내놓은 제품과 서비스에 대한 가격을 두 가지로 분류해 책정합니다. 초기고가전략(Skimming Pricing Strategy)과 초기저가전략(Penetration Pricing

Strategy)입니다. 전자는 가격민감도가 낮은 지역의 고소득 소비자층을 대상으로 출시할 수 있죠. 선진국에서 막 수입한 듣도 보도 못한 고품질 운동 프로그램을 초고가로 시장에 내놓으면서 소비를 유도할 수도 있습니다. 부유층을 상대로 마케팅을 하면서 너도 나도 따라하는 프로그램이 될 수도 있겠죠. 후자는 시장에 침투하는 전략입니다. 말 그대로 그 시장에 비집고 들어가는 것이죠. 가장 확실한 전략으로 통상 가격을 인하합니다. 유사한 상품이 시장에 꽉 차 있기 때문에 초기에 저가전략을 구사하는 것입니다.

신상품의 가격정책[5]

구분	개념
초기고가전략 (Skimming Pricing Strategy)	• 스키밍 전략, 흡수가격정책 • 가격민감도가 낮은 고소득 소비자층 대상으로 출시 초기에 고가격 책정 • 구매감소가 시작되면 가격민감도가 높은 일반소비자층 대상으로 가격인하
초기저가전략 (Penetration Pricing Strategy)	• 페네트레이션 전략, 시장침투가격전략 • 가격민감도가 높은 고객들 대상으로 초기에 낮은 가격책정 • 신제품 가격을 낮게 책정하여 빠른 속도 시장 침투

스포츠 가격의 진화

신체성이 사라진 스포츠를 이해하자. 지금은 한 번도 공급자(생산자)라고 생각해본 적이 없는 사람들이 콘텐츠를 교환하고 있다. 예를 들어 페이스북에선 콘텐츠를 생산하지 않는다. 24억 9,800만 명(2020년 기준) 가입자가 활동하는 플랫폼으로서의 역할만 하고, 요지경의 콘텐츠 생산주체는 가입자다. 전통적인 스포츠 마케팅 시장에선 스포츠 단체와 기업이 주도한다. 반면, 일반인이 스포츠 콘텐츠를 창조할 수 있는 디지털 스포츠 마케팅 시장을 상상하면 어떤 일이 벌어질까? 콘텐츠 거래는 페이스북 내에서 '페이스'라는 가상화폐로 이뤄진다고 상상해 보자. 현실적인 가능성, 제도적 한계, 법적 규제 등 지금 시점에서 바라보는 프레임을 거둬내고 말이다. 실제 2019년에 가상화폐인 '리브라'를 구상하고, 2020년 글로벌 단일 가상화폐를 추진하고자 했다. 예를 들어 전 세계 모든 화폐단위가 무조건 1페이스가 되고, 우리는 1페이스가 1원이 된다고 가정해보자. 새로운 스포츠 콘텐츠 경쟁은 가입자가 주도하고, 새로운 방식의 스포츠를 선보일 수 있다. 가격은 제품과 서비스에 따라 천차만별로 달리할 것이다. 근대 이후 스포츠의 본질은 '신체성, 경쟁성, 규칙성'을 강조한다. 스포츠의 전(前) 단계는 놀이가 발전된 형태인 게임이다. 분명한 규칙과 특화된 목적을 가지고 있는 놀이 활동이다. 놀이의 형태를 띠지만 규칙의 통제를 받지 않기 때문에 허구적이다. 이는 예측이 불가능하고 콘텐츠 경쟁이 가능한 디지털 시장에 어울리는 개념이다. 인간의 본능적인 활동인 놀이의 진화가 혁신기술에 의해 오히려 스포츠에서 게임으로 간다는 것을 의미한다. 오프라인 상에선 스포츠 소비자를 참여, 관람, 매체 소비자로 분류하고, 별도의 행위를 통해 생산과 소비가 구별된다. 온라인상에선 사람, 자산, 데이터를 한데 모을 수 있다. 특히 '페이스'와 같은 단일 통화 개념이 자유롭게 거래가 된다면 '신체성'이 배제된 스포츠 콘텐츠를 활용한 게임의 생산·소비자의 활동무대가 될 수도 있다. 경기장 가서 실체가 있는 유형의 상품인 선수를 선망하는 스포츠 무대가 아닌, '경쟁성'과 '규칙성'에만 부합한 스포츠 게임의 캐릭터 선수에 열광할 수도 있다. '페이스'를 통한 거래로 참여하고, 관람하고, 심지어 갬블링을 하는 스포츠 무대가 된다. 스포츠 디지털 마케팅 시장에서 활발한 콘텐츠 생산과 배포에서 스포츠 콘텐츠 마케팅의 가능성을 살펴볼 수 있어야 한다.[6]

국내 외환위기 때 박세리와 더불어 국민들에게 희망을 주었던 선수가 있습니다. 바로 박찬호 선수입니다. 로스앤젤레스에 교민이 많이 살고 있어 LA 다저스가 마치 우리나라 팀처럼 응원을 했었죠. 현재 MLB의 류현진과 김하성 선수, EPL의 손흥민 선수 등 많은 한국선수들이 세계최고의 프로리그에서 뛰고 있습니다. 4차 산업혁명기술과 맞닿아 있는 이 지점에서 스포츠 선수와 소비자와의 관계는 어디까지 발전할 수 있을까요? 상상을 해 봅시다.

은퇴한 선수든 현역 선수든 함께 경기를 뛸 수 있을까요? 결론적으로 뛸 수 있습니다. 스포츠 스타의 자선 야구와 축구행사를 말하는 것이 아닙니다. 물론 자선 행사에서 함께 뛰는 것도 웬만해선 이루어지기 힘들지만, 아무 때나 경기를 할 수 있는 방법을 찾아봅시다. 바로 현실세계의 경기가 아닌 **가상세계의 경기**가 있습니다. 가상세계에 있는 나는 누구일까요? 현실의 나와 가상세계의 새로운 캐릭터는 동일인물이면서도 다른 자아입니다. 현실 속 프로 축구 리그의 전통적 마케팅 시장에서 나는 소비자일 뿐이죠. 즉, 연맹이 멋들어지게 만들어놓은 생산품(선수)을 응원하며 소비합니다.

상상을 확장해 봅시다. 특수 장비를 머리에 쓰면 가상세계 속 프로 야구와 프로 축구 리그가 존재합니다. 물론 은퇴한 선수 박찬호도 있고, 현역 선수인 손흥민도 있습니다. 나 자신도 새로운 캐릭터로 리그에 뛰어들어 홈런을 치거나 골을 넣고 막는 역할도 할 수 있습니다. 여태껏 관람 스포츠 소비자 역할을 충실히 하다가 신기술을 통해 좋은 상품을 생산하는 역할도 할 수 있습니다. 더 놀라운 것은 만약 현실세계의 연맹이 가상세계의 리그 기록도 인정하게 된다면 어떻게 될까요? 오프라인 영역에서는 천정부지로 상품가격이 높은 선수와 대면하기 힘듭니다. 하지만 온라인 영역에서 쉽게 마주칠 수 있다면 또 다른 재미가 따르지 않을까요? 평생 스포츠 기술을 갈고 닦은 엘리트 선수를 오프라인 영역에서 이기기엔 불가능합니다. 보다 유연한 온라인 영역에선 가능하게 설정할 수 있습니다.

어디까지나 상상입니다. 2007년 첫 스마트폰, 애플이 나오기 전에는 손에 들고 다니는 개인 컴퓨터 시대가 올지 몰랐습니다. 일부 마케터만 필요한 장비가 될 거라는 평가를 무색하게 했죠. 시간, 공간, 지식의 경계가 모호해진 오늘날, 가상세계 속 스포츠 판타지가 올 날을 기다려보는 것만으로도 즐겁지 않습니까? 가상세계 스포츠도 실제 연맹과 협회에서 공식적인 기록으로 인정할 수 있을까요? 지금 시각으로 요원해보일지 모르나 새로운 소비시장이 형성되면 하지 않을 이유가 없겠죠? 즉, 기술을 보유한 기업, 새로운 상품(Goods)을 내놓고 여력 있는 **시장**(Market)을 찾아 잠재소비자를 깨우고 싶어 하는 **스포츠의 마케팅**(Marketing of Sports) 주체, 새로운 선수가치를 창출하고 싶어 하는 스포츠 에이전시(Sports Agency)와 선수 본인 등의 이해관계가 정리되는 순간, 새로운 차원의 스포츠 비즈니스가 만들어질 것입니다. 이해관계란 상호 수익을 창출할 수 있는 사업구조가 되겠죠.

이 상상이 현실화되더라도 전통적 마케팅 시장에서 오랫동안 유지돼 왔던 4P가 하루아침에 사라지진 않을 겁니다. 4P의 개념이 없어진다기보다는 온라인상의 새로운 4P로 진화한다는 표현이 맞을 듯합니다. 헐리웃 영화의 거장 스티븐 스필버그(Steven Spielberg)는 노령에도 불구하고 우리에게 멋진 상상력을 불어 넣었습니다. 레디 플레이어 원(Ready Player One, 2018)이란 영화를 통해 가상현실과 암울한 현실 사이에 펼쳐지는 무궁무진한 게임과정을 스토리로 엮었습니다.

유·무형의 제품(Product)인 선수를 예로 들어볼까요. 경기장에 반드시 가서 봐야 했던 선수는 유형의 제품이자, 선수마다 다른 경기력을 지닌 무형의 제품입니다. 하지만 앞으로 반드시 경기장에 가야만이 관람 스포츠 문화가 형성된다는 개념은 희박해질 수 있다는 것이죠. 혁신기술로 인해 현실과 가상현실의 경계가 희미해지는 틈을 타서 집안에서도 얼마든지 현장열기를 즐길 수 있을 것입니다. 이는 장소(Place)와 유통(Distribution)의 개념이 바뀌게 되는 것과 맞물려서 새로운 모습으로 발전하는 것입니다.

생체인식 자동결제

가격(Price)은 어떻게 될까요? 호주머니에서 직접 지폐를 꺼내 지불하는 행위는 이미 과거가 됐습니다. 카드로 결제하든 혹은 스마트폰 내에 내장된 페이(Pay) 시스템을 통해 결제합니다. 심지어 몸 안에 칩(Chip) 형태로 넣는 것도 머지않아 보입니다. 평소 관람 스포츠를 즐기는 소비자가 가상현실을 통해 해당 경기에 개입하는 형태를 떠올려 봅시다. 바로 게임입니다. 이걸 조금 업그레이드해보겠습니다. 오프라인 경기장에서는 평소와 마찬가지로 선수들이 실제로 경기를 치릅니다. 그 경기의 실체를 가상현실로 옮겨와 자신을 제2의 캐릭터로 등장시켜 게임을 하게 합니다. 오프라인 경기결과와 무관하게 새로운 게임결과를 기대할 수 있습니다. 또한 게임을 즐기는 것 자체가 돈을 지출하는 행위와 연동

될 수도 있습니다. 근대 스포츠의 '하는 스포츠'는 미디어의 발달로 '보는 스포츠'로 발전했습니다. 앞으로 '보는 스포츠'의 구매에서 '보면서 하는 스포츠'란 새로운 차원의 구매가 이루어질 수 있음을 의미합니다.

현실에선 자신이 응원하는 팀이 패배해도 가상현실에선 자신이 적극적으로 개입해 팀의 승리에 기여하는 기록을 얻게 될지도 모릅니다. 만약 오프라인상의 기록처럼 공식적인 기록으로 인정을 받고, 기록 갱신을 위한 누적 과정이 계속 된다면 무궁무진한 스포츠 게임 현장이 되겠죠. 촉진(Promotion)은 이루 말할 수 없을 정도로 개인이 삶의 전반에 침투할 것입니다. 개인마다 경험했던 소비 패턴을 분석해 적시(適時)에 광고를 노출시켜 유인할 것입니다. 아무리 버텨도 새로운 구매 행위에 동참하게 되고, 결국 마케팅 과정의 소비자로서 역할을 잘 수행하게 될 것입니다.

Q & A

1. 관람 스포츠 소비자를 위해 특정기간 동안 개인좌석을 임대하는 제도를 무엇이라고 할까요?

⁽정답⁾ PSL

⁽해설⁾ 관람 스포츠 소비자는 경기장에서 관람활동으로 간접적으로 스포츠에 참여하는 2차 소비자입니다. 대표적인 가격은 입장료(Ticket Charge)가 있습니다. 입장료는 특성에 따라 몇 가지로 분류할 수 있습니다. 입장할 때마다 구매하는 일반권, 정해진 시즌 동안 자유롭게 경기를 관람할 수 있는 시즌권, 단체가 동시에 관람할 수 있는 단체권, 판매형태가 아닌 임대형태의 특별권 등이 있습니다. 특별권 형태의 입장권을 발전시킨 개인좌석인증제(PSL, Personal Seat License)는 특정한 기간 동안 개인좌석을 임대하는 제도입니다.

직접 인용 자료

1 문개성(2019). 보이콧 올림픽: 지독히 나쁜 사례를 통한 스포츠 마케팅 이해하기. 부크크, 43~44쪽.

2 Shank, M. D. (2009). Sports marketing: A strategic perspective(4th ed.). 오응수 · 신흥범 옮김 (2011). Shank's 스포츠 마케팅 전략적 관점. HS MEDIA, 29쪽.

3 문개성(2022). 스포츠 마케팅 4.0: 4차 산업혁명 미래비전(개정2판). 박영사, 255~256쪽.

4 Shank, M. D. (2009). Sports marketing: A strategic perspective(4th ed.). 오응수 · 신흥범 옮김 (2011). Shank's 스포츠 마케팅 전략적 관점. HS MEDIA, 480쪽.

5 문개성(2022). 스포츠 마케팅 4.0: 4차 산업혁명 미래비전(개정2판). 박영사, 260쪽.

6 문개성(2022). 스포츠 마케팅 4.0: 4차 산업혁명 미래비전(개정2판). 박영사, 241~242쪽.

12부

거래의 경제성, 스포츠 장소와 유통이란?

01 | 스포츠 장소와 유통

스포츠 장소의 구성요인, 분류해 보자

스포츠 경기장을 찾는 이유는 무엇일까요? 우선 현장에서 경기를 직접 볼 수 있다는 이유일 것입니다. 이 외에도 북적이는 느낌 자체를 좋아하는 소비자도 있고, 도심지에서 여유를 보낸다는 것에 의미를 두는 소비자도 있습니다. 웨이크필드, 브리제트, 그리고 슬론(Wakefield, Bridgett, & Sloan, 1996)에 따르면 스포츠를 관람하는 환경 혹은 경치에 따라 소비자의 반응이 달라질 수 있음을 제시했습니다.

스포츠 경치 요인은 여러 가지가 있습니다. 이 중에서 경기장의 접근성, 시설의 심미성, 스코어보드의 상태가 좋을수록 소비자는 기쁨을 누리게 된다는 것입니다. 또한 머무르기 위한 욕구가 생겨나고 다시 후원하는 행동적 반응을 불러일으킨다고 했습니다. 더불어 편안한 좌석과 배치의 접근성이 좋으면 혼잡을 느끼더라도 재구매하는 소비자가 늘어난다고 주장했습니다.

스포츠 장소는 유통의 개념과 연관해 생각해볼 수 있습니다. 멀린, 하디, 그리고 수튼(Mullin, Hardy, & Sutton, 2000)에 따르면 장소와 유통의 개념을 분리해야 한다고 했습니다. 통상 마케팅에선 장소(Place)는 곧 유통(Distribution)을 의미하는데, 스포츠는 왜 분리해서 생각해야 할까요? 여러 이유가 있겠지만 정해진 시간과 장소에서 경기를 치른다는 기본적 기준에서 비롯됐습니다. 즉, 상품을 구매하는 행위가 규격화된 장소에서 치러져야 성립이 되는 것이죠. 이러한 스포츠 장소의 구성요인은 세 가지로 분류해 생각할 수 있습니다. ① 스포츠 시설, ② 지리적 관점, ③ 경기일정입니다.

우선 스포츠 장소라고 하면 스포츠 시설을 떠올립니다. 근대 스포츠의 특성에는 규칙성과 평등성이 있습니다. 사전에 부여된 규칙에 따라 통제됩니다. 이를 위해선 규격화된 경기장이 필요한 것이죠. 물론 경기장 자체의 크기는 차이가 있어도 스포츠 경기에 실질적으로 영향을 주는 장비의 평등적인 조건은 매우 중요한 요인이 됐습니다. 스포츠 장소는 **지리적 관점**에서도 바라볼 수 있습니다. 접근성, 교통과 주차장 시설의 편리성을 따지지 않을 수 없습니다. 또한 공간의 쾌적한 환경을 조성하는 데도 매우 신경을 써야 하는 부분이죠. 소비자의 심리적 요인과도 연관된 영역이라 할 수 있습니다.

스포츠 장소의 구성요인으로는 **경기일정**도 매우 중요합니다. 그 스케줄에 따라 사람들이 모이고 흩어집니다. 시장이 형성됐다가 금세 사라집니다. 정해진 공간에서 약속된 시간에 따라 마치 게임의 시뮬레이션과 같은 **경험재**를 봅니다. 그러고 나선 아무런 일도 없었다는 듯이 일상으로 돌아갑니다. 스포츠 소비자의 시선을 집중시키게 하는 요인으로서 중요한 것이죠.

스포츠 장소는 유통의 시작점에 해당됩니다. 정해진 장소에서 스포츠 생산품이 출시되는 순간, 소비가 이루어집니다. 소비의 급속한 추진동력인 미디어를 통해 전 세계 팬들에게 전달됩니다. 대규모 공간에서 연출할 수 있는 문화 콘텐츠를 생산하고 소비시킬 수 있는 최적의 장소가 되기도 합니다. 프로 스포츠 경기장의 상징성이 스포츠 영역으로만 국한되는 것이 아니라 확장될 수 있는 것입니다.

2018년 헐리웃 영화, 보헤미안 랩소디를 통해 다시 알려지게 된 웸블리 경기장은 1985년 에티오피아 난민의 기아 문제를 해결하기 위한 자선마련 공연인 라이브 에이드(Live Aid)로 잘 알려진 곳이다. 또한 세계적인 팝스타 마이클 잭슨의 월드투어 때 몇 차례 공연이 펼쳐진 상징적인 곳이기도 하다. 1923년 개장되어 2003년 철거될 때까지 유구한 역사를 알린 경기장이다. 무엇보다 잉글랜드 축구 국가대표팀의 경기장으로 사용하며 '축구의 고향(The Home of Football)'이란 별칭을 얻었던 상징적인 장소였다. 2019년 한류를 주도하는 BTS의 영국 웸블리 스타디움의 공연을 보자. 이곳은 구 웸블리 경기장을 철거하고 2000년부터 짓기 시작해 2007년에 개장한 신 웸블리 구장이다. 축구의 본고장인 영국의 위상처럼 9만 명을 수용할 수 있고, 영국 특유의 궂은 날씨에는 지붕이 닫혀 모든 관중이 비를 피할 수 있게 설계됐다. 몇 해 전 타계한 팝스타 조지 마이클을 시작으로 세계적 록 그룹 뮤즈, 메탈리카 등이 공연을 했다. 전 세계 팬들 뿐만 아니라 모든 매체를 열광시켰던 요인으로 BTS의 실력에 덧입혀진 공학적 가치를 극대화시키는 전략이 있다. 현장에 있는 6만 명의 팬과 유료 실황공연 중계를 즐긴 14만 명을 합쳐 20만 명이 동시간대에 공연을 관람했다. 미디어를 통해 어떻게 소통하고, 세련된 무대연출을 어떻게 보이게 하느냐의 문제는 웸블리 현장이 아닌 안방까지 전달하게 하는 공학의 세계인 것이다.[1]

웸블리 경기장

막대한 자금을 들여 짓는 스포츠 경기장을 바라보는 관점은 다양합니다. 경기장 건설로 지방 경제에 영향을 미치고 결국 소비를 촉진시켜 세금 수익을 높일 수도 있습니다. 프로팀이 속해 있는 연고지역은 그 자체로 인해 브랜드 효과를 노릴 수 있고 궁극적으로 지방 수익을 증가시킬 수 있습니다. 이 외에도 고용창출과 관광효과를 기대하기도 합니다. 이러한 긍정적인 효과를 기대하기 위해선 경기장이 갖는 상징성도 매우 중요합니다. 그것은 반드시 엄청난 돈을 들여 지은 최첨단 경기장만을 의미하지는 않을 것입니다. 그렇다고 매년 개·보수비용이 들어가는 부실공사 경기장은 더더욱 아니겠지요. 이 적정한 절충점을 찾아 **심미성**(審美性)을 강조하면서 친환경적 경기장 건설과 유지를 하는 일이 정말 요원한 일일까요?

스포츠 유통이란 스포츠 생산품을 최종 소비자에게 전달하는 활동입니다. 통상 **생산자, 도매상, 소매상, 소비자**로 이어지는 과정입니다. 유통의 핵심 멤버는 도매상(Wholesaler)과 소매상(Retailer)입니다. 이들이 없으면 생산자로부터 소비자에게 스포츠 제품과 서비스가 전달되지 않습니다. 스포츠 용품을 구매하기 위한 소비자의 직접구매 방식도 전자상거래, 택배 서비스 등과 같은 중간상으로 인해 가능한 것이죠. 이러한 중간상(Middleman)의 유형은 매우 다양합니다. 스포츠 가격에서 살펴봤던 **수수료**(Commission)가 주 수익원입니다.

중간상의 유형[2]

구분	내용
도매상	• 다른 형태의 중간상인 소매상에게 재판매를 하는 전문적인 중간상
소매상	• 최종 소비자를 대상으로 판매활동을 하는 중간상
대리상	• 상품의 소유권은 취득하지 않고, 중간에서 상담만 하는 중간상
판매 대리업	• 상품의 소유권은 취득하지 않고, 제조업자의 계약을 통해 판매액의 일정률을 수수료로 취득하는 중간상
유통업자	• 도매상과 같은 의미로 판매, 재고관리, 신용대여 등 유통기능 수행
중매상	• 산업용품 시장에서의 도매상 또는 유통업자를 지칭
거간	• 구매자와 판매자 중 어느 한쪽을 대표하여 사업활동을 하는 대리상

거래를 줄이자고?

중간상 역할이 필요하다는 것은 복잡한 이해관계를 원활하게 조정할 수 있기 때문입니다. 생산자와 소비자 간에 직접 거래를 하는 경우도 있지만, 복잡다단한 계약범위와 구조가 얽히게 되면 중간상을 통한 거래가 필요한 것이죠. 그렇다면 대표적인 이점은 무엇일까요? 가장 중요한 이점은 거래의 경제성을 확보할 수 있다는 것입니다. 국제올림픽위원회(IOC)가 TOP(The Olympic Partners) 프로그램을 운영함에 있어서 세계의 모든 기업을 상대할 수 없습니다. 국제올림픽위원회(IOC)는 한 군데만 협의하면 되는 구조를 만들어야 됩니다. 그 대상이 전문 대행사입니다.

프로 스포츠 리그를 운영하는 경기단체의 예를 들어볼까요? 경기장 티켓을 통한 수익을 얻기 위해 노력하는 '스포츠의 마케팅(Marketing of Sports)' 구조의 주체입니다. 이들이 모든 소비자를 상대할 수 있을까요? 전문 대행사를 통해 입장권 발매 업무를 분할함으로써 일 처리를 효율적으로 하는 것이죠. 이 외에 어떤 이점이 있을까요? 시간, 장소, 소유, 형태, 비용 측면에서의 효용을 따져볼 수 있습니다. 유통을 담당하는 중간상이 있음으로써 소비자에게 위의 다섯 가지 측면을 선보이는 것입니다.

우선 시간 효용(Time Utility)은 소비자가 원하는 제품과 서비스를 구매할 수 있도록 편의를 제공하면서 발생합니다. 온라인을 통한 입장권 구매 방식이 있기 때문에 판매자와 소비자 모두 시간적인 이점을 갖게 됩니다.

장소 효용(Place Utility)은 어떨까요? 소비자가 원하는 장소에 구매할 수 있다는 것입니다. 방금 설명한 온라인 구매를 통해 직접 가지 않더라도 경기 접근권을 살 수 있는 것이죠. 경기 측면에서 이해해보면 어떨까요? 통상 스포츠 경기를 한 군데에서만 치르지 않습니다. 홈엔드어웨이(Home-and-away) 방식을 통해 끊임없이 경기 상품을 생산하고 소비하는 장소로 바꿉니다. 많은 소비자들을 확보함과 동시에 그들에게 혜택을 전할 수 있는 것이죠. 이 경우 경기장이 중간상 역할을 하게 됩니다. 2부에 다루었던 올림픽이란 상품(Goods)도 고대 올림픽 근원지인 그리스 아테네에서만 개최하지 않고, 대륙별로 옮겨 다님으로써 전 세계 소비자를 하나로 묶을 수 있는 근간이 됐습니다.

소유 효용(Possession Utility)은 소비자가 제품과 서비스를 소유할 수 있도록 편의를 제공하면서 발생합니다. 중간상을 통해 궁극적으로 소비자가 소유할 수 있게 됐습니다. 소비자가 원했던 스포츠 상품의 가치를 소유하게 합니다.

형태 효용(Form Utility)은 소비자에게 제품과 서비스를 매력적으로 보이려고 형태와 모양을 변형시켜 제공하면서 발생합니다. 미디어란 중간상을 통해 집안에서 텔레비전을 보는 소비자들은 명장면을 여러 번 볼 수 있습니다. 이런 상상도 가능합니다. 만약 바이러스 팬데믹으로 인해 무관중 경기가 장기화된다면 어떤 일이 벌어질까요? 눈 부실만한 새로운 경기장으로 탈바꿈한 장소에서 경기를 치르게 될 것입니다. 물론 현장 경기는 무관중 경기이지만, 미디어를 통해 바라본 경기는 호기심을 불러일으키는 장소로서 선보일 수도 있습니다. 불가능한 장소를 상상에 따라 표현할 수 있는 판타지 게임처럼 말이죠.

마지막으로 비용 효용(Cost Utility)은 소비자가 지불하는 비용을 절감시켜 제품과 서비스를 제공하면서 발생합니다. 만약 근대 올림픽을 고대 그리스 시대처럼 아테네와 펠로폰네소스 반도와 같이 특정한 지역에서만 개최한다면 아마 현대 그리스 국가는 이미 파산했을 것입니다. 개최 비용이 분산이 안 되기 때문입니다. 올림픽을 판매하는 주체인 국제올림픽위원회(IOC)가 그걸 감당할 리는 없습니다. 소비자들이 편안하게 텔레비전을 통해 보는 경기는 무료입니다. 힘들게 경기장까지 가서 보는 경기가 오히려 유료이지요. 이러한 비용 차이는 중간상을 통해 나타난 효용이라 할 수 있습니다.

유통경로 기능에 따른 효용[3]

구분	내용
시간 효용	• 소비자가 원하는 제품과 서비스를 구매할 수 있도록 편의를 제공함으로써 발생
장소 효용	• 소비자가 원하는 장소에서 제품과 서비스를 구매할 수 있도록 편의를 제공함으로써 발생
소유 효용	• 소비자가 제품과 서비스를 구매하여 소유할 수 있도록 편의를 제공함으로써 발생
형태 효용	• 소비자에게 제품과 서비스를 매력적으로 보이기 위해 형태와 모양을 변형시켜 제공함으로써 발생
비용 효용	• 소비자가 지불하는 비용을 절감시켜 제품과 서비스를 제공함으로써 발생

02 | 경기장 스폰서십

경기장도 이름이 있다고?

국내에서 2007년으로 거슬러 올라가 인천 문학경기장 지하철에 의미 있는 현장이 있었습니다. 바로 역의 명칭에 관한 것이었습니다. 문학경기장이란 고유의 역의 이름과 SK 와이번스란 명칭을 병기했습니다. 3년 간 계약에 따라 병기가 됐는데 구장 명칭권 활용의 일환으로 시행됐던 것이죠. 공공시설과 스포츠 민간 브랜드의 조합을 이룬 최초의 시도였습니다.

최초의 사례를 하나만 더 기억하자면, 광주광역시에 가면 멋진 프로 야구장이 있습니다. 야구의 고장답게 이룬 성과이기도 합니다. 예전에 웃고 울었던 응원현장의 열기를 오롯이 담은 무등경기장 바로 옆에 광주-기아 챔피언스 필드가 있습니다. 총공사비가 약 1000억 원이 소요됐는데 300억 원을 기아 타이거즈가 부담했습니다. 이로써 경기장 명칭에 민간 기업의 이름을 넣고 25년간의 관리권을 보유하게 됐습니다.

SK 와이번스 역과 광주-기아 챔피언스 필드

이와 같이 경기장 마다 이름을 붙일 수 있습니다. 특히 프로 스포츠 경기장엔 얼마든지 가능한 일입니다. 우리 정서상 민간기업 이름만 내주는 것보다 지역이름을 병기하는 것이 대세가 됐습니다. 국민 세금으로 지어지고 운영되던 경기장에 기업 이름으로 바꾼다는 것에 대해 거부감을 가졌던 것도 사실입니다. 앞으로 충분한 공감대를 형성해야 할 영역이라 할 수 있겠죠.

물론 경기장 명칭 사용권(Naming Rights, 명명권)을 받기 위해 기업은 큰돈을 투자해야 합니다. 일종의 경기장 스폰서십(Stadium Sponsorship)이죠. 4부에서 다뤘던 스포츠 스폰서십의 일환입니다. 대형 스포츠 이벤트에만 기업의 관심을 갖는 것이 아니라 대형 건물에 자사의 이름을 넣고자 끊임없이 노력을 합니다. 옥외광고 효과를 기대하는 것입니다. 고속도로변에 높은 지주를 세우고 광고를 하는 것과 같은 이치입니다.

심지어 미국 프로 야구에서 1루, 2루, 3루 베이스에까지 기업 광고가 침투하고자 했던 일도 있었습니다. 아무리 상업주의가 팽배한 미국이라도 신성시되는 그 지점까지는 허용을 안 했습니다. 이와 같이 기업은 광고가 된다고 하면 어디든지 비집고 들어가려 합니다. 미국에선 이미 중계 아나운서 멘트에까지 침투했습니다. 우리 식으로 말하자면 선수가 힘겹게 홈으로 달려와 혼전 양상 끝에 슬라이딩으로 세이프가 되는 순간, 아나운서는 "세이프입니다. 역시 사람 살리는 곳은 삼성생명이네요." 이렇게 외치는 것이죠. 좀 웃기게 느끼겠지만 공식적으로 허용되면 새로운 광고시장이 형성되는 것이고 소비자들은 적응하기 마련입니다.

경기장 이름으로 다시 돌아와 최초의 명명권 사례는 뉴욕 버팔로에 위치한 리치경기장(Rich Stadium)입니다. 전미미식축구(NFL)의 버팔로빌스(Buffalo Bills)에 1973년 150만 달러를 기부하고 25년 동안 사용했던 것입니다. 이러한 기업의 노력이 언젠간 올림픽과 월드컵 경기장같이 대형 스포츠 이벤트가 개최됐던 곳에까지 영향을 미칠 수도 있습니다. 실제 1988년 서울 하계 올림픽을 위해 지었던 역도경기장을 2009년부터 우리금융아트홀이란 이름으로 전용 뮤지컬 극장으로 탈바꿈했습니다. 20년 동안 거의 방치됐던 경기장의 재활용이란 측면에서 긍정적인 평가가 이루어졌습니다.

이와 같이 중앙 혹은 지방자치단체가 소유한 공공체육시설 전반에까지 가능한 일입니다. 물론 기업은 광고가 될 만한 경기장만을 찾겠죠. 만약 서울 상암 월드컵 경기장을 현대 스타디움으로 바꾸면 어떻게 될까요? 경기장 외관에 디지털 광고보드를 달아 자동차가 굴러가는 형상을 묘사하며 시선을 집중시킬 수도 있습니다. 독일 뮌헨의 알리안츠 아레나처럼 세계적 관광 명소가 될 수 있습니다. 또한 시민들을 위한 공간으로 확장해 기업의 품질 높은 서비스를 만끽하게 되겠죠. 반면 이렇게까

알리안츠 아레나

지 기업 광고판으로 모두 내줘야 하는지에 대한 비판의 목소리도 있을 것입니다.

그렇게까지 해야 하나?

경기장 명칭 사용권은 이해 관계자 간에 효과가 있기 때문에 관심이 높아졌습니다. 우선 기업 혜택이 있습니다. 투자 대비 기업과 상품의 이미지가 높아진다는 것이죠. 다양한 프로모션 전략을 수행할 수 있는 스폰서십 환경을 확장한다는 의미도 있습니다. 스포츠 이벤트처럼 단기간이 아닌 오랜 기간 동안 광고가 노출된다는 것도 큰 매력입니다.

지자체도 혜택이 있습니다. 우선 공공체육시설에 들어가는 막대한 개·보수비용을 절감하는 효과를 갖습니다. 시설 활용도가 떨어지게 되면 예산만 들어가는 꼴이 되므로 명분 없는 관리를 이어가게 됩니다. 또한 앞서 언급한 것처럼 지역의 스포츠 관광 효과를 기대할 수도 있습니다.

궁극적으로 소비자에게도 혜택이 돌아갑니다. 기업이 제공하는 품질 높은 경기관람을 할 수 있는 기대를 갖게 하죠. 기업의 강점이 제품과 서비스 품질을 높이고, 세련된 방식으로 소비자를 유혹하는 것이라고 인식하기 때문에 더욱 그러하겠죠. 스포츠 경기 시즌이 아닐 때도 다른 방식의 활용을 높여 많은 사람들이 즐길 수 있는 공간을 얻게 될 수도 있습니다.

기업은 경기장 외관의 간판과 표지판을 활용해 광고합니다. 도로변에서 하루 수만 대의 차량이 오고가면서 노출되는 비중이 만만치 않을 것입니다. 앞서 언급한 고속도로변의 옥외광고처럼 말입니다. 또한 경기장 내부도 그들이 광고판이 됩니다. 그라운드, 좌석, 부대시설의 부착 광고에서부터 직원 유니폼과 편의물품에까지 광고로 도배됩니다. 명명권 계약 조건에 경기장 내에선 경쟁사 물품이 유통될 수 없게 하는 경우도 많습니다. 그들만의 성역인 것이죠.

이와 같이 공공의 영역에 야금야금 기업 광고가 들어오면서 우려하는 목소리도 만만치 않습니다. 앞서 얘기한 아나운서 멘트나 경기에 필요한 필수시설·장비까지 영향을 미치고 있어 어디까지 허용돼야 하는지의 기준을 정하기가 어려운 것입니다. 성공적인 마케팅을 위해 생산자, 유통자, 소비자 모두가 만족하는 수준의 적정한 범위를 찾고 실행해야 될 것입니다. 균형 잡힌 스포츠 마케팅 영역을 고민해야 하는 이유이기도 합니다.

경기장 명칭 사용권은 경제적 가치만을 두고 생각할 수 있는 영역일까? 국내는 기존 구장의 이름이 문학구장, 목동야구장, 잠실야구장, 대구 시민운동장 등으로 연고지역의 이름만 구장에 포함시켰다. 1988년 서울 하계올림픽을 위해 지었던 역도경기장을 전용 뮤지컬 극장(우리금융아트홀)으로 2009년에 탈바꿈했다. 중앙 혹은 지방정부 소유의 스포츠 시설을 기업에게 일정한 대가를 받고 명칭사용권을 활용한 경우다. 그렇지만 아직까지 올림픽, 월드컵 경기장과 같은 대규모 스타디움을 선뜻 기업에 이름을 내주기엔 시기상조란 의견도 있다. 하지만 프로 야구에선 지역과 기업명칭을 삽입한 경기장 명칭 사용에 대해 활발해지고 있다. 마이클 샌델(Michael Sandel) 교수는 명명권에 대해서도 비판했다. 앞서 언급한 것처럼 명명권(naming right)이란 기업이 돈을 내고 경기장 명칭을 사용할수 있는 권리를 말한다. 그가 비판한 이유는 아무리 상업주의가 팽배한 프로 스포츠 리그 광고시장이 주최기관과 기업 입장에선 중요한 비즈니스 허용공간이라 할지라도 도의적 문제가 도외시됐다는 것이다. 미국 내의 다양한 사례를 살펴보면 구단 소유주 이름(Comiskey Park), 이동통신 산업체 이름(U.S. Cellular Field), 애견용품 회사 이름(Petco Park), 대형 소매점 이름(Target Field), 은행 이름(Citi Field), 면도기 회사 이름(Gillette Stadium) 등으로 다채롭다. 구체적으로 몇 가지를 보면, 시카고에 위치한 U.S. Cellular Field는 미국 프로 야구(MLB)에서 23년 동안 6천 8백만 달러(816억 원)를 지불하고, 핸드폰 회사가 명명권을 확보한 경기장 명칭이다. 샌디에고에 위치한 Petco Park은 MLB에 22년 동안 6천만 달러(720억 원)를 지불하고, 반려견 동물회사를 홍보하는 경기장 명칭이 됐다. 또한 뉴욕에 위치한 Citi Field는 MLB에 20년 동안 4억 달러(4,800억 원)를 지불한 대가로 얻어낸 은행명을 사용한 경기장이다. 워싱턴 D.C.에 위치한 FedEx Field는 미식축구(NFL)에 27년 동안 2억 5백만 달러(2,460억 원)를 지불하고 택배회사가 명명권을 갖게 됐다. 이 외에도 다수의 사례를 통해 경제적 가치에 지나치게 매몰된 현실을 꼬집었다. 스폰서십의 확장이 스포츠 소비자 선택권의 확장과 연결되는 것인지, 공공재의 효율적 운영을 위해 도의적 문제를 외면하고 있는 것인지 등 다양하고 냉철한 시각을 견지할 필요가 있겠다. 하지만 광고주를 외면할 수 없는 마케팅 시장의 현실에서 어떻게 경기장 광고시장이 진화할지 지켜볼 일이다.[4]

03 | 프로 스포츠의 프랜차이즈

본사와 가맹점, 누굴까?

프랜차이즈 비즈니스라고 하면 동네에 우후죽순 들어차 있는 치킨이나 피자가 떠오를 겁니다. **프랜차이저**(Franchiser)가 **프랜차이지**(Franchisee)로부터 일정 금액을 받고 로열티를 제공하는 사업 구조를 말하죠. 프로 스포츠도 본사와 가맹점이 있는 구조로 동일합니다. 본사에 해당되는 프로 연맹은 막강한 권한을 갖고 리그를 운영합니다. 구단 숫자, 경기 횟수 등 리그 전체에 영향을 미칠 수 있는 요인에 대해 **최종 의사 결정**을 합니다. 가맹점에 해당하는 구단은 스포츠 조직의 경영을 통해 수익을 창출하기 위해 노력을 합니다. 유망한 선수를 잘 선별해 구단으로 영입한 후 대형 스타를 키우며 동반 성장하게 됩니다.

가맹점은 본사에 가맹비를 지불함으로써 본사가 갖고 있는 로열티를 획득하게 된다. 신생팀은 프로리그에 새로 가입할 경우 창단가입금을 지불하고, 프로연맹의 관리를 받는다. 프로연맹은 프로 스포츠라는 상품을 효과적으로 운영하고 관리하는 스포츠 조직으로 최고경영자로 구성된 기구에서 최종 의사결정을 한다. 예를 들어 프로구단의 연고지를 변경하는 문제, 리그 내 소속구단의 숫자를 제한하는 문제 등 프로리그 전체에 영향을 미칠 수 있는 사안에 대해 최종 의사결정을 한다. 프로구단 숫자를 제한하게 되면 희소성이 유지가 되어 리그가치를 높일 수 있는 효과가 있다. 이를 통해 리그수입에 대한 분배금을 기존에 있는 구단들이 많이 배당을 받을 수 있다. 또한 한정된 리그 내에서 계속 배출되는 선수를 확보하기가 쉬워진다. 프로구단이 연고지(지자체)의 지원을 더 얻어내기 위해 연고지 변경 등을 내세우며 협상을 하는 방법을 프랜차이즈 게임이라 한다. 지자체는 프로구단을 지역 내에 유치하거나 유명한 스포츠 이벤트를 유치하기 위한 노력을 한다. 이는 지역에 미치는 파급효과를 기대하기 때문이다. 즉, 경기장 수가 적을 때는 지자체가 협상에 유리하고, 리그소속 구단수가 적을 때는 구단이 협상에 유리하게 된다.[5]

지난 2015-2016년 시즌을 마치고 전주 KCC 이지스 프로 농구단이 수원시로의 연고지 이전 움직임이 있었습니다. 지역 MBC 방송사에서 필자를 포함하여 국회위원, 지자체장이 참여한 긴급 토론이 진행됐을 만큼 이슈가 커진 상태였습니다. 방송에선 지자체의 소통 문제를 우회적으로 비판하며 행정 관료주의에 유의해야 한다고 얘기했습니다. 결론은 전주실내체육관 홈구장 안전문제의 최우선 해결과 전용 경기장 건설을 약속한 후 전주에 남기로 일단락됐습니다. 특히 전주시가 기존 시설을 증축하는 방향으로 정했던 것을 신축으로 선회하면서 두 당사자 간의 불신이 봉합되고 신뢰를 쌓는 듯했죠. 하지만 다른 지역, 다른 구단에서도 언제든지 발생할 수 있는 이슈이므로 예의주시해야 한다고 했습니다. 2023년 하반기에 들어설 무렵, 다시 이 문제가 불거졌습니다. 결국 한국농구연맹(KBL)이 이사회에서 KCC의 연고지 이전을 승인하게 됩니다. 전주시의 체육관 건립 약속을 지키지 않고 신뢰를 저버린 이유로서 연고지는 부산으로 확정됐습니다.

프랜차이즈 게임의 원칙을 놓고 살펴보면 경기장을 갖춘 지역이 많은 상태이므로 구단이 유리한 게임입니다. 실제로 연고지를 이전한다는 것은 간단한 문제가 아닙니다. 기존 연고지에서 자생한 수많은 팬들의 불만을 해결할 만한 명분이 있어야 합니다. 또한 수도권 이전에 대해 지역경제를 외면한 처사라는 입장을 가질 수 있는 시 관계자, 지역 불균형을 초래한 부정적인 사례를 보도할 수 있는 언론 등 많은 리스크를 극복해야 할 것입니다. 즉, 타당한 명분이 있지 않은 한, 협회의 최종결정도 쉽지 않았을 것입니다. 그럼에도 불구하고 20여 년을 버틴 연고지에서 오랜 기간 쌓아왔던 기록과 팬심이 한 순간에 무너뜨린 사태가 발발한 것입니다.

'스포츠의 마케팅(Marketing of Sports)' 주체와 협약을 통해 이익을 얻는 주체는 기업입니다. 즉, 기업은 '스포츠를 통한 마케팅(Marketing through Sports)'을 하는 주체입니다. 지자체도 엄밀히 얘기하자면 '스포츠를 통한 마케팅'을 하는 셈입니다. 「스포츠산업진흥법」에 프로 스포츠를 육성하기 위한 조치가 있습니다. 공공체육시설을 스포츠산업진흥시설로 바꿀 수 있고, 25년 동안 시설위탁을 맡길 수도 있습니다. 심지어 지자체는 프로 스포츠단의 창단에 출자 또는 출연을 할 수 있고 필요한 경비를 지원할 수도 있습니다. 공공의 영역이 민간사업에 도움을 줌으로써 스포츠산업을 발전시키고자 하는 것이죠.

하지만 아무리 법으로 명시됐다고 해도 지역시민과의 공감대 형성이 우선입니다. 특히 행정적 마인드를 갖춘 당국은 명분이 있어야 민간에게 많은 권한을 내줄 수 있습니다. 또한 그 명분을 스스로 저버릴 수 있는 행정 관료주의가 팽배한다면 권한 자체를 행사할 수도 없는 것이죠. 스포츠 콘텐츠를 양산하는 주체 즉, 스포츠의 마케팅(Marketing of Sports) 주체는 이익을 위해선 어떻게든 바뀔 수 있는 냉정한 존재이기도 하지요. 스포츠란 콘텐츠는 공공의 개념으로 강한 이슈를 도출하면서 시장의 이익을 대변하는 주체 간의 치열한 스포츠 마케팅 전략이 숨어있습니다. 본서 8부에 제시됐던 「스포츠산업진흥법」 제17조(프로 스포츠의 육성)를 좀 더 구체적으로 살펴보면 다음과 같습니다.

스포츠산업진흥법 제17조(프로스포츠의 육성)[6]

> ① 국가 및 지방자치단체는 스포츠산업의 발전을 도모하고, 국민의 건전한 여가활동을 진작하기 위하여 프로스포츠 육성에 필요한 시책을 강구할 수 있다.
> ② 지방자치단체 또는 공공기관은 프로스포츠 육성을 위하여 프로스포츠단 창단에 출자

또는 **출연**할 수 있으며, 프로스포츠 활성화를 위하여 필요한 경우 프로스포츠단 사업 추진에 **필요한 경비를 지원**할 수 있다.

③ 지방자치단체는 공공체육시설의 효율적 활용과 프로스포츠의 활성화를 위하여 필요하다고 인정하는 경우에는 **공유재산을 25년 이내의 기간**을 정하여 그 목적 또는 용도에 장애가 되지 아니하는 범위에서 사용·수익을 허가하거나 관리위탁 또는 대부할 수 있다.

④ 지방자치단체의 장은 제3항에 따라 공유재산을 사용·수익하게 하거나 대부하는 경우에는 해당 공유재산의 사용료 및 대부료와 납부 방법 등을 정할 수 있다.

⑤ 제3항에 따라 공유재산을 사용·수익하게 하거나 대부하는 경우에는 해당 공유재산의 목적 또는 용도에 장애가 되지 아니하도록 대통령령으로 정하는 바에 따라 사용·수익과 대부의 내용 및 조건을 부과하여야 한다.

⑥ 지방자치단체의 장은 공유재산 중 체육시설을 프로스포츠단의 연고 경기장으로 사용·수익을 허가하거나 관리위탁 또는 대부하는 경우 해당 체육시설과 그에 딸린 부대시설에 대하여 대통령령으로 정하는 바에 따라 해당 프로스포츠단(민간자본을 유치하여 건설하고 투자자가 해당 시설을 프로스포츠단의 연고 경기장으로 제공하는 경우 민간 투자자를 포함한다)과 **우선하여 수의계약**할 수 있다. 건설 중인 경우에도 또한 같다.

⑦ 제6항에 따라 공유재산의 사용·수익 허가를 받은 프로스포츠단은 사용·수익의 내용 및 조건에 위반되지 아니하는 범위에서 **지방자치단체의 장의 승인을 받아 다른 자에게 사용·수익**하게 할 수 있다.

⑧ 제6항에 따라 공유재산의 사용·수익을 허가받거나 관리를 위탁받은 **프로스포츠단은 필요한 경우 해당 체육시설을 직접 수리 또는 보수**할 수 있다. 다만, 그 수리 또는 보수가 공유재산의 원상이 변경되는 대통령령으로 정하는 대규모의 수리 또는 보수에 해당할 경우에는 지방자치단체의 장의 승인을 받아야 한다.

⑨ 지방자치단체는 제8항에 따른 **수리 또는 보수에 필요한 비용의 전부 또는 일부를 지원**할 수 있다.

사실 오랜 역사를 통해 성공한 세계적인 상업적 스포츠 리그에는 뿌리 깊게 얽히고설킨 카르텔이 존재합니다. 북미, 남미, 유럽 프로 리그들은 선수들과 관계를 맺기 이전에 소유주, 기업 스폰서, 방송사들에 의해 똘똘 뭉쳐 있는 곳입니다. 카르텔에서 소유주는 막강한 힘을 발휘합니다. 새로운 스포츠 리그가 만들어져 소비자의 관심을 빼앗길 수 있는 가능성 자체를 기필코 막기도 합니다. 당연히 새로운 팀이 리그에 참여하는 것에 대해 그들에게 허락받아야 가능할 정도의 영향력을 발휘하죠. 허락을 받기 위해선 그들이 정한 조건을 수용해야 합니다. 그러한 행위가 타당하고 보편적으로 보이는 절차로 나타날 뿐입니다. 즉, 연맹의 합당한 의사결정 처럼 보이게 할 수도 있는 것입니다.

스포츠 라이선싱과 머천다이징, 누가 할까?

라이선스(License)란 경제적 가치를 지닌 지적 재산권을 사용할 수 있도록 허가 하는 일을 말합니다. 머천다이징(Merchandising)도 새로운 상품을 개발하기 위해 가격, 분량, 판매 방법 등을 계획하는 일이란 의미를 담고 있는데 라이선스와 별반 다르지 않습니다. 즉, 허가하는 자(Licensor)와 허가를 받는 자(Licensee) 사이의 계약에 따른 활동 전반을 뜻합니다. 단지 구분하자면 스포츠 라이선싱은 스포츠와 관련돼 있는 물품이고, 머천다이징은 관련이 없는 물품이라고 생각해도 무방합니다.

스포츠 라이선싱과 머천다이징의 사업주체는 스포츠 단체(라이선서, Licensor)와 기업(라이선시, Licensee)이 됩니다. 스포츠 라이선싱은 하얀 색 티셔츠에 유명한 스포츠 로고를 달면 가격이 올라갈 것이란 기대로부터 출발합니다. 올림픽의 오륜기, 월드컵의 우승컵, 프로 스포츠 리그·구단·팀의 상징물 등에 이르기까지 다양한 유·무형의 지적재산권을 활용합니다. 로고, 슬로건, 심벌, 색깔, 초상 등을 활용한 의장, 상표권, 특허권을 비롯해 업무 노하우, 전문지식, 영업비밀에 이르기까지 무척 다양합니다.

스포츠 머천다이징은 스포츠 외의 용품들, 즉 카드, 인형, 피규어, 사인볼, 가방, 슬리퍼, 목도리, 병따개 심지어 애완견 목줄까지 일상 용품 전반을 다룬다고 생각하면 됩니다. 유명한 구단의 로고는 어디라도 부착하게 되면 막강한 브랜드 파워가 생기는 것입니다. 스포츠 라이선싱과 머천다이징은 스포츠 스폰서십과 다소 차이가 있습니다. 즉, 스폰서십과 달리 협

스포츠 라이선싱

찬 의도는 없습니다. 투자한 자금대비 가치가 올라간 상품을 판매해서 수익을 얻

으면 되기 때문입니다. 이러한 사업구조를 통해 스포츠 단체는 수입을 얻을 수 있고, 홍보효과를 높일 수 있습니다. 기업은 고객과의 커뮤니케이션을 강화하고 판매를 높일 수 있습니다. 소비자는 선호하는 선수, 구단, 팀의 상징물을 부착한 다양한 상품을 구매할 수 있어 다양한 구매 환경을 갖게 됩니다.

스포츠 마케터는 대량으로 판매할 수 있는 시장, 하나의 시장을 쪼개서 유리한 곳에서 선점하는 시장, 여러 개로 분할된 곳에서 차별화할 수 있는 시장 등으로 분류해 움직입니다. 경기장을 찾는 소비자가 반드시 스포츠 라이선싱과 머천다이징 상품을 선호한다는 보장은 없습니다. 물론 스포츠 경기관람에 전혀 관심이 없는 소비자는 스포츠 용품을 구매할 수도 있습니다. 이로써 제품, 가격, 유통, 프로모션의 마케팅 전략이 각기 다를 수밖에 없는 것입니다.

마케팅 전략[7]

시장 접근	대량 마케팅	시장세분화 /집중적 마케팅	다수의 세분화 /차별적 마케팅
표적 시장	광범위한 소비자	명백하게 규정된 하나의 소비자 집단	명백하게 규정된 두 개 이상의 소비자 집단
제품 (상품)	다양한 소비자를 겨냥한 하나의 브랜드에서 제한된 몇 개의 상품	하나의 소비자 집단을 겨냥한 하나의 브랜드	각각의 소비자 집단에 부합하는 특징적인 브랜드
가격	하나의 가격	소비자 집단에 부합하는 하나의 가격	각각의 소비자 집단에 부합하는 특별 가격
유통	모든 가능한 창구	모든 적합한 창구	각 소비자 집단에 부합하는 적합한 창구
프로모션	매스미디어	모든 가능한 미디어	각 소비자 집단에 부합하는 적합한 미디어
전략	통일된 폭넓은 마케팅 프로그램을 통해 다양한 유형의 소비자에게 어필함	매우 특별하나 통일된 마케팅 프로그램으로서 하나의 특별한 소비자 집단에게 어필함	각각의 소비자 집단에 부합하는 마케팅 계획으로 하나 이상의 특별한 시장에 어필함

Q & A

1. 스포츠의 마케팅 주체는 로고, 슬로건 등 지적 재산권을 갖고 있습니다. 이러한 경제적 가치를 지닌 지적 재산권을 사용할 수 있도록 허가하는 일을 무엇이라고 할까요?

(정답) 라이선스(License)

(해설) 지적 재산권은 라이선서(Licensor, 허가하는 자)가 소유한 유·무형의 자산들입니다. 예를 들면 이름, 로고, 슬로건, 심볼, 색깔, 초상(肖像) 등을 활용한 의장(意匠), 상표권, 특허권 등의 유형자산과 업무 노하우, 전문지식, 영업비밀 등의 무형자산이 있습니다.

2. 해외의 유명한 홈구장에 가면 각종 용품을 판매합니다. 스포츠 라이선싱 사업과 유사하지만, 스포츠 용품과 관련이 없는 새로운 제품을 개발하고 생산, 판매하는 것을 무엇이라고 할까요?

(정답) 스포츠 머천다이징(Sports Merchandising)

(해설) 머천다이징(Merchandising)은 제조 혹은 유통업자가 새로운 상품의 개발을 위해 가격, 분량, 판매 방법 등을 계획하는 일을 뜻하는 경제용어입니다. 스포츠 머천다이징(Sports Merchandising)은 특정 스포츠팀, 선수의 캐릭터, 로고, 마크, 엠블럼 등을 활용해 스포츠 용품과 관련이 없는 새로운 제품을 상품화하는 것입니다.

직접인용 자료

1 문개성(2023). 현대사회와 스포츠: 미래에도 무한한 인류 공통의 언어(개정2판). 박영사, 227~228쪽.
2 권기대, 김신애(2016). 마케팅 전략: 브랜드의 응용. 박영사, 450쪽.
3 김용만(2010). 스포츠 마케팅 커뮤니케이션. 학현사, 229~231쪽.
4 문개성(2022). 스포츠 마케팅 4.0: 4차 산업혁명 미래비전(개정2판). 박영사, 469쪽.
5 문개성(2023). 스포츠 경영: 21세기 비즈니스 미래전략(개정2판). 박영사, 47~48쪽.
6 법제처(n. d.). 스포츠산업진흥법. Retrieved from http://www.moleg.go.kr
7 Parkhouse, B. et al. (2005). The Management of Sport: Its Foundation and Application(4th eds.). 이재우 옮김(2010). 스포츠 경영. 커뮤니케이션북스. 366쪽. Retrieved from Evans, J. & Berman, B. (1984). Principles of Marketing. New York, Macmillan.

13부

스포츠 마케팅 5.0,
4차 산업혁명 미래비전

01 | 시장의 변화

근대 이후 스포츠의 특성이 달라졌다고?

호메로스의 저서는 오늘날의 시각으로 체육과 스포츠를 어떻게 바라봤는지 살펴볼 수 있게 한다. 일리아드에는 아킬레스의 친구인 파트로클로스(Partroculus)의 명복을 비는 장면이 나온다. 기본적으로 장례 및 추모경기의 성격을 띠었다. 당시에는 스포츠 경기를 치르면서 즐거움을 추구했던 죽은 영웅들의 영혼을 달래기 위해 장례경기를 치렀다. 총 8개 종목의 경기가 등장한다. 전차경기, 권투, 레슬링, 달리기, 검술, 원반던지기, 활쏘기, 창던지기 순서이다. 가장 비중이 높았던 것은 전차경기였다. 제비뽑기를 통해 출발 장소를 정했다. 반환점을 돌아 순위를 가리는 방식이다. 인기가 높았던 만큼 전차경주에는 심판도 한 명 더 세웠다. 전차경기를 가장 영예로운 종목으로 꼽았던 이유는 무엇일까. 아무래도 말의 능력 외에 말을 이끄는 기수의 기술과 동물과의 교감이 중요하게 여겼을 것이다. 게다가 전차 수레의 균형을 유지하기 위해 고도의 순발력과 체력 등을 요구하게 되면서 매우 고난도의 훈련을 통해서만 가능했던 상징적인 경기였던 것이다.[1]

고대 그리스 사회의 전차경기는 상류층과 귀족의 전유물이었습니다. 거길 참가하기 위해 비싼 비용을 치러야 했죠. 전차경기는 히포드로모스(hippodromos)라고 불린 경기장에서 개최됐습니다. 네 마리의 말이 끄는 전차경기는 12바퀴를 돌아 대략 15km를 달렸고, 두 마리 말이 끄는 경기는 8바퀴를 돌아 10km 정도 달렸습니다. 그 열기는 이루 말할 수 없을 정도였습니다. 고대 로마 시대까지 가장 인기가 있었던 전차경기는 오늘날 카레이싱과 같은 진화된 장비의 경기로 바뀐 셈입니다. 앞서

고대 전차경기

언급했듯이 엄청난 스폰서의 향연장이 된 것입니다.

당시는 근대 이후의 특성인 **합리화**와 **계량화**가 나타나지 않았기 때문에 지역마다 경기장 규모와 말들이 달렸던 거리가 달랐습니다. 경기장마다 원반 크기가 각기 달랐던 고대 올림피아 제전의 원반던지기 경기방식을 당연시 여겼습니다. 아마 문화적인 이유였을 겁니다. 또한 제례의식의 특성을 보다 중시했기 때문에 기록에 집착하며 빅 이벤트를 치러야 했던 당위가 다소 낮았을 수도 있습니다.

1부에서 언급했던 것처럼 미국의 **알렌 구트만**(A. Guttmann, 1978)에 따르면 근대 스포츠의 특성을 일곱 가지로 이해할 수 있습니다. 정치적인 제례의식이 강했던 고대 스포츠를 지나 신을 추종하여 몸의 활용이 경시됐던 중세를 맞이했습니다. 또한 개인을 중시하는 문예부흥기를 거쳐 세속적인 교회로부터 탈피하고자 했던 시기를 겪었습니다. 이와 같이 시대별로 의미를 달리했던 스포츠를 통해 그는 근대 스포츠의 특성을 세속화, 평등화, 전문화, 합리화, 관료화, 수량화, 기록지향으로 제시했습니다.

스포츠는 세속적 욕구를 충족하는 수단이 됐고, 누구나 동일한 조건에서 참가할 수 있는 여건이 마련됐습니다. 또한 운동에 최적화된 몸으로 단련된 선수들이 등장했고, 누구나 공감할 수 있는 범위 내에서 규칙을 마련했습니다. 이는 스포츠 조직이 탄생하면서 관료화를 이룸으로써 체계적으로 가능해졌습니다. 이를 통해 각종 기록을 수량화하게 되면서 그 기록을 깨기 위해 무한한 노력을 하고 있다는 것입니다.

현대 스포츠에 오면서 이 현상은 더욱 두드러졌습니다. 대중들은 기록을 갱신하는 선수들에게 열광을 하게 됐습니다. 이로써 보다 강렬한 즐거움을 원하는 수요가 폭발적으로 증가하게 됐죠. 미디어의 발달로 인해 대중들은 선수들의 일거수일투족을 관찰하게 됐고, 무한반복으로 그들을 경외할 수 있게 됐습니다. 마치 고대 스포츠의 전차경기 선수들에게 보였던 영웅적 이미지를 투사하기에 이릅니다.

상업적 관중 스포츠의 지향성은 미학에서 영웅적인 행동으로 이동하고 있다.
관중이 심미적 행동을 즐기기 위해서는 기술적인 지식이 필요하다. 이러한 지식을 갖추지 못한 관중들은 영웅적인 행동을 추구하고 이에 초점을 둔다. 따라서 선수들이나 관련자들도 관중들의 수요를 충족시켜 주기 위하여 영웅적인 행동을 지향하게 된다. 영웅적인 행동은 과도한 집착에 의해 일탈에 가담하게 되는 사람을 의미하거나 극적인 표현을 통해 관중들을 즐겁게 해주기 위한 경기를 뜻한다. 이러한 영웅적 행동의 극치는 프로 레슬링에서 나타나는데, 고정 관념화된 영웅과 악당이 출현하여 드라마적인 표현을 통해 신체 능력을 여실히 보여주며 관중들에게 즐거움을 선사한다. 미와 위대함, 그리고 건강에 대한 관심은 더 이상 오락 스포츠의 소재가 아니다.[2]

이러한 특성은 시장(Market)을 변화시켰습니다. 고대 스포츠 현장도 흥행이란 요소가 매우 중요했지만, 현대 스포츠처럼 막대한 이익을 창출하는 것이 주요 목적이 아니었습니다. 내부의 효율적인 통치와 외부의 전쟁 억제력과 같은 정치적 수단으로 대회를 치렀던 것입니다. 이를 위해선 정치가들로부터 많은 협찬비용을 필요로 했습니다. 현대에 와서 그 역할을 기업이 담당하게 됐고 그들은 이윤창출의 수단으로 활용했습니다.

하지만 근대 이후에도 스포츠를 정치적 수단으로 악용하는 시도는 계속 됐습니다. 대중의 열망을 소수의 이익을 위해 이용한 것이죠. 정치색이 약하기 때문에 갈등을 해소하는 긍정적 장치가 되기도 했지만, 정치적 입지만을 강화하는 수단이 된 것입니다. 고대의 전차경기처럼 자신의 자산을 충당해가며 입지를 다지는 것도 아닙니다. 국민 세금으로 운영되는 공공의 영역을 사적으로 이용하는 점에서 문제의식을 드러낼 수밖에 없게 된 것입니다.

정치는 왜 스포츠를 이용하는가? 우선 효과적인 선전의 장이 되기 때문이다. 스포츠는 경쟁과 우월성을 추구하게 돼 쉽게 정치적 이데올로기와 결합되기 때문이다. 또한 스포츠의 대중성을 통해 급격히 전파될 수 있기 때문이다. 1936년 베를린 올림픽의 히틀러처럼 오프라인 상에서 대중을 선동하지 않더라고 누구나 들고 다니는 개인 미디어를 통해 일관된 정치적 메시지를 주입할 수 있게 됐다.

시간과 장소에 구애 없이 집결할 수 있는 대중이 됐다. 아베가 노리는 지점이 여기다. 확고한 목표를 정하고, 일관된 메시지를 보내는 것이다. 2019년 럭비월드컵 때도 세련되고 안전한 일본을 강조했다. 2011년 후쿠시마 방사능 사태의 적극적인 재건을 통해 국제사회에서 최선의 역할을 다한다고 강조하는 것이다. 물론 스포츠 빅 이벤트의 흥행은 놓치지 않고 말이다. 다수는 스포츠에는 정치성이 희석됐다고 믿기 때문이다.[3]

옛날 시장에서 미래 시장으로 간다고?

오늘날에도 정치적 의도로 스포츠를 이용하기도 하지만, 그들에게 항상 성공을 안겨다 줄 순 없게 됐습니다. 시장이 매우 빠르게 변화하기 때문입니다. 현대와 미래로 잇는 시장을 소수의 통치 집단이 주도하는 것이 아니라 소비자가 주도하기 때문입니다. 기술의 발전은 시장을 계속 변화시켰습니다. 6부에서 언급한 시장의 변화를 다시 살펴보겠습니다. 코틀러 등이 제시한 1.0 시장(Market 1.0)이란 일방향의 시장입니다. 즉, 기업이 제품과 서비스를 생산하면 소비자는 선택적 대안 없이 사용하는 구조입니다. 수십 년 전, 시장을 독점하는 소수의 기업만이 존재할 때 나타났던 현상입니다. 일례로 구매한 상품이 고장이 나더라도 하소연할 때가 없는 시장이라고 하면 이해할 수 있을까요?

2.0 시장(Market 2.0)은 양방향의 특성을 갖습니다. 즉, 생산자(기업)와 소비자 관계가 오고가는 것이죠. 다시 말해 기업이 품질과 상관없이 제품(Product)과 서비스(Service)를 시장에 내놓을 때 소비자로부터 외면을 받을 수 있는 것입니다. 독점 기업이 소비자에게 상품을 사거나 말거나하는 식의 배짱을 부리는 시장이 아니었던 것이죠. 스포츠 제품의 수명주기(PLC, Product Life Cycle)란 개념이 있습니다. 모든 시장에서 제품과 서비스는 도입기를 통해 진입합니다. 이후 성장기를 거칩니다. 이 시기는 초반 적자를 이겨내고 흑자로 돌아서는 단계입니다. 이럴 때 경쟁사들도 모방한 제품과 서비스를 내놓게 됩니다. 돈이 된다는 것을 간파한 시장에서 수요를 놓칠 리가 없겠죠. 이처럼 시장을 독점하지 못하고 여러 업체가 나오면 기

업은 소비자에게 잘 보이려고 귀를 기울이는 단계로 발전합니다.

3.0 시장(Market 3.0)은 소비자에게 감동을 주어야 기업이 살아나갈 수 있는 단계입니다. 스토리를 만들면서 사람들의 관심을 끌게 된 것이죠. 소위 스토리텔링(Story-Telling)이 안 되면 매력을 느끼지 않는 것입니다. 양방향의 2.0 시장보다 좀 더 복잡해졌다고 할까요? 고객의 목소리를 듣고 잘 대응하는 것에서 그치지 않게 된 겁니다. 즉, 고객이 원하는 이야기를 도출하고 풀어갈 수 있어야 한다는 것이죠. 한편으로 이야기를 만드는 주체는 시대 트렌드에 민감하고 끊임없이 이야기를 생산해야 하는 역할이 필요할 것입니다. 하지만 매번 새로운 이야기를 만든다는 것도 쉽지는 않겠죠.

첨단 기술에 따라 변화된 지금 시장은 어떤 시장일까요? 바로 4.0 시장(Market 4.0)입니다. 온라인과 오프라인이 합쳐진 시장입니다. 사람들 간의 소통, 금전거래, 정보의 축적과 흐름 등 모든 커뮤니케이션의 범위가 온라인이 오프라인보다 압도적으로 큽니다. 우린 두 가지 세상을 동시에 살아가는 것입니다. 스토리텔링(Story-Telling)만으론 부족한 시장이 형성된 것이죠. 소비자가 직접 해야 직성이 풀리는 스토리두잉(Story-Doing) 사회인 것입니다. 이는 3.0 시장에 비해 이야기를 만드는 주체가 소비자로 바뀌고 있음을 알 수 있습니다. 매번 이야기를 만들었던 주체는 소비자로부터 이야기를 경청하고 풀어갈 수 있는 플랫폼만을 만들어주면 되는 거라고 이해하면 될까요? 고객이 직접 체험할 수 있는 제품과 서비스가 좀 더 필요한 시장이 된 것이라 할 수 있겠죠.

이러한 시장에서 앞으로 스포츠는 어떻게 변할까요? 이름을 붙이기 나름이지만 5.0 시장(Market 5.0)의 도래를 4.0 시장 때부터 예상해볼 수 있었겠죠. 6부 '스포츠 마케팅의 구조'에서 5.0 시장은 코로나19로 인해 예상보다 일찍 시장에서 그 특성이 드러났다고 했습니다. 아무리 시장이 진화한다고 해서 오프라인 상의 일상이 중요하지 않게 되거나 축소되지는 않을 겁니다. 아날로그적 감성을 중시하고자 할 것입니다. 이 지점 역시 스포츠 마케팅 시장에서 주도하고자 하는 주체들은 소비자의 감성에 파고드는 기법을 개발할 것입니다.

Kotler et al.(2021)는 코로나19로 인해 앞으로 도래할 5.0시장의 가속화를 언급했다. 휴머니티 기술 중심의 5.0시장은 인간 중심의 3.0시장과 4.0시장부터 발전돼 온 기술 중심의 시장이 통합된 형태로서 확대될 가능성을 제시했다. 이는 Y세대(1981~1996년생)의 부상으로 인터넷이 활성화된 3.0시장과 Z세대(1997 ~2009년생)까지 포함하여 전통적 방식에서 디지털 방식의 급격한 변화환경을 주도한 4.0시장은 온라인과 오프라인의 통합을 당연시하게 여기게 됐다. 아직 소비시장에 진입하지 않은 알파 세대(2010~2025년생)로부터 형성되기 시작하거나 앞으로 발전하게 될 5.0시장은 기술을 자기 삶에 꼭 필요한 일부이자 자신의 확장으로 여기게 됨에 따라 Z세대(1997~2009년생)로부터 강한 성향을 보이고 있는 개인화와 맞춤화의 편리성이 가속될 것이다. 변화를 주도할 수 있는 역할에 자신감을 보임으로써 이들의 의견개진 방식을 주목해야 한다.[4]

02 | 스포츠 4.0과 5.0 시장, 그리고 정책

디지털 마케팅 시장, 날로 커진다고?

스포츠 세계에서 앞으로 영향을 미칠 요인은 어떤 것이 있을까? 엘리스 캐시모어(E. Cashmore, 2000)는 오락, 기업, 돈, 가치와 법, 발전과 실행으로 다섯 가지로 분류했다. 첫째, 오락부터 살펴보면 다음과 같다. 사람들은 광고와 마케팅 시장에서 스포츠 이미지들에 이토록 노출된 적이 없었다. 스포츠를 보는데 미디어를 끼고 살고 있고, 스포츠 상품을 구매하면서 스포츠 자체를 소비하게 됐다. 또한 경쟁에 대한 욕망의 분출구로서 개인이 팀으로, 구단으로, 국가로의 충성도를 높일 수 있는 촉매제가 됐다. 선수라는 최고의 상품을 선망하게 됐고, 그들의 일거수일투족이 뉴스를 생산하고, 소비를 유도하는 주체가 됐다. 둘째, 기업이다. 이는 무엇을 의미하는가. 1956년 멜버른 올림픽 때 텔레비전 중계가 결정되면서 소비가전 시장이 확대됐다. 스포츠가 갖는 강력한 흡입력을 바탕으로 집안에서 열광적인 관심도를 이끌어내는 데 혁혁한 공을 세운 것이다. TV 중계용에 맞춰 스포츠 종목은 규정과 스케줄 변화에 지대한 영향을 미치고 있다. 이는 광고주를 의식해야 하기 때문이다. 셋째, 돈이다. 프로 스포츠 시장이 확대되면서 돈을 많이 버는 선수는 더 부유하게 만드는 구조가 됐다. 몸값이 비쌀수록 주목도를 올리고, 기업광고가 붙는 순환구조를 갖게 된 것이다. 자유계약제도(FA)를 통해 엄청난 이적료가 쌓이고 구단은 날로 번창할 수 있게 됐다. 흥행하는 이벤트에는 방송중계권료도 덩달아 상승하고, 기업광고 시장이 확장되고 있다. 넷째, 가치와 법이다. 언론과 대중의 관심은 승자에게 초점이 맞추어지면서 선수들의 경기력 향상에 대한 유혹은 날로 커지고 있다. 선수들 간에 만연한 약물복용 문제가 크게 이슈화되면서 앞으로 스포츠가 가야할 가치에 대해 진지한 성찰을 하게 된다. 그럼에도 불구하고 기록 경신과 승리추구에 대한 갈망은 도핑제도보다 약물개발 속도가 한층 더 빨라지면서 도의적인 문제 외에 법적 규제를 피할 수 있는 환경이될 수도 있다. 다섯째, 발전과 실행이다. 선수의 육체적 능력을 향상시키는 것보다 지적능력을 높이기 위한 다양한 자극이 요구됐다. 스포츠 과학의 발전으로 훈련 방법의 발달과 이해도를 바탕으로 현장에서 적용한다. 덧붙여 기술도핑이란 신조어가 생겨나듯이 기록경기가 존재하는 한, 발전과 실행을 위한 노력은 그치지 않을 것이다.[5]

2007년에 출시될 때까지 소비자들은 몰랐습니다. 마케터와 같은 특수 집단에서나 필요한 장비가 될 거라고 치부한 평론가들도 많았습니다. 바로 **스티브 잡스**(Steve Jobs, 1955~2011)가 세상에 처음 내놓은 스마트폰 이야기입니다. 지금은 어떻습니까? 손에 없으면 불안감을 호소하는 사람이 나올 정도로 몸의 일부가 됐습니다. 머지않아 몸에 부착하거나 이식하는 수준까지 올 수도 있겠죠.

모든 기능이 통합되고 있습니다. 사진과 영상을 찍고 편집하고 업로드하고 공유합니다. 은행업무, 결제(決濟)와 결재(決裁)업무, 자료작성 업무, 계산업무 등 웬만한 직무의 일 처리도 가능합니다. 재미를 찾는 일, 즐거움을 소비하는 일, 슬픔을 공감하는 일, 불공정함에 분노를 표출하는 일 등 인간사 희로애락(喜怒哀樂)도 이 환경에서 가능하게 됐습니다.

무한한 정보를 공유하는 개인 컴퓨터 시대에 전통적인 마케팅 믹스만으로 경쟁력을 보이기엔 한계를 느끼게 됐습니다. 그렇다고 오프라인 상에서 축적돼 온 경험치가 한순간에 물거품이 되거나 하진 않을 겁니다. 먹고 사는 원초적인 문제는 꿈속에서 이루어지는 것이 아니라 바로 눈앞에서 펼쳐지기 때문이죠. 이 문제에 직접적으로 닿아 있는 부분이 바로 디지털 시장의 확장입니다. TV를 통해 광고를 접했던 영역이 손 안으로 흡수하게 된 것이죠.

인공지능, 가상현실, 증강현실 등 각종 기술도 통합의 방향으로 가게 되면 새로운 상상을 하게 됩니다. 스포츠 마케팅 영역도 손 안에서 모든 게 이루어질 수 있다고 상상해보면, 어떤 속성을 강화하는 상징적인 모티브를 확보하는 게 더욱 중요해질 것입니다. 어렵게 쌓은 브랜드 자산이 사라지는 것을 방지할 수가 있겠죠. 예를 들면 은퇴한 선수의 기억은 차츰 사라집니다. 특히 오래 전에 타계한 선수들의 기억은 기록으로만 남습니다.

김연아 前선수, 많은 국민들은 그녀가 영원한 아이콘이 되길 바랄 것이다. 지금 그대로의 모습, 성숙하고 당당한 모습 등 사람마다 느끼는 아이콘은 다양할 것이다. 박세리 前선수도 있다. 외환위기를 맞았을 때 맨발의 투혼으로 온 국민에게 희망을 주었다. 뚝심 있는 모습, 희망을 주는 모습 등 매우 다양한 아이콘이길 바랄 것이다. 미국 메이저리그에는 헨리 루이스 게릭(Henry Louis Gehrig)이라는 뉴욕 양키스의 내야수 선수가 있었다. 전설적인 타자 베이브 루스와 함께 살인 타선(Murderers' Row)이라고 불릴 정도로 팀의 중심 타선으로 맹활약했다. 그는 1925년부터 출장한 경기에서 14년 동안 2,130 경기를 연속 출장해 '철마(The Iron Horse)'란 별명도 얻었다. 거칠 것 없던 강타자인 그가 선수 시절 후반기인 1939년에 근위축성측색경화증(amyotrophic lateral sclerosis)이란 병명으로 1941년 서른일곱의 젊은 나이로 사망했다. 그를 통해 루게릭 병이라는 별칭으로 불리게 됐다. 대뇌와 척수의 운동신경 세포가 파괴되어 근육이 점점 힘을 잃어가는 병으로 2015년 아이스버킷 챌린지로 더욱 알려지게 됐다. 그가 병을 얻고 은퇴를 선언한 해에 메이저리그 야구 최초의 영구 결번인 4번을 양키스 구단은 지정했다. 대중들에게 많은 영감을 주었던 현존하는 스포츠 스타를 비롯해 오래 전에 타계한 유명한 선수를 눈앞에서 볼 수 있다고 상상해보자. 인공지능이 가미된 홀로그램 기술과 김연아, 박세리, 루게릭 콘텐츠를 합쳐볼 수 있다. 바로 눈앞에서 피겨 스케이팅 기술을 일반 대중들에게 가르칠 수 있다면 어떨까? 유소년, 청소년, 성인들 대상으로 스케이트를 타는 방법뿐만 아니라, 선수들에게도 고급 기술을 선보일 수 있다. 골프 자세, 야구 기술, 그들의 노하우를 배울 수 있다. 물론 진짜 김연아, 박세리, 루게릭이 아니다. 그동안 선보였던 동작, 기술, 기량, 노하우, 심지어 실수했던 모든 데이터를 분석해 최첨단 기술을 매개로 눈앞에 펼쳐지는 진짜 같은 혹은 진짜보다 더 진짜 같은 가상(virtual)의 그들이다. 영원불멸한 아이콘인 셈이다.[6]

스포츠 제품(Product)과 서비스(Service)는 소멸적 특성이 있습니다. 생산하면서 소비되는 것이죠. 이로 인해 스포츠 선수가 구사하는 온갖 퍼포먼스의 현재 진행형에 눈길이 쏠릴 수밖에 없습니다. 지금 눈앞에서 경기를 펼치는 선수와 팀에게 집중하게 됩니다. 기록을 경신하는 순간, 과거의 선수와 팀에 대한 기억을 소환하게 되는 것이죠. 하지만 최첨단 기술적 역량은 클릭 하나만으로 매일 기억할 수도 있습니다. 그들이 각고의 노력 끝에 얻은 기술적 성과를 재미와 결부시켜 즐길 수도 있습니다. 디지털 마케팅 시장이 커질수록 인류의 공통적 유산으로 쌓아왔던 콘텐츠 자산을 어떻게 활용해야 할지 고민해야 하는 이유가 됩니다.

이 영역은 새로운 스포츠 마케팅 시장일 수도 있습니다. 그들의 기억을 소환할 수 있게 허가하는 주체와 허가를 받는 주체가 생길 것입니다. 소비자는 수많은 무료 콘텐츠를 즐기다가도 선수의 핵심 역량과 관련돼 있는 기술을 얻기 위해선 구매하는 패턴이 될 것입니다. 전적으로 무료가 된다면 예외 없이 무차별적이고 공격적인 광고시장을 경험하게 되겠죠. 이와 같이 스포츠 비즈니스의 이해관계자들은 새로운 수익구조를 만들기 위해 고민하고 있을 것입니다.

미래 지향적 정책, 무엇일까?

앞서 필립 코틀러 등에 의해 제시된 1.0에서 4.0 시장의 개념을 우리나라 스포츠 정책과 도입해보면 어떨까요? 정확하게 맞아떨어지는 것은 아니지만 흐름을 이해하는 데는 도움이 될 겁니다. 1.0 시장의 일방향이 작용했던 시기는 언제일까요? 바로 1986년 서울 아시아경기대회와 1988년 서울 하계올림픽 때라고 생각할 수 있습니다. 국위선양을 위해선 한쪽 방향의 강력한 정책을 수용하는 시기였습니다. 선수들은 무조건 메달을 따야 되고, 시민들은 질서를 잘 지켜야 했습니다. 도로는 순식간에 생기고, 경기장들을 초스피드로 건설해야 했습니다.

2.0 시장은 2002년 한·일 월드컵 때라고 생각해보면 어떨까요? 일방향의 국가 정책도 필요했지만, 자발적인 응원문화도 요구됐던 시기였습니다. 누가 시키지도 않았는데 붉은 악마 응원단이 생기고, 시청광장 응원이 끝난 후에 쓰레기를 치우는 환경까지 만들어 나간 것입니다. 아마 우리나라 최초로 사람이 모이는 광장의 이미지가 바뀐 계기가 됐을 겁니다. 부당함에 대한 시위와 살벌한 탄압이 대치되는 장소가 아니라 누구나 공감하는 문화를 즐기는 광장이 된 것이죠.

3.0 시장은 지방분권이 강화되면서 각종 축제들을 기획했던 2010년 전후로 생각해보면 어떨까요? 우후죽순으로 시장에 나왔기 때문에 잘 된 축제 못지않게 졸속행정으로 치른 선심성 행사도 많았습니다. 경쟁력이 있는 축제는 중앙정부 차원에서 적극적으로 지원해준다는 의미가 담긴 시장입니다. 지역특화와 융·복합을 강조하면서 오랜 기간 동안 지역을 대표하는 스포츠 이벤트(Regional Sports Event)가 생기게 됩니다.

평창 동계올림픽

다음은 4.0 시장입니다. 우린 언제쯤 이런 시장에서 스포츠 활동을 시작했을까요? 2018년 평창 동계올림픽으로 상정해보면 어떨까요? 난타의 주인공, 송승환 감독 연출에 따라 무척 대담한 개막식과 폐막식을 전 세계인이 지켜봤습니다. 빈 공간을 남겨둔 곳에 미디어 아트로 수를 놓았고, 드론(Drone)이 창공을 날며 메시지를 전달했죠. 외적으론 남북미 간의 대화의 물꼬를 튼 대회로도 평화를 상징하는 이벤트로 남았습니다. 온라인과 오프라인의 경계를 허물며 매력적 요인을 한껏 발산했습니다. 흔히 생각하는 물량 공세가 아닌 창의적 발상으로 비움(虛)을 느끼게 한 대단히 매력적인 축제였습니다.

필립 코틀러(P. Kotler)는 4.0 시장을 선도하기 위한 네 가지의 마케팅 믹스를 제시했습니다. 앞서 제시한 **제품**(Product), **가격**(Price), **장소**(Place), **촉진**(Promotion)으로 대표되는 4P를 근간으로 발전시킨 것이죠. 전통적 마케팅 믹스에 덧붙여 4C를 주축으로 고민해야 하는 당위를 설명했습니다. 일례로 회원가입만 하면 플랫폼을 그냥 사용할 수 있는 유튜브(YouTube)가 있습니다. 이곳은 인류 역사상 가장 최대, 최고의 박람회장이라고 해도 무방합니다.

첫째, **공동 창조**(Co-creation)입니다. 기업과 고객이 새로운 제품 개발에 공동으로 참여하는 시장이 열린 것입니다. 수많은 댓글을 분석하는 몫이 기업이 됐습니다. 기업은 자신들만의 일방적인 의견을 담아 시장에 출시하면 성공하지 못함을 익히 알고 있죠. 시장에선 고객을 참여시키는 전략으로 급속히 바뀌어가는 중이란 사실을 잘 알고 있습니다.

둘째, **통화**(Currency)입니다. 전통적인 마케팅 시장에서도 가격은 가장 중요하고 강력한 수단입니다. 표준화된 가격 정책이 아닌 다변화된 가격 책정 전략도 무수히 발전해 왔습니다. 앞으로는 온·오프라인으로 묶여 글로벌 시장의 영향력이 보다 공고해지면서 통화란 개념도 무척 중요해졌습니다.

셋째, **공동체 활성화**(Communal Activation)입니다. 이미 우린 물적자본보다 지적자본이 중요한 시기에 살고 있습니다. 기업의 본사는 과다한 공장과 설비 시설을 직접 보유하지 않습니다. 공유경제란 개념을 들먹이지 않더라도 재화나 서비스를 한 단위 더 생산하는 데 들어가는 추가비용이 무료이거나 거의 없는 시장으로 가고 있습니다.

마지막으로 **대화**(Conversation)를 꼽았습니다. 기업과 소비자 간의 대화는 영원해야 하는 것이죠. 대화방식의 변화는 있어도 공유하고 공감하기 위해선 소통밖에 없습니다. 날로 갈수록 소비자는 생산에 적극 개입하게 됩니다. 그들의 의견과 기대치로 인해 기업에 대한 투명성과 진실성 반영의 눈높이는 계속 높아지고 있습니다.

디지털 마케팅 믹스의 조합[7]

구분			내용
전통적 마케팅 믹스	4P	제품(product)	• 소비자가 필요로 하거나 요구하는 것을 만족시키기 위해 필요한 유·무형의 모든 요소
		가격(price)	• 제품을 소유하거나 사용하는 대가로 지불해야 하는 화폐, 교환매체로 표시된 가치
		장소(place)	• 생산품을 최종 소비자에게 전달하는 활동인 유통(distribution) 개념도 내포
		촉진(promotion)	• 소비자에게 다양한 정보를 전달하기 위한 총체적 노력으로 커뮤니케이션과 동일
디지털 마케팅 믹스	4C	공동 창조 (co-creation)	• 기업과 고객이 신제품 개발에 공동참여 • 고객을 참여시키는 전략이 곧 제품의 성공을 의미
		통화(currency)	• 역동적인 가격 책정(전통적 price와 차이) • 표준화된 가격이 아니라 끊임없이 변하는 가격
		공동체 활성화 (communal activation)	• 물적자본보다 지적자본이 중요 • 소유보다는 접속, 공유경제의 활성화
		대화(conversation)	• 기업과 소비자 간의 소통방식 • 소비자가 생산에 적극 참여, 투명성 강조

앞서 언급한 2007년 최초의 스마트폰을 출시한 애플(Apple)이란 회사는 스마트폰 판매량만을 생각하는 회사일까요? 그들이 추구하는 것은 무엇일까요? 그들만의 생태계 구축이라 할 수 있습니다. 애플워치에 이어 혼합현실(XR) 헤드셋 '비전프로'를 비롯해 향후 상용화할 목적으로 무인 애플카도 개발하고 있죠. 또한 이미 기성 은행에 비해 훨씬 높은 이자율을 지급하는 방식으로 금융 영역까지 뛰어들었습니다. 이와 같이 혁신에 기반한 애플의 노력을 통해 앞으로 '애플시티(Apple City)'를 구상할지도 모릅니다. 모든 게 연동되는 기술적 환경 속에 기후위기와 환경파괴를 극복하며 휴머니티를 추구하는 5.0 시장의 대규모 커뮤니티를 선보일 수도 있는 것이죠.

대한민국의 현주소는 어떨까요? 석유와 같은 자원이 나지 않는 우리는 원자재를 수입해서 가공해서 파는 데 일가견이 있습니다. 뛰어난 인재를 양성하는 데 성공하면서 웬만한 제조업 분야에서 기술을 습득했습니다. 더군다나 정보통신기술(IOC)을 선도하는 데도 실력을 인정받고, 차세대 에너지 분야인 배터리 제조기술도 세계 인류가 됐습니다. 그럼에도 불구하고 정치적 낙후로 인해 친환경 에너지 개발속도는 더딘 것도 사실입니다. 아직도 석탄 소요량이 가장 많고 태양과 바람 등에서 얻는 에너지 값이 석탄 값보다 비싼 현실인 것이죠. 4차 산업혁명의 기본적 테마는 제조업과 정보통신기술(ICT, Information Communication Technology)의 융합에서 비롯됩니다. 즉, 우리는 이 분야를 선도할 수 있는 기술을 갖추고 있습니다. 애플(Apple)과 같이 4차 산업혁명과 4.0시장, 더 나아가 5.0시장을 선도할 혁신적 기업의 탄생과 유지는 정부 정책에 기인합니다.

스포츠 마케팅으로 다시 돌아와 생각해볼까요? 한 때 개최 희망을 가졌던 2032년 서울 평양 하계공동올림픽과 같이 평화이슈를 다시 선도할 기회가 주어진다면 어떻게 해야 할까요? 제조업과 정보통신기술(IOC)의 조합으로 어디로 튈지 모르는 4차 산업혁명 분야가 애플(Apple)이 주도하는 사람들이 살아가는 일상의 생태계에만 국한되는 것이 아닐 것입니다. 즉, 세계 최대 스포츠 이벤트 시장에서 과감히 선보일 수 있는 분야로서 세계의 모든 시선을 단숨에 끌어들이는 겁니다. 이로써 가장 매력적인 투자 환경을 홍보할 수 있다는 점에서 스포츠 마케팅 시장에서 4차 산업혁명 기술을 덧입히는 것은 당연한 것입니다.

다만, 정치적 낙후를 경계해야 합니다. 화려한 문화를 자랑해 왔던 일본정부가 코로나19로 미뤄진 도쿄 올림픽에서 선보인 개폐막식 행사는 참담할 정도로 비판을 받았습니다. 우리도 뼈아픈 경험이 있습니다. 2014년 인천 아시아경기대회의 개폐막식도 역대 최악의 프로그램이었다는 평가를 받았습니다. 스포츠 행사는 아니지만 2023년 전라북도 새만금에서 개최된 세계 잼버리 대회의 운영미숙도 있었습니다. 바로 정치적 낙후성이 원인이라 할 수 있습니다. 앨빈 토플러(A. Toffler, 1928~2016)가 제시한 '변화의 속도(Speed of Change)'에서 정부와 관료기관이 그 속도가 느리다는 평가가 있습니다. 시대적 변화에 따른 기술의 속도와 정부 정책의 속도 간의 차이를 어떻게 줄이느냐는 향후 5.0 시장과 4차 산업혁명 시대에 절실히 필요한 과제가 되고 있습니다.

애스노그패피는 무엇인가? 특정한 사람들의 생활방식에 대해 사실 그대로 적는 방법을 애스노그래피(ethnography, 민족지)라고 부른다. 인간의 행동양식을 연구하는 인류학자들이 연구대상에 대한 느낌을 직접 체험하기 위해 시도했던 방법이다. 코틀러와 그의 동료들은 디지털 마케팅 시장에서 마케터가 활용할 수 있는 세 가지 방법을 소셜 리스닝(social listening), 네트노그래피(netnography), 감정이입에 기반을 둔 조사(emphatic research)를 제시했다. 첫째, 소셜 리스닝은 소셜 미디어와 온라인 커뮤니티 상에서 잠재적인 소비자들이 브랜드에 대해 오가는 말을 귀담아 들으려는 과정이다. 둘째, 네트노그래피란 인터넷에 집중하는 민족지를 의미한다. 미국의 소비자행동 연구가인 로버트 코지네츠(Robert Kozinets)가 처음 개발한 개념으로 온라인 커뮤니티상에서 인간 행동을 이해하기 위해 민족지(ethnography)를 활용하는 방법이다. 이러한 커뮤니티에 자연스럽게 스며들어 소비자들을 연구하는 방법이다. 셋째, 감정이입에 기반을 둔 조사는 인간의 시각과 감정 이입이 수반되는 조사이다. 조사원과 커뮤니티 구성원 간에 직접적인 대화, 토론 등의 방법을 사용하므로 전통적인 민족지(ethnography)와 유사하다.[8]

03 | 인류 공통의 유산으로 가는 길, 스포츠 공감 마케팅

팬데믹, 앞으로 일어날 일, 상상해 보자

20세기 자본주의는 스포츠가 수행할 기능을 낳았습니다. 제니퍼 하그리브스(Jennifer Hargreaves, 1982)에 따르면 조직화된 스포츠는 유순한 노동력을 길러냈다고 했습니다. 만인으로부터 선망을 받는 스포츠 스타도 있지만 다수의 선수들은 소수 집단에게 돈을 벌어다주는 고된 노동자일 수도 있는 것이죠. 또한 대형 스포츠 이벤트와 프로 스포츠 리그는 완전한 상업화를 이루면서 **시장의 힘**(Power of Market)에 지배돼 왔습니다. 선수의 트레이드와 방출과 같은 무수히 많은 제도를 살펴보면 선수권익을 보호하는 차원을 벗어나 사실상 상품화의 전형을 보여주는 것들이 많습니다.

덧붙여 스포츠가 자본주의 사회에서 가장 중요한 이데올로기를 표현한다고 했습니다. 즉, 공격적인 개인주의, 무자비한 경쟁, 동등한 기회, 엘리트주의, 국수주의, 성차별주의, 민족주의 등과 같은 개념들을 말합니다. 마지막으로 스포츠에 대한 국가의 개입이 자본주의 체계의 요구와 연계시키려는 시도로 봤습니다. 이는 국가 간에 힘의 불균형을 불러 왔다고 볼 수 있죠. 올림픽이나 월드컵을 치르지 못하는 나라이거나, 어렵게 진출한 대회에서 우승을 못하는 나라는 왜소한 나라가 돼 버린 현실을 꼬집은 것이라고 확대 해석할 수도 있습니다.

이와 같이 20세기 내내 폭주 기관차처럼 내달려온 스포츠를 새롭게 바라봐야 하지 않을까요? 다시 말해 앞으로도 동일한 방식으로 내달려가야 할까란 의문을 제기할 수도 있습니다. 하지만 마땅한 대안이 보이지 않던 찰나, 근원적인 무언가를 바꾸지 않으면 안 될 만한 사태가 터졌습니다. 바로 모든 인류가 공통된 관심사로 고민하고 있는 바이러스입니다. 보는 관점에 따라 다르겠지만, 크게 보면 지구란 생명체가 벌이는 균형 잡기 프로젝트라 할 만한 일입니다.

문명의 이기는 우리에게 많은 혜택을 주었습니다. 요리상품이 대표적입니다. 우린 전문적인 사냥과 도축과정을 모릅니다. 적당히 구워진 스테이크란 상품만을 알고 있는 것이죠. 또 하나는 여행상품이 생겨 지구 곳곳을 누빌 수 있게 됐습니다. 이 사실을 아시나요? 최근 전 세계에 충격을 안겨다 준 바이러스 공포는 사냥과 도축, 그리고 교통혁명이 매우 큰 역할을 했습니다. 야생과 각 지역에만 머물던 병원균(기생충, 박테리아, 바이러스 등)들이 서로 뒤섞이는 세상을 맞이한 셈입니다. 병원균 입장에선 해피한 일이 된 것이죠. 다른 병원균들은 살아있는 유기체이지만, 코로나19와 같은 바이러스는 스스로 생식할 수 없어 어딘가에 기생해야 합니다. 이 지구상엔 75억이 넘는 엄청난 숫자의 종이 있습니다. 바로 우리입니다. 20세기 들어 그 종의 절반이 도시에 몰려 살고 있어 생명체가 아닌 바이러스 입장에선 최적의 숙주 환경을 찾은 것입니다. 여기서 두 가지 정도 생각해봄직한 주제를 꺼낼까 합니다. 20세기 이후 최고의 상품으로 각광받고 있는 스포츠와 연관해보고자 합니다. 첫째, 스포츠 종차별주의입니다. 작금의 사태는 인간이 함부로 건들지 말아야 할 자연을 역행해 나타난 필연의 결과입니다. 식량공급을 위한 집약적 축산, 가죽과 모피수집, 동물실험 등과 같이 종차별주의는 맹위를 떨쳤습니다. 스포츠에서도 전쟁, 경마, 소싸움, 투견과 같이 동물을 싸움의 경쟁 도구화로 만들었습니다. 또한 승마, 마장마술, 장애물 비월 경기, 사냥, 낚시, 수렵, 서커스, 투우 등에 셀 수 없을 정도의 동물을 이용했습니다. 둘째, 스포츠 비즈니스의 패러다임 전환입니다. 얼마 전 세계의 관심을 집중시킨 스포츠 현장이 있었습니다. 바로 한국의 무관중 프로 야구와 프로 축구입니다. 프로 스포츠의 본고장인 서구사회와 중계권이 거래되는 흥미로운 기사도 접했습니다. 경기장 티켓팅 수입 보존을 어느 정도 한 셈입니다. 팬데믹이 장기화되면 새로운 장르가 생길 수도 있습니다. 스포츠 상품(선수)을 혁신적 기술로 안방 소비자에게 선보이는 것입니다. 선수들은 원래대로 경기를 치르고 소비자는 게임처럼 즐기는 것이죠. 새로운 플랫폼에 등장한 게임 캐릭터는 만화가 아니라 실사가 되는 셈입니다. 혹시 압니까? 특정한 선수에 실시간 베팅을 하고 그 선수가 승점을 올리면 배당을 주는 제도까지 생겨날지요? 경기장 티켓, 중계권, 스폰서십 수익을 보존하기 위한 공감대 형성은 새로운 차원의 비즈니스로 연결될 수도 있습니다. 우린 현명한 사람(호모 사피엔스)이라고 다소 낯간지러운 학명을 스스로 지었습니다. 전혀 상관없을 것 같은 위의 주제를 통해 무엇을 생각해봐야 할까요? 이 사태를 극복했을 때 아무 일 없었다는 듯이 지내게 될까요? 한낱 미물인 바이러스를 이겼다고 자화자찬하며 또 다시 자연의 섭리를 잊고 살까요? 윤리적 관점에서 스포츠와 환경윤리, 스포츠와 동물윤리를 생각해 보게 됩니다. 또한 창의적 발상으로 벌어들인 자본에 대해 그 쓰임의 용도를 어떤 분야에 집중해야 할지 고민해보게 됩니다.

덧붙여 잊고 살았던 소박한 밥상의 고마움을 느끼게 됩니다.[9]

20세기 들어 스포츠 스타란 새로운 계층이 생겨났습니다. 사람의 몸에 대해 이토록 상품화에 성공한 적이 없습니다. 이와 같이 자본주의란 명목 하에 이윤을 추구하며 맹렬하게 달려온 적이 인류 역사상 있었을까요? 사람의 몸까지 상업의 대상이 됐으니까요. 인류 최초의 도시 문명으로 따지자면 수메르인의 우르크(Uruk) 문화기가 있습니다. 이를 거슬러 올라가면 대략 6,000년 전 쯤 됩니다. 이 장구한 역사 속에 불과 100년 동안 이룬 문명이 현대 우리가 영위하는 삶의 양태(樣態)입니다.

과학기술의 발전에 따른 인류의 혜택을 모르는 바가 아닙니다. 현대인들만이 누리는 매력적인 부분이 있죠. 온갖 제품(Product)과 서비스(Service)가 넘쳐나고 편리한 삶을 즐기면서 살고 있습니다. 하지만 시간의 흐름을 무조건 잘 될 거라는 방향으로 맹신하는 경우도 있죠. 아직도 수억 명에 이르는 사람들이 미디어는커녕 문명의 이기를 경험하지 못합니다. 그럼에도 100년의 역사로 만든 다양한 양태가 매우 빠른 속도로 전 지구를 점령하게 됐습니다. 20세기 동안 끔직한 세계대전을 두 차례나 겪으면서도 금세 회복하며 새로운 상품으로 우리 삶 깊숙한 곳으로 들어왔습니다. 스포츠 마케팅 영역도 이렇게 발전된 것입니다.

엘리스 캐시모어(Ellis Cashmore)에 따르면 현대인이 스포츠에 열광하는 이유를 세 가지로 꼽았다. 첫째, 삶이 너무 뻔하다(Predictable)는 것이다. 문명화 과정을 통해 질서와 안정을 우선적으로 추구하며 안전한 환경이 도래했다. 즉, 더럽고 잔인한 속성이 일상에서는 찾아보기가 힘들면서 대리만족을 얻어야 하는 현대인은 스포츠에서 쟁취하는 승리와 환호 속에서 찾는다는 것이다. 이러한 스포츠만의 결과를 예측할 수 없는 불확정성에서 상품 가치를 지니게 됐다. 둘째, 현대인의 삶이 지나치게 예의바르다(Civil)는 것이다. 고대 로마의 콜로세움에서 실제로 벌어졌던 삶과 죽음 사이에서 검투사의 모습이 현대 스포츠에 그대로 투영된다. 흥행을 위한 연출 무대가 필요하고, 모든 관심은 승자에게 초점을 맞추게 된다. 즉, 사람들은 적자생존 본능에 따라 일상을 지내고 있고, 스포츠는 그 생존본능의 추진력을 제공하는 상징적 상품이 된 것이다. 셋째, 삶이 너무 안전하다 (Safe)는 것이다. 앞서 언급한 문명화를 거치고 예측 가능한 규칙에 종속되면서 어느 정도 안전을 담보로 하고 있다. 물론 현대 전쟁, 원자력발전소의 재난, 환경오염 등 새로운 영역에서 안전을 위협하는 요인이 생겼지만, 과거와 같이 질병, 소수통치 집단의 폭압에 따른 야만의 시대는 지나갔다고 본 것이다. 캐시모어는 승마의 장애물 경주에서 담장을 낮추면 모두가 안전하지만, 승마협회는 그렇게 하려고 하지 않거나, 권투와 암벽타기, 극한 스포츠(Extreme Sports)와 같은 위험요소가 다분한 스포츠 종목이 생겨나는 것에서 이 이유를 설명했다.[10]

과학기술과 의료기술 등 인류가 이룩한 현대 문명을 통해 모든 게 해결될 것이라는 기대감으로 충만한 적도 있습니다. 종종 인류를 위협한 병원균을 퇴치하는 역사적 순간에는 어김없이 그들을 박멸했다는 착각을 노골적으로 드러냈던 것이죠. 엄밀히 말하자면, 그들이 스스로 사라진 것입니다. 2019년 하반기부터 발현한 코로나19로 인해 전 세계에 사상 초유의 사태가 벌어졌습니다. 곧 해결될 것이란 막연한 기대는 무참히 사라지기도 했습니다. 그럼에도 인류 전체가 한 가지 목표를 위해 해결하고자 하는 의지는 강했습니다.

한낱 미물처럼 생각했던 바이러스가 우리 삶에 침투했습니다. 오만한 호모 사피엔스(Homo Sapiens)는 이 계기로 깨닫게 될까요? 거의 확신하건데 어떤 연유로든 잦아들면 극복했다고 자화자찬할 것입니다. 다만 세계화에 심취해서 전 세계의 상품이 돌고 돌아 승자독식으로 몰고 갔던 비즈니스 세계는 조금이라도 변화가 있지 않을까요. 문을 걸어 잠그기도 하고, 필요에 따라 연대와 협력의 분위기도 연출될 것입니다.

20세기 동안 꽤 괜찮았던 콘텐츠인 스포츠, 앞으로 어떻게 진화하게 될까요? 삶이 너무 뻔하고, 지나치게 예의바르고, 너무 안전했던 현대인의 삶이 바뀌었습니다. 최첨단 시대에 삶이 뻔하지 않다는 것을 목도하고, 강대국보다 선도국가에서 기준을 찾고, 삶이란 마냥 안전하지 않다는 것을 크게 공감해 버린 것입니다.

현생인류는 두 발로 걷고 시야를 확보하며 도구를 사용해 매우 척박한 환경을 극복했습니다. 수렵하는 힘을 길렀고, 정착을 통해 부족과 나라가 생존하기 위해 전투기술을 익혔습니다. 신에 귀의해 비위생적인 환경을 초래하기도 했고, 이를 극복해 개인과 팀워크를 중시하는 신체활동의 발전을 이루기도 했습니다. 페어플레이를 중시하며 돈을 받고 운동하는 것을 경멸하기도 했고, 노동자들이 우승을 통해 수당을 받으면서 시작된 클럽활동이 오늘날 프로페셔널 스포츠(Professional Sports)로 폭발적인 성장을 했습니다. 사피엔스가 걸어온 몸의 길, 앞으로 걸어갈 길에 대해 어떻게 변화할지 예의주시해야 할 시점이 됐습니다.

저는 노자(老子)를 무척 좋아합니다. 바이러스 사태를 보면서 천지불인(天地不仁)이란 문구가 떠올랐습니다. 인간 입장에서 보면 야속할지라도 천지는 인자하지 않습니다. 천혜의 환경이 인간을 위해 생겨난 것이 아니라 우리도 그들의 일부일 뿐입니다. 천장지구(天長地久)와 상선약수(上善若水)는 어떨까요? 하늘은 너르고 땅은 오래가는 것이죠. 또한 가장 좋은 것은 물과 같은 것입니다. 성인처무위지사(聖人處無爲之事)란 글귀도 있습니다. 성인은 무위하는 일을 합니다. 무위(無爲)란 아무 일도 하지 않는다는 의미가 아닙니다. 반대말이 유위(有爲)입니다. 이는 무슨 목적이나 욕망을 가지고 하는 행위로 인위적 성격이 강합니다. 이를 배격하는 일이 중요하다는 것이죠. 어찌 보면 인간이 맹목적으로 가고자 하는 인위적인 길에 대해 반대의 길을 제시한 것은 아닐까요?

달나라에 이어 화성(Mars)까지 사람이 갈 수도 있다는 기대감이 충만한 이때, 갑자기 2600년 전의 노자가 툭 튀어나와 좀 황당해 할 수도 있겠죠. 하지만 우리가 해결해야 할 모든 문제는 지구에 있고, 그걸 해결해야 할 주체도 우리 스스로 할 수밖에 없습니다. 어느 세월에 화성에 정착해서 살 수 있겠습니까? 인류가 행한 모든 영역에서 새롭게 생각해봐야 할 기준이 무엇일까요? 이것을 고민하지 않을 수 없게 된 것입니다.

사람들은 20세기 동안 유독 스포츠란 콘텐츠를 놓치지 않았습니다. 그것을 통해 울고 웃게 한 스토리를 만들고, 하늘의 별을 쳐다보듯 개인이 이룬 우아한 동작에 취하며 지냈습니다. 누군가는 우매한 대중의 눈을 돌리고자 정치에 이용했고,

복잡하게 얽혀버린 이데올로기를 스포츠로 풀어내기도 했습니다. 현대 미디어 스포츠는 승자에 초점을 맞추게 돼 대중을 열광시켰고, 때로는 승자보다 패자에 감동을 받으며 각본 없는 드라마란 유명한 문구를 창출해 냈습니다.

온 인류에게 보편적인 감동을 오랫동안 유지시키기 위해선 어떻게 잘 다듬고 가꾸며 가야갈지 고민해야 한다는 것입니다. 벌써 잊어야 될까요? 얼마 지나지 않은 과거에 일어난 일이죠. 세계인이 즐겼던 올림픽으로 강원도 가리왕산의 황폐한 모습과 지역사회의 갈등 말이죠. 훼손과 복원문제로 시끄러웠던 기억으로만 그쳐야 할까요? 평화 올림픽이란 외연도 무척 중요합니다. 그렇다고 해서 이 문제의 시작과 끝에 대해 명분 있는 훼손이었다고 말할 수는 없는 것입니다. 지역 분산 개최를 통해 충분히 소화할 수 있었던 알파인 스키 경기 개최방식에 대해 반성을 해야하는 것이죠. 무위(無爲)로 가는 길이 이런 의미라 생각합니다.

새롭게 짜야 하는 시장

스포츠 용품업체의 도전과 좌절, 그리고 소중한 경험을 살펴볼까요. 몇 년 전부터 CES에선 스포츠 용품과 IT의 융·복합이 화두였다. 스마트 조깅화, 스마트 스포츠 웨어, 스마트 요가매트처럼 스포츠 용품명칭 앞에 죄다 '스마트'를 붙였다. 2017년 CES 50돌을 맞이한 해의 키워드가 '접근성(Accessibility)'이었다. 북미시장의 아디다스 점유율을 한 때 위협했던 후발주자 언더아머 대표인 케빈 플랭크가 기조 연설자로 나섰다. 그는 디지털 스포츠브랜드를 표방하며 자신들의 경쟁자는 스포츠용품회사가 아니라 삼성전자와 애플이라고 할 만큼 의욕이 강했다. 하지만 최근 언더아머의 하락이 심상치 않다. CES에서 보여줬던 혁신 아이템의 적극적 도입에 대한 의지와 달리 커넥티드 하드웨어 제조를 중단했다. 엎친 데 덮친 격으로 트럼프에 대해 열정적인 비즈니스 성향의 대통령을 둔 것은 나라의 진정한 자산이라고 표현한 대표발언이 알려지면서 비주류를 표방한 가치에 찬물을 끼얹은 꼴이 됐다. 우리 주변에서 종종 보는 오너 리스크이다. 2019년 하반기에는 아디다스의 도전이 주춤하게 된 일이 있었다. 몇 년 전부터 아디다스가 야심차게 추진해 왔던 일명 스피드 팩토리의 3D 프린팅 신발제조 사업에서 철수한 것이다. 1924년부터 유구한 역사를 지닌 독일 아디다스의 도전과 좌절, 1972년에 설립하여 지속적인 혁신을 통해 1위의 아성을 굳건히 지키려는 나이키, 비록 최근 부침을 겪고 있지만 1996년 신생업체로서 도전을 이어온 언더아머의 행보는 늘 새롭고 주목할 수밖에 없다. 숱한 도전을 위한 의사결정 과정, 계획, 실행에 이르기까지의 그들이 갖는 경험치는 무엇과도 바꿀 수 없는 자산이기 때문이다.[11]

스포츠 마케팅을 이해하기 위한 좋은 방법은 무엇일까요? 스포츠 마케팅이 걸어온 길을 공유하는 것도 좋습니다. 선진 사회에서 일찌감치 시장을 주도한 사례를 찾고 이론적 배경을 덧입혀 이해의 폭을 넓힐 수 있습니다. 물론 실패사례도 중요한 교육적 자산이 됩니다. 이에 못지않게 앞으로 걸어가야 할 길을 머리 맞대어 고민하는 것도 매우 중요합니다. 100년 남짓한 시간 동안 자연(自然, 스스로 그러함)에서 벗어난 방식의 스포츠 마케팅만을 했기 때문입니다. 그럼에도 스포츠 공감(共感)이란 키워드에 생명력을 불어넣은 사례들이 지속됐기에 좋은 느낌을 간직하고 있습니다. 스포츠에 대한 솔직한 감정으로 앞으로도 계속 잘 되길 바라는 사람들이 많지 않을까요? 우리 모두는 스포츠 공감에 대한 교훈을 모두 알고 있습니다.

2010년 벤쿠버 동계올림픽에서 김연아는 압도적 기량으로 금메달을 목에 걸었다. 4년 후 소치 동계올림픽에서 2연패를 기대했지만, 은메달에 머물렀다. 경쟁자는 러시아 선수 아델리나 소트니코바였다. 본선까지 진출할 정도의 기량이면 유망주임에 틀림이 없었다. 누가 보더라도 러시아 텃새와 심판진의 오심은 선수의 명백한 실수에도 불구하고 순위를 바꾸게 했다. 은퇴를 앞둔 김연아는 오죽 마음이 상했으랴만은 담담한 인터뷰가 오히려 그녀를 치켜세웠다. 억울하다는 반응보다 여기까지 왔던 노력이 소중하고 올림픽 참가 자체가 자신에겐 더 중요하다는 취지였다고 했다. 전 세계 많은 사람들에게 공감(共感)을 확산시키는 기폭제 역할을 했다.[12]

김연아 선수

기회와 위기를 넘나드는 스포츠 기업, 승자와 패자를 오고가는 스포츠 선수의 모습으로 무수히 많은 스포츠 공감을 합니다. 그 지점에서 영혼을 흔들 만큼의 감동을 얻게 됩니다. 기업이든, 선수이든 아무리 승자에 초점이 맞춰진 현대 스포츠 마케팅 세계이지만, 근원적으로 사람들의 마음을 붙잡는 공감의 문화를 잘 알고 있었던 것입니다.

스포츠 마케팅 5.0 시장에서 4차 산업혁명의 미래비전이란 거창한 주제를 어떻게 끄집어내고 이어갈 수 있을까요? 인공지능, 가상현실, 증강현실, 사물인터넷 등과 같은 기술과 스포츠 콘텐츠의 조합 수준의 이야기로만 풀어가야 할까요? 이를 통해 새로운 스포츠 세계의 창출에만 초점을 두어야 할까요? 다시 팬데믹으로 돌아와 새로운 기준을 정립할 이 시점에서 생각해보겠습니다. 이 사태를 스치고 지나가는 바람 혹은 꽤 격정적인 폭풍정도로 인식하면 안 될 것입니다. 지구 자체가 생태계 전체를 복원하고자 하는 섭리란 것을 조속히 깨달을수록 보다 풍부한 담론으로 채워질 것으로 믿습니다. 스포츠 마케팅도 예외는 아닙니다. 최첨단 기술에 따른 새로운 비즈니스의 형성과정도 매우 중요합니다. 그럼에도 서로가 피곤해지거나 어느 한 쪽이 치명적 상흔을 입히는 과정을 담으면서까지 이 분야를 이끌어가는 게 무슨 의미가 있을까요? 다시 노자로 돌아가 마무리 하고자 합니다.

인간 문명의 진화는 이 허(虛)를 빼앗아가는 방향으로 진행되었다. 문명은 "허(虛)"를 지향하는 것이 아니라 "만(滿)"을 지향해왔다. 그린벨트를 풀어 건물을 짓고, 모든 오염의 원천이 되는 공장이나, 불필요하게 낭비적인 작위적 요소를 문명세계에 가득 채웠다. 노자는 허를 없애는 방향에서의 인간의 작위를 "유위(有爲)"라고 부른다. 그리고 허를 극대화시키는 방향으로의 인간의 노력이나 지혜를 "무위(無爲)"라고 부른다. 그러니까 우리가 논의해온 무위의 정체는 허와 관련하여 진정한 의미를 갖는 것이며 무위는 문명의 방향에 대한 역방향의

"위(爲)"이므로 그것은 일종의 "반문명적 위(Counter-culturalistic Doing)"인 것이다.[13]

스포츠 마케팅 5.0 시장에서 4차 산업혁명 미래비전의 본질을 생각해보겠습니다. 첨단기술로 나날이 첨단화하고 있습니다. 올림픽을 개최하려면 천문학적인 빚을 감수해야 합니다. 대형 스포츠 이벤트를 개최하기 위한 최소한의 조건이 비우기 위한 노력보다 꽉꽉 채우기 위해서만 달려온 것이죠. 스포츠 경기장은 쉬지 않고 최첨단화하는 길로만 가고 있습니다. 프로 스포츠는 어떻습니까? 이기는 선수와 팀에게만 엄청난 이윤이 돌아가는 구조입니다. 철학자 도올의 표현대로 허(虛)가 아닌 만(滿)으로만 가고 있습니다.

스포츠 마케팅의 본질이 과연 시장에서의 이윤만을 추구해야 할까요? 올림픽과 월드컵 개최를 최소한의 기준만 갖추고 개최하면 안 될까요? 개최하기 힘든 나라들을 도와 함께 개최하는 방법을 도입하면 안 될까요? 승패와 관계없이 모든 선수들에게 경외감을 표출하는 방식의 이벤트 기획은 불가능한 걸까요? 승자의 이익을 화끈하게 사회에 환원하는 공감대 형성과 문화란 불가능할까요? 순간의 화려함 대신 이벤트가 끝나고 잔잔한 감동을 오랫동안 지속시킬 수 있는 스포츠 마케팅을 기대하는 것은 요원한 일일까요? 꼬리에 꼬리를 무는 질문이 이어질 수 있는 것이죠.

스포츠 현상은 기본적으로 몸(身)에서 시작됩니다. 노자는 오소이유대환자(吾所以有大患者), 위오유신(爲吾有身), 급오무신(及吾無身), 오유하환(吾有何患)이라 했습니다. 자신에게 큰 환란이 있는 이유는 몸을 갖고 있기 때문이고, 몸이 없는데 어떤 환란이 있을까란 뜻입니다. 참여 스포츠 소비자이든, 관람 스포츠 소비자이든 몸을 직접 쓰거나 남의 몸의 쓰임을 바라보는 것입니다. 스포츠 마케팅 시장은 불과 100년 된 시장입니다. 인류의 공통 유산으로 계속 발전시키기 위해선 허기심(虛其心)으로 시작하고, 실기복(實基腹)으로 끝나야 합니다. 우리의 마음을 비워 배를 채웠으면 합니다. 즉, 이성에만 매몰되지 않았으면 합니다. 다시 말해 부차적인 것을 비우고 보다 본질적인 것에 집중해야 스포츠 공감이 이루어질 수 있다고 확신합니다.

직접 인용한 자료

1 문개성(2021). 스포마니타스: 사피엔스가 걸어온 몸의 길(하빌리스에서 검투사까지). 서울: 박영사. 194쪽.

2 Coakley, J. (2009). Sports in Society: Issues and Controversies(10th ed.). 구창모, 권순용 옮김 (2011). 현대 스포츠 사회학(10판). 대한미디어, 398쪽.

3 문개성(2019). 보이콧 올림픽: 지독히 나쁜 사례를 통한 스포츠 마케팅 이해하기. 부크크. 79~80쪽.

4 문개성(2023). 스포츠 경영: 21세기 비즈니스 미래전략(개정2판). 박영사, 62쪽.

5 문개성(2023). 현대사회와 스포츠: 미래에도 무한한 인류 공통의 언어(개정2판). 박영사, 262~263쪽.

6 문개성(2023). 현대사회와 스포츠: 미래에도 무한한 인류 공통의 언어(개정2판). 박영사, 229~230쪽.

7 문개성(2022). 스포츠 마케팅 4.0: 4차 산업혁명 미래비전(개정2판). 박영사, 84쪽. Retrieved from Kotler, P., Kartajaya, H., & Setiawan, I. (2017). Marketing 4.0: Moving From Traditional to Digital. 이진원 옮김(2017). 『필립 코틀러의 마켓 4.0』. 더퀘스트, 97~99쪽(요약).

8 문개성(2022). 스포츠 마케팅 4.0: 4차 산업혁명 미래비전(개정2판). 박영사, 190~191쪽.

9 원광대학교 신문(2020.6.8.). 제1385호 사설(문개성) 바이러스 속의 스포츠.

10 문개성(2023). 현대사회와 스포츠: 미래에도 무한한 인류 공통의 언어(개정2판). 박영사, 17쪽.

11 서울특별시체육회(2020.2월). 스포츠가전전시회 CES, 오래살고 싶은 욕망 속의 체육·스포츠. 월간 서울스포츠 352호. 칼럼 스포노믹스(문개성), 39쪽.

12 문개성(2019). 보이콧 올림픽: 지독히 나쁜 사례를 통한 스포츠 마케팅 이해하기. 부크크, 18~19쪽.

13 김용옥(2020). 노자가 옳았다. 통나무, 177쪽.

도움을 준 자료

아래에 제시한 선행자료 외에도 직·간접적으로 정보와 영감을 얻게 한 수많은 자료를 생산하신 분들에게 이 자리를 빌려서 감사의 말씀 드립니다.

강준만(2012). 대중매체 이론과 사상(개정판). 개마고원.

강호정, 이준엽(2012). 현대 스포츠 경영학(제2판). 학현사.

김동규, 전윤수(1998). 전국체육대회 운영방식의 개선을 통한 체육·스포츠의 지역 간 균형 발전 방안. 한국체육학회지, 제37권 제4호, 511-527.

김민수(2015.11.30.). 해외 스포츠산업 분류체계 및 현황 분석(SI 포커스). 한국스포츠개발원.

김복희(2001). 고대 그리스 제전경기의 관습과 제의성. 미간행박사학위논문(요약). 경북대학교 대학원.

김용만(2010). 스포츠 마케팅 커뮤니케이션. 학현사.

김용옥(2011). 중용 한글 역주. 통나무.

김용옥(2020). 노자가 옳았다. 통나무.

김석규(2013). 중국 스포츠산업 발전방향 이해를 위한 스포츠산업 지위 및 기능에 관한 연구. 한국스포츠산업·경영학회지, 제18권 제1호, 1-14.

김석규(2012). 중국의 스포츠산업 정책에 관한 연구. 한국체육학회지, 제51권 제5호, 359-370.

김성훈, 김석규(2013). 중국의 체육복권과 스포츠산업 발전에 관한 연구. 한국체육학회지, 제52권 제4호, 263-272.

국가기록원(n. d.). 첫 출천부터 개최국까지. 동계올림픽 70년사. Retrieved from http://theme.archives.go.kr

김재광(2019). 택견 단체 간 경기 통합을 위한 구한말 택견 경기규칙 원형 연구. 미간행 석사학위논문. 원광대학교 교육대학원.

대한체육회(2019a). 정관(문화체육관광부 허가 2019.3.13.).

대한체육회(2019b). 마케팅규정(제정 2018.12.20.).

문개성(2024). 스포츠 에이전트 직무해설서: 선수대리인의 비즈니스 관점(개정3판). 박영사.

문개성(2023). 현대사회와 스포츠: 미래에도 무한한 인류 공통의 언어(개정2판). 박영사.

문개성(2023). 스포츠 경영: 21세기 비즈니스 미래전략(개정2판). 박영사.

문개성(2022). 스포츠 마케팅 4.0: 4차 산업혁명 미래비전(개정2판). 박영사.

문개성(2020.6.8.). 바이러스 속의 스포츠. 원광대학교 신문. 제1385호 사설.

문개성(2019). 100회 전국체육대회의 의미와 스포츠 사업화 도입방안. 한국체육과학회지, 제28권 제6호, 653－670.

문개성(2019). 보이콧 올림픽: 지독히 나쁜 사례를 통한 스포츠 마케팅 이해하기. 부크크.

문개성(2017). 스포츠 갬블링. 커뮤니케이션북스.

문개성(2016). 스포츠 마케팅. 커뮤니케이션북스.

문화체육관광부(2020). 2019 스포츠산업백서 실태조사 결과보고서. 연례보고.

문화체육관광부(2019). 제3차 스포츠산업 중장기 발전계획(2019－2023), 경제 성장을 이끄는 스포츠 산업. 정책보고서.

문화체육관광부(2018a). 2017 체육백서. 연례보고서.

문화체육관광부(2018b). 2018 국민생활체육참여실태조사. 연례보고서.

법제처(n. d.). 국민체육진흥법. Retrieved from http://www.moleg.go.kr.

법제처(n. d.). 스포츠산업진흥법. Retrieved from http://www.moleg.go.kr.

법제처(n. d.). 방송법. Retrieved from http://www.moleg.go.kr.

서울특별시체육회(2019.5.). 양적으로, 질적으로 성장하고 성숙해야 할 프로 스포츠. 월간 서울스포츠 343호. 칼럼 스포노믹스(문개성).

서울특별시체육회(2019.7.). 이노베이션, 나이키·아디다스가 걷는 위기와 기회의 길. 월간 서울스포츠 345호. 칼럼 스포노믹스(문개성).

서울특별시체육회(2019.9.). 지상파 방송사가 아닌 JTBC의 올림픽 중계권 확보, 올림픽 이슈가 재점화되고 있는 시점에서. 월간 서울스포츠 347호. 칼럼 스포노믹스(문개성).

서울특별시체육회(2019.11.). 우주는 최대의 광고판, 익스트림의 가치, 스포츠가 놓칠 리 없다. 월간 서울스포츠 349호. 칼럼 스포노믹스(문개성).

서울특별시체육회(2020.2.). 스포츠가전전시회 CES, 오래살고 싶은 욕망 속의 체육·스포츠. 월간 서울스포츠 352호. 칼럼 스포노믹스(문개성).

윤동일(2014). 모든 스포츠는 전쟁에서 나왔다. 아테출판사.

이강우(1997). 한국사회의 스포츠 이데올로기에 관한 연구(II): 군사정권기의 미디어스포츠를 중심으로. 한국체육학회지, 제36권 제2호, 2043－2058.

이덕일, 김병기(2006). 고조선은 대륙의 지배자였다. 역사의 아침.

이학래, 김종희(1999). 박정희 정권의 정치이념과 스포츠 내셔널리즘. 한국체육학회지, 제38권 제1호, 22－35.

익산시(2018). 2018년 전국체전 · 전국장애인체전에 따른 지역경제 파급효과 분석. 연구용
    역보고서.

임식, 허진석(2009). 제3공화국 스포츠 · 체육 정책 연구사의 비판적 검토. 스포츠와 법, 제
    12권 제1호, 105－130.

임태성, 박재우(2015). 2012런던올림픽 스포츠 유산 정책 고찰. 한국체육학회지, 제54권
    제3호, 475－488.

제100회 전국체육대회 조직위원회(2019). Retrieved from https://www.sportseoul.kr

전윤수(2004). 종합체육대회의 가치와 발전을 위한 담론. 한국체육과학회지, 제13권 제2
    호, 65－72.

정문현, 진윤수(2017). 전국체육대회의 의미와 변화. 한국체육학회지, 제56권 제1호,
    1－10.

정희준(2009). 스포츠 코리아 판타지. 개마고원.

주동진, 김동규(2002). 국가주의 체육사상 두 맥락의 현대적 의의. 움직임의 철학: 한국체
    육철학회지, 제10권 제1호, 19－33.

충남연구원(2015.12.31.) '16년 전국체전 및 전국장애인 체전 운영방향 설정 및 파급효과
    분석. 현안과제연구 이슈 리포트.

충북연구원(2016). 2017 전국 · 장애인 체육대회 개최에 따른 경제적 파급효과 분석. 연구
    용역보고서.

최진석(2001). 노자의 목소리로 듣는 도덕경. 소나무.

한국산업인력공단(2016). 국가직무능력표준 NCS 스포츠에이전트.

현대오일뱅크 Monthly Magazine(2020.7.). 격한 공감을 이끌어내라! 스포츠 마케팅의 세
    계. 전문가 칼럼(문개성)

케이티위즈(2019.3.27.). 5G 스타디움 새단장 KT 위즈 파크! 홈 개막전 기대하세요.
    http://www.ktwiz.co.kr/sports/site/baseball/magazine/article_vie-
    w.do?iIDX＝116785&iBl＝1&iPg＝1

Aaker, D. A. (1991). Managing Brand Equity, NY: Free Press.

Cashmore, E. (2000). Marketing sense of sports. 정준영 옮김(2001). 스포츠, 그 열광의
    사회학. 한울아카데미.

Coakley, J. (2009). Sports in Society: Issues and Controversies(10th ed.). 구창모, 권순용
    옮김(2011). 현대 스포츠 사회학(10판). 대한미디어.

Dyson, A., & Turco, D. (1998). The state of celebrity endorsement in sport. The Cyber
    Journal of Sport Marketing, 2(1), [Online] Available: http://pandora.nla.
    gov.au/nph-wb/19980311130000/http://www.cad.gu.edu.au/cjsm/dyson.htm

Evans, J. & Berman, B. (1984). Principles of Marketing. New York, Macmillan.

Festinger, L. (1957). A theory of Cognitive Dissonance. California: Standford University Press.

Fullerton, S. (2009). Sports marketing(2th ed.). HS MEDIA 번역팀 옮김(2011). 스포츠 마케팅. HS MEDIA.

Gray, D. P. (1996). Sponsorship on campus. Sports Marketing Quarterly, 5(2), 29−34.

Guttmann, A. (1978). From Ritual to Record. 송형석 옮김(2008). 근대스포츠의 본질: 제례의식에서 기록추구로. 나남.

Hargreaves, J. (1982). Sport, Culture, and Ideology, London: Routledge & Kegan Paul.

International Olympic Committee, IOC(2019). Olympic Charter: In Force As From 26 JUNE 2019.

Ko, Y. J. (2000). A multidimensional and hierarchical model of service quality in the participation and sport industry. Unpublished Doctoral Dissertation, Ohio State University, Columbus, Ohio.

Ko, Y. J. & Pastore, D. L. (2004). Current issues and conceptualizations of service quality in the recreation sport industry. Sport Marketing Quarterly, 13, 158−166.

Ko, Y. J. & Pastore, D. L. (2005). A Hierarchical model of service quality for the rec−reational sport industry. Sport Marketing Quarterly, 14, 84−97.

Ko, Y. J., Zhang, J., Cattani, K., & Patore, D. (2011). Assessment of event quality in major spectator sports. Managing Service Quality, 21(3), 304−322.

Kotler, P., Kartajaya, H., & Setiawan, I. (2017). Marketing 4.0: Moving From Traditional to Digital. 이진원 옮김(2017). 필립 코틀러의 마켓 4.0. 더퀘스트.

Kotler, P., Kartajaya, H., & Setiawan, I. (2010). Marketing 3.0: From Products to Customer to the Human Spirit. 안진한 옮김(2010). 마켓 3.0. 타임비즈.

Kotler, P. & Keller, K. L. (2006). Marketing management(12th ed.). 윤훈현 옮김(2006). 마케팅 관리론. (주)피어슨에듀케이션코리아.

Kotler, P. & Armstrong, G. (2001). Principles of marketing(9th eds.). Englewood Cliffs, NJ: Prentice−Hall.

Mcdonald, M., Sutton, W., & Milne, G. (1995). TEAMQUAL: Measuring service quality in professional team sports. Sport Marketing Quarterly, 4(2), 9−15.

Mullin, B. J. (1983). Sport Management and Public Relation. Amherst, Massachusetts, National Sport Management.

Mullin, B. J., Hardy, S., & Sutton, W. A. (1993). Sport marketing. Champaign, IL: Human Kinetics Publishers.

Mullin, B. J., Hardy, S., & Sutton, W. A. (2000). Sport marketing(2nd eds.). Champaign, IL: Human Kinetics Publishers.

Ohanian, R. (1990). Construction and validation of a scale to measure celebrity en－dorses' perceived expertise, trustworthiness, and attractiveness. Journal of Advertising Research, 31(1), 46－53.

Parkhouse, B. et al. (2005). The Management of Sport: Its Foundation and Application (4th eds.). 이재우 옮김(2010). 스포츠 경영. 커뮤니케이션북스.

Sandage, C. H. (1983). Advertising theory and practice. Homewood, IL: Richard D. Irwin.

Shank, M. D. (2009). Sports marketing: A strategic perspective(4th ed.). 오응수 · 신홍범 옮김(2011). Shank's 스포츠 마케팅 전략적 관점. HS MEDIA.

Shropshire, K., Davis, T., & Duru, J. (2016). The Business of Sports Agents(3rd Edition). 백승연 옮김(2019). 스포츠 에이전트 비즈니스(3판). 월스포츠.

Theodorakis, N., Kambitsis, C., Laios, A., & Koustelios, A. (2001). Relationship between measures of service quality and satisfaction of spectators in professional sports. Managing Service Quality, 11(6), 431－438.

Wakefield, K. L, Bridgett, J. G., & Sloan, H. J. (1996). Measurement and Management of the Sportscape. Journal of Sport Management, 10, 15－31.

Wolfe, N. (2011). The Viral Storm. 강주헌 옮김(2013). 바이러스 폭풍의 시대. 김영사.

찾아보기

저자소개

문개성

(현) 원광대학교 스포츠과학부 교수
(전) 한국능률협회/한국연구재단 평가위원
(전) 서울특별시 체육회 집필위원
(전) 한국스포츠산업경영학회 이사
(전) 한국스포츠산업협회 개발위원(NCS 스포츠마케팅 – 스포츠에이전트)
(전) 한국체육학회/한국스포츠정책과학원 영문저널 편집위원
(전) 미국 플로리다대학교 Research Scholar/교환교수(스포츠 매니지먼트)
(전) 문화체육관광부 국민체육진흥공단 Tour de Korea 조직위원회 스포츠마케팅 팀장
(전) 경희대학교 테크노경영대학원 외래교수

저서
스포츠 사회와 윤리: 21세기 과제와 비전. 박영사. 2024.
스포츠 에이전트 직무해설서: 선수 대리인의 비즈니스 관점(개정3판, 2020/2018). 박영사. 2024.
스포츠 경영: 21세기 비즈니스 미래전략(개정2판, 2019). 박영사. 2023.
현대사회와 스포츠: 미래에도 무한한 인류 공통의 언어(개정2판, 2020). 박영사. 2023.
스포츠마케팅 4.0: 4차 산업혁명 미래비전(개정2판, 2018). 2022.
체육·스포츠 행정의 이론과 실제. 박영사(공저). 2022.
스포마니타스: 사피엔스가 걸어온 몸의 길. 박영사. 2021.
나를 성장시킨 노자 도덕경. 부크크. 2021.
스포츠 창업 해설서: 스타트업 4.0 미래시장. 박영사. 2020.
보이콧 올림픽: 지독히 나쁜 사례를 통한 스포츠 마케팅 이해하기. 부크크. 2020.
스포츠 갬블링. 커뮤니케이션북스. 2017.
스포츠 마케팅. 커뮤니케이션북스. 2016.
스포츠 매니지먼트. 커뮤니케이션북스. 2016.
스포츠 인문과 사회. 커뮤니케이션북스. 2015.

수험서
M 스포츠경영관리사 필기·실기 한권 완전정복. 박영사.
M 건강운동관리사 필기 한권 완전정복. 박영사(편저)
M 스포츠지도사 필기 한권 완전정복. 박영사(공저) 외

* 블로그: 스포마니타스(SPOMANITAS)
* K – MOOC(http://www.kmooc.kr): 스포츠 마케팅

제2판
K-MOOC와 함께하는 스포츠 마케팅

초판발행   2021년 1월 14일
제2판발행   2024년 3월 1일

지은이   문개성
펴낸이   안종만·안상준

편 집   탁종민
기획/마케팅   최동인
표지디자인   이은지
제 작   고철민·조영환

펴낸곳   (주) **박영사**
             서울특별시 금천구 가산디지털2로 53, 210호(가산동, 한라시그마밸리)
             등록 1959. 3. 11. 제300-1959-1호(倫)
전 화   02)733-6771
f a x   02)736-4818
e-mail   pys@pybook.co.kr
homepage   www.pybook.co.kr
ISBN   979-11-303-1888-2 93690

정 가   22,000원